保守思想

——从埃德蒙·伯克到唐纳德·特朗普的保守主义

（原书第二版）

科里·罗宾
(Corey Robin) 著

扶松茂 译

上海财经大学出版社

上海学术·经济学出版中心

图书在版编目(CIP)数据

保守思想：从埃德蒙·伯克到唐纳德·特朗普的保守主义：原书第二版 / (美) 科里·罗宾 (Corey Robin) 著；扶松茂译. -- 上海：上海财经大学出版社, 2024.11. -- ISBN 978-7-5642-4436-1
Ⅰ.D09
中国国家版本馆 CIP 数据核字第 2024A64D43 号

□ 责任编辑　胡　芸
□ 封面设计　贺加贝

保 守 思 想
——从埃德蒙·伯克到唐纳德·特朗普的保守主义
（原书第二版）

科里·罗宾　著
（Corey Robin）
扶松茂　译

上海财经大学出版社出版发行
（上海市中山北一路 369 号　邮编 200083）
网　　址:http://www.sufep.com
电子邮箱:webmaster@sufep.com
全国新华书店经销
苏州市越洋印刷有限公司印刷装订
2024 年 11 月第 1 版　2024 年 11 月第 1 次印刷

787mm×1092mm　1/16　15.75 印张（插页:2）　281 千字
定价:88.00 元

图字:09-2024-0781 号
Corey Robin

Copyright © Oxford University Press 2018.

The Reactionary Mind：Conservatism from Edmund Burke to Donald Trump，Second Edition was originally published in English in 2018. This translation is published by arrangement with Oxford University Press. Shanghai University of Finance & Economics Press is solely responsible for this translation from the original work and Oxford University Press shall have no liability for any errors, omissions or inaccuracies or ambiguities in such translation or for any losses caused by reliance thereon.

《保守思想——从埃德蒙·伯克到唐纳德·特朗普的保守主义》（原书第二版）英文版于2018年出版。本中文翻译版由牛津大学出版社授权出版。上海财经大学出版社全权负责本书的翻译工作，牛津大学出版社对本翻译版中的任何错误、遗漏、歧义或因相关原因而造成的任何损失不负任何责任。

2024年中文版专有出版权属上海财经大学出版社

版权所有　翻版必究

第二版序言

与大多数美国政治观察家一样,我对唐纳德·特朗普(Donald Trump)在2016年总统大选中的获胜感到震惊。但与大多数美国政治观察家不同,我对特朗普在2016年共和党党内初选中的获胜并不感到惊讶。我的这种惊魂不定,大概就是《保守思想》第二版的灵感来源。

此外,《保守思想》一书认为,我们与当代保守主义联系在一起的许多特征,如种族主义、民粹主义、暴力,以及对习俗、惯例、法律、制度和建制派精英的普遍蔑视,都不是美国右派最近的或异乎寻常的发展,而是保守主义的构成要素,其起源可追溯到欧洲对法国大革命的反思。从一开始,保守主义就依赖于这些元素的某种形式的混合,以建立一个基础广泛的精英与群众运动,反对解放下层民众。作为当代美国特权阶层在群众政治中最成功的实践者,在我看来,特朗普完全可以被视为既是保守派又是共和党人。

然而,在《保守思想》最初的结论中,我认为保守主义——至少是作为反对社会民主主义、新政和20世纪60年代解放运动等左派思潮的最新化身——正在消亡。不是因为它不再受欢迎,也不是因为它变得激进或极端,而是因为它不再有令人信服的理由。现代保守主义植根于反对苏联、劳工运动、福利国家、女权主义和民权,它已经实现了其大部分基本目标,这些目标是以新政、20世纪60年代解放运动和冷战为基准参照所设定的。保守主义在对计划经济、工人、非裔美国人以及某种程度上在妇女问题上取得的一系列胜利,使其失去了反革命的吸引力,至少对大多数选民而言正是如此。换句话说,保守主义的胜利将证明其失败的根源。一些反动和叛乱的东西——当本书第一版于2011年首次问世时,这个东西就是茶党(Tea Party)可能继续唤醒右派,引起偶尔的活动高潮,使其暂时掌握权力。长期来看,右派的发展轨迹是下行的;也就是说,除非左派发起新一轮的解放政治,就像1789

年、19 世纪的反对奴隶制运动和 1917 年、20 世纪 30 年代和 60 年代那样的工人运动。在左派叛乱以深刻而持续（而非偶发）的方式出现之前，右派的前景并不乐观。

在特朗普当选后的几个星期里，以及在他担任总统几个月后的今天，他在 11 月的胜利在我看来已不再那么令人诧异。现在回想起来，我并不认为是我低估或误解了特朗普和共和党，而是我高估了希拉里·克林顿（Hillary Clinton）和民主党。看看特朗普在贸易、美墨边境建墙、基础设施、福利等一系列问题上，不断屈从于他曾扬言要改造的政党和建制派，瞧瞧共和党尽管控制着联邦政府的所有三个民选部门，却始终无法推进其在医疗保健、税收和支出方面的议程——至少到目前为止是这样，我相信我最初关于保守派运动的懦弱无能和思想混乱的说法仍然成立。[1]

保守派即使大权在握，即使掌控了联邦政府，也是举步维艰。之所以如此，是因为保守派的前辈们，一直到小布什（George W. Bush）政府，都成功地实现了保守派运动的既定目标；也因为保守派在左派的传统对手还没有完全出现，还没有强大到足以对既有权力分配构成真正威胁的地步。早期的保守派运动将对左派蓬勃发展的敌意转化为对旧政权的全面重建。从戈德华特（Goldwater）到里根（Reagan），保守派运动就是这样巩固其权力的。特朗普的竞选主题与反建制派类似——他不与旧体制绑在一起；他有民粹主义的触觉；他会对共和党的傀儡和自由派精英指手画脚；他会战胜政治正确的恶魔；他会打破女权主义和反种族主义的限制性规范。自大选以来，特朗普一直未能重塑共和党的形象，他一直在恢复该党的现状，而且除了不受政府其他部门制约或依赖其他部门的行政行动外，他也没有能力对这一现状采取行动，这些都表明这场运动没有明确的权力感或目标感。至少到目前为止，保守派未能执政，未能颁布其纲领中最基本的部分，这不是无能的表现，而是思想混乱的表现。[2017 年 5 月，内布拉斯加州共和党参议员本·萨斯（Ben Sasse）在被问及共和党代表什么时回答说："我不知道。"当被要求用一个词来形容共和党时，拥有耶鲁大学历史学博士学位的萨斯说："问题重重。"参议院共和党人未能在 2007 年国庆节休会前废除奥巴马医改法案，阿肯色州众议院共和党人史蒂夫·沃马克（Steve Womack）同样直言不讳："我们得到了这次执政机会，但我们找到了世界上所有不这样做的理由。"[2]]特朗普不是这种政策不连贯的根源；正如我将在第二章中所说，他是它的主要症状。

不过，本书第二版的目的不是对未来做出预测，也不是根据特朗普就任总统后短短几个月的表现对他作出评价。我不是一名实证政治学家，而是一名政治理论家,我的研究材料是文本和思想,我的研究方法是细读和理论分析。我在新版中的目标是将特朗普的崛起及其统治置于保守主义传统的漫长弧线之中,而保守主义传统总体上是一种建制思想演绎的传统。要理解他的崛起——特朗普如何对美国人民说话,他动用了哪些套路和主题——我们必须关注他说了什么。要理解他的统治,我们必须关注他做了什么。我的分析大部分集中在特朗普的崛起上,因此也集中在他的言论上。不过,我也试图指出他的统治在哪些方面偏离其言论,这也是经常发生的情况。我认为,最令人沮丧不安的特朗普现象——尤其是种族主义、无法无天和暴力——并不新鲜,但他的崛起和统治有一些新元素。换句话说,为了把脉特朗普的新颖之处,我较少关注他受到的理所当然的谩骂和应普遍谴责的粗暴言辞,而是更多地关注他所提供的意料之外且往往被人不屑一顾的新想法,尤其是有关右派对国家和市场的态度方面。我认为,正是在那些方面,人们可以清楚地看到特朗普是如何与他的保守派前任们决裂的。

除了特朗普的当选,我撰写这本新版《保守思想》还有两个原因:首先,我一直认为第一版对右派经济思想的关注不够。虽然有些文章顺带提及了这些思想,但只有一篇关于安·兰德(Ayn Rand)的文章直接涉及这些思想。这种忽视一部分是与我对保守主义起源的兴趣有关,也与本书中许多文章最初构思时所处的时机有关:在小布什时期,新保守主义是右派的主流意识形态,战争则是其主要活动。我删去了四章关于战争与和平的内容,并新增了三章关于右派经济思想的内容:一章关于伯克及其价值理论;一章关于尼采、哈耶克和奥地利经济学派;还有一章关于特朗普。结果是对右派关于战争和资本主义的思想进行了更为深入的阐述,并表明对自由市场的承诺既不是美国保守主义所特有的,也不是右派最近才出现的。政治与经济之间的紧张关系,以及贵族政治观念与现代资本主义现实之间的紧张关系,是欧洲和美国保守主义传统的主旋律,因此也是本书的主旋律。

其次,在本书第一版受到的所有批评中,最切中要害的是我从读者而非评论者那里听到的批评。这种批评与其说是实质性的,不如说是结构性的:读者抱怨说,本书开篇是一篇论点鲜明的论文,但随后就滑入了一部看似毫无章法的论文集。多年来,我一直铭记着这些批评意见。虽然我为第一版设计了一个清晰的结构,但这个结构显然并没有传达给我的读者。

在第二版中,我对本书进行了全面修订。现在,本书以三篇理论文章开篇,阐述了右派的构成要素。我把它称为保守主义的"入门书"。它探讨了右派反对什么(左派的解放运动),试图保护什么(我称之为"私人生活中的权利");右派如何通过对旧事物的再创造和对新事物的借鉴（尤其是对左派的借鉴）来推进反革命运动；右派如何将精英主义和民粹主义融为一体，使特权和特殊利益广为人知；以及暴力在其手段和目的中的核心地位。

本书的其余部分是按时间和地域空间来编排的。第二部分将我们带到保守政治的原点：17世纪到20世纪初的欧洲旧政权。在反革命时期的三个不同时刻——英国内战、法国大革命，以及从巴黎公社到布尔什维克革命之间的原初社会主义过渡时期——本书审视了霍布斯、伯克、尼采和哈耶克如何试图在民主时代并为民主时代规划、创制特权政治。关于伯克、尼采和哈耶克的章节，特别关注了他们在资本主义经济背景下打造战争贵族政治和市场贵族政治的尝试。第三部分将我们带到20世纪50年代至今美国保守主义的保守典范。在此，我将对美国保守主义的五个时刻进行细读：安·兰德的中世纪资本主义乌托邦、巴里·戈德华特（Barry Goldwater）和理查德·尼克松（Richard Nixon）的共和党内种族和性别焦虑的融合、新保守主义想象中的战斗号角，以及安东宁·斯卡利亚（Antonin Scalia）和唐纳德·特朗普的达尔文主义愿景。

本书的结构以古典音乐的"主题曲与变奏曲"为蓝本：第一部分是主题曲，第二、第三部分是变奏曲，每一章都是对原主题的扩充或修改。本书并不是一部全面的右派史，而是一本关于右派的散文集。尽管这些文章所蕴含的情感是历史主义的，追溯了不同时期的变化和连续性，例如，展示了哈耶克和奥地利经济学派如何反映伯克关于市场的著作中所包含的某些观点，或者特朗普的前后矛盾如何与伯克和白芝浩（Bagehot）早先关于矛盾的论述相关联，但整体结构是片段式的，而非严格意义上的历史研究。第二、第三部分的所有章节都可以作为第一部分论点的实例来阅读。但是，如果读者不阅读其余章节，就可能无法理解第一部分的内容，但每一章也可以作为一篇关于特定人物、主题或时刻的独立文章来阅读。

但第二章是个例外。我在本书的最后一章中阐述了有关唐纳德·特朗普的新旧情况，这循自并取决于我对保守传统的解读。无论特朗普的言行多么令人震惊和刺耳，其中许多与他的前辈的言行相一致。要理解我对特朗普的态度——我强调了什么、忽略了什么——就必须阅读整本书。为了避免重复的风险，我不得不在最后一章假定读者已经了解前几章的内容。我认识到，这使我的论点纵使没有被误读，也有可能被曲解；读者可能觉得我对特朗普那些他们认为最令人不安的方面关注不够。但是，由于我在修订本书时着眼于未来，超越了当下的头条新闻，希望这一版本能够比前一版本更好地经受住时间的考验，因此我选择依靠今天读者的诚意和未来读者的历史距离感。

注释：

[1] Mark Landler, "Trump's Foreign Policy Quickly Loses Its Sharp Edge," *New York Times* (February 11, 2017), A1; Tom Phillips, "Trump agrees to sup-port 'One China' policy in Xi Jinping call," *The Guardian* (February 10, 2017), https://www.theguardian.com/world/2017/feb/10/donald-trump-agrees-support-one-china-policy-phone-call-xi-jinping; John Wagner, Damian Paletta, and Sean Sullivan, "Trump's Path Forward Only Gets Tougher after Health-Care Fiasco," *Washington Post* (March 25, 2017), https://www.washingtonpost.com/politics/trumps-path-forward-only-gets-tougher-after-health-care-fiasco/2017/03/25/eaf2f3b2-10be-11e7-9b0d-d27c98455440_story.html; Steven Mufson, "Trump's Budget Owes a Huge Debt to This Right-Wing Washington Think Tank," *Washington Post* (March 27, 2017), https://www.washingtonpost.com/news/wonk/wp/2017/03/27/trumps-budget-owes-a-huge-debt-to-this-right-wing-washington-think-tank; Julie Hirschfeld Davis and Allen Rappeport, "After Calling NAFTA 'Worst Trade Deal,' Trump Appears to Soften Stance," *New York Times* (March 31, 2017), A12; Shane Goldmacher, "White House on edge as 100-day judgment nears," Politico (April 10, 2017), http://www.politico.com/story/2017/04/don-ald-trump-first-100-days-237053; David Lauder, "Trump backs away from labeling China a currency manipulator," Reuters (April 13, 2017), http://www.reuters.com/article/us-usa-trump-currency-idUSKBN17E2L8; Abby Phillip and John Wagner, "Trump as 'Conventional Republican'? That's What Some in GOP Establishment Say They See," *Washington Post* (April 13, 2017), https://www.washingtonpost.com/politics/gop-establishment-sees-trumps-flip-flops-as-move-toward-a-conventional-republican/2017/04/13/f9ce03f6-205c-11e7-be2a-3a1fb24d4671_story.html; Ryan Koronowski, "14 ways Trump lost bigly with the budget deal," *Think Progress* (May 1, 2017), https://thinkprogress.org/14-ways-trump-lost-bigly-with-the-budget-deal-fbe42e852730; Shawn Donnan, "Critics pan Trump's 'early harvest' trade deal with China," *Financial Times* (May 14, 2017), https://www.ft.com/content/16a9b978-3766-11e7-bce4-9023f8c0fd2e; Ben White, "Wall Street gives up on 2017 tax overhaul," *Politico* (May 17, 2017), http://www.politico.com/story/2017/05/17/tax-reform-wall-street-238474; Kristina Peterson, "Congressional Republicans Face Ideological Rifts Over Spending Bills," *Wall Street Journal* (May 29, 2017), https://www.wsj.com/articles/congressional-republicans-face-ideological-rifts-over-spending-bills-1496059200; Richard Rubin, "GOP Bid to Rewrite Tax Code Falters," Wall Street Journal (May 30, 2017); Julie Hirschfeld Davis and Kate Kelley, "Trump Plans to Shift Infrastructure Funding to Cities, States and

Business," *New York Times* (June 4, 2017), A18.

〔2〕 Jenna Johnson, Juliet Eilperin, and Ed O'Keefe, "Trump Is Finding It Easier to Tear Down Old Policies than to Build His Own," *Washington Post* (June 4, 2017), https://www.washingtonpost.com/politics/trump-is-finding-it-easier-to-tear-down-old-policies-than-to-build-his-own/2017/06/04/3d0bcdb2-47c5-11e7-a196-a1bb629f64cb_story.html; Kristina Peterson and Richard Rubin, "Intraparty Disputes Stall Republicans' Legislative Agenda," *Wall Street Journal* (June 27, 2017), https://www.wsj.com/articles/intraparty-disputes-stall-republicans-legislative-agenda-1498608305.

译者序

炎炎夏日，研读《保守思想》的文本，我不时倒吸一口袭人凉气。一方面是顿觉自己对美国当下保守主义图谱了解之狭隘；另一方面是惊悸于作者大胆揭开右派一直以来的统治秘籍，让我感到此书舞出了《商君书》的刀锋寒意。

科里·罗宾通过对保守主义的抽丝剥茧、缜密思考，大胆提出了一个惊世骇俗的观点：保守主义是关于以等级制维护统治集团的信念。保守主义强调维护"宇宙中固有的自然等级制度"，认为"服从真正的上层人士……是所有美德中最重要的美德之一——对于实现任何伟大而持久的目标都是绝对必要的"，"保守主义是为了应对来自下层社会的挑战锻造而成的"。这些断言让我明白保守派完全不是为了固守陈规旧制而保守，却在为了恢复和坚守等级制统治结构而笃志变革，勉力追求"返也者，道之动也"。为了达到其莫可名状的目的，保守主义者甚至"以受害者自居"，似得"弱也者，道之用也"的真传。

探寻作者的思路，我仿佛又踏入了一场跨越时空的保守主义交响乐之旅。

科里·罗宾以其深邃的洞察力和独特的笔触，将保守主义这一复杂多变的思想体系，巧妙地编织成了一部以"主题曲与变奏曲"为结构的思想律动。本书不仅是一部对保守主义进行知识史考察的学术著作，更是一部深刻剖析当下政治现实、启迪未来思考的智识锻炼。

在这部作品中，科里·罗宾以"反思：保守主义启蒙"作为开篇的主题乐章，通过前三章的深入剖析，作者勾勒出保守主义思想的核心理念及其历史渊源。第一章"权力之私"揭示了保守主义对于权力本质的独特理解，以及这种理解如何影响了其对社会结构和政治制度的看法。第二章"论反革命"则进一步探讨了保守主义在面对社会变革时的态度与策略，展现了其对于传统秩序的坚守与捍卫。而第三章"暴力之魂"则大胆地将保守主义与暴力倾向相联系，揭示了这一思想体系中现实与潜在的危险。

伴随主题曲袅袅余音,"欧洲旧政"与"美国远景"两大变奏曲骤然响起。在这两部分中,作者通过对具体历史事件、思想家和政治人物的分析,展现了保守主义在不同地域、不同时代下的多样面貌。从欧洲的反革命发端、市场价值论,到美国的炫酷玄学、贱民王子,再到帝国往昔与平权巨婴,每一章仿佛都是一个独立的乐章,既是对主题乐章的扩充与修改,又各自具有独特的旋律与情感。

作者将保守主义视为一个整体,一个理论与实践的统一体,并将保守主义者安排在同一张桌子上对谈:霍布斯坐在哈耶克旁边,伯克坐在唐纳德·特朗普对面,尼采坐在安·兰德和安东宁·斯卡利亚之间,亚当斯、卡尔霍恩、奥克肖特、罗纳德·里根、托克维尔、西奥多·罗斯福、撒切尔夫人、恩斯特·容格、卡尔·施米特、温斯顿·丘吉尔、菲利斯·施拉弗利、理查德·尼克松、欧文·克里斯托尔、弗朗西斯·福山和乔治·W. 布什穿插其中。这不是保守派最后的晚餐,但这种群聚却透露出保守主义者的声色狗马和圆熟娴雅。

变奏曲末、余音绕梁之际,剧场聚光灯照向了唐纳德·特朗普这一当代政治人物。作者以非常细致的笔触,描绘出特朗普的神志游离、夸夸其谈、争强好胜、精于算计的卡通形象。通过对特朗普言论与行为的深入分析,作者认为"特朗普是保守派整体瓦解的一个窗口,这个整体正在解体,因为它取得了巨大的胜利,这个整体有可能使自己崩溃,因为它已经取得了巨大的成就"。

逐字校句,掩卷寻思。我相信,无论是对于保守主义的研究者,还是对于关心当下政治现实的读者来说,科里·罗宾的《保守思想》不仅打破了保守主义的刻板形象,也能见识保守主义思哲们的苦闷惆怅。"玄之又玄,众妙之门。"愿此书能如古典音乐中的"主题曲与变奏曲"一般,在读者的心中留下悠扬的旋律,激发悠然的思考。

最后,要感谢上海财经大学出版社黄磊社长的信任与鞭策,也要感谢编辑部主任陈佶等各位编辑的细致与耐心!当然还要感谢两位专家提供的专业审读意见!

复旦大学文科楼
2024 年 11 月 8 日

难道你不知道"不"是我们语言中最狂野的字眼吗?

——艾米莉·狄金森(Emily Dickinson)

目　录

第一部分　反思：保守主义启蒙

第一章　权力之私　/ 003

一个政党在完全意识到或同意自己的永久信条之前,可能已经有了一段历史　/　保守派对上层阶级的自由和对下层阶级的约束情有独钟　/　埃德蒙·伯克　/　迈克尔·奥克肖特:《论保守主义》/　激进主义是保守主义存在的理由　/

第二章　论反革命　/ 036

保守主义吸收它所反对的革命或改革的思想和策略　/　约瑟夫·德·梅斯特尔:《思考法国》/　埃德蒙·伯克:《法国大革命反思》/　保守主义的最后一个要义:吸引并依靠局外人　/

第三章　暴力之魂　/ 051

保守派痛恨战争　/　他偏爱某些事物,不是因为觉得它们公正或美好,而是因为觉得熟悉它们　/　剥夺一种生物的伤害能力,你就破坏了它一切崇高的东西　/　亚力克西·德·托克维尔　/　弗朗西斯·福山:《历史的终结与最后的人》/

第二部分　欧洲旧政

第四章　反革命发端　/ 077

托马斯·霍布斯:《利维坦》/ 反革命分子并非不喜欢悖论,他只是为了权力而被迫跨

越历史矛盾 / 人民站上了舞台，并要求扮演主角 / 意志是我们"最后的欲望或厌恶，紧接着行动或不行动"/

第五章　市场价值论　/ 088

埃德蒙·伯克：《关于稀缺性的思考》/ 在整个王国任选五个一组这样的人，他们的收入都是一样的 / 亚当·斯密：《国富论》/ 劳动提供了一个跨历史的尺度 /

第六章　边际尼采　/ 110

弗里德里希·尼采 / 弗里德里希·哈耶克和奥地利经济学派 / 边际革命 / 约瑟夫·熊彼特 /

第三部分　美国远景

第七章　炫酷玄学　/ 137

安·兰德的《阿特拉斯耸耸肩》和《源泉》/ 伟大的创造者独自对抗着他们时代的人们 /《俄罗斯女孩圆梦好莱坞》/ 安·兰德、亚里士多德和尼采 /

第八章　贱民王子　/ 154

"自第二次世界大战以来，美国政治的中心叙事就是保守主义运动的出现" / 流亡在自己国家的保守派 / 让特权变得可亲可近是保守主义的一项长期计划 /

第九章　帝国往昔　/ 164

自由市场 / "9·11"事件的多维度影响 / 美国人不太可能再陷入冷战后第一个十年的自满状态 / 约瑟夫·奈提出"软实力" / 伊拉克和阿富汗——帝国对抗的两个关键哨所 /

第十章　平权巨婴　/ 181

安东宁·斯卡利亚，最高法院中最保守的法官 / 恪守坚韧和传统是一个沉重的十字架 / 原教旨主义 / 社会达尔文主义 / 美国联邦最高法院与高尔夫球场 /

第十一章　太虚幻境　/ 195

唐纳德·特朗普:《交易的艺术》/ 商人成了斗士、斗士成了商人 / 一个财阀谴责一群财阀 / "我一生都相信:要得到最好的就得花钱" / "我的宣传方式的最后一个关键是夸夸其谈。我满足人们的幻想。"/

致谢　/ 226

第二版致谢　/ 229

《保守思想》嘉评　/ 231

第一部分

反思：保守主义启蒙

第一章

权力之私

> 一个政党在完全意识到或同意自己的永久信条之前,可能已经有了一段历史;它可能是通过一系列蜕变和调整才最终形成的。在这期间,一些问题已经过时,而新的问题又出现了;至于它的基本信条是什么,也许只有通过仔细研究它在整个历史中的行为,以及通过审视它那些更有哲思性的头脑代表它所发布的言论才能找到答案。只有准确的历史知识和明智的分析才能区分永久性和暂时性;区分它在任何情况下都必须始终坚持的教义和原则,那些在任何情况下都必须始终坚持,否则就表明自己是一个骗子的理论和原则,以及那些在特殊情况下且只有在特殊情况下才能理解和进行合理辩护的学说和原则。
>
> ——T. S. 艾略特(T. S. Eliot),《政治文学》(*The Literature of Politics*)

现代社会伊始,处于从属地位的人们就一直在国家、教会、工作场所和其他等级森严的机构中与他们的上司对抗。他们聚集在不同的旗帜下——劳工运动、女权主义、废奴运动、社会主义——并喊着不同的口号:自由、平等、权利、民主、革命。几乎每一次,他们的上司都会以暴力或非暴力、合法或非法、公开或隐蔽的方式对他们进行抵制。民主的稳定发展及其行动方针就是现代政治的现实写照,或者至少是其中之一的真实叙事。

本书是关于那个叙事的后半部分,即行动方针,以及在此基础上产生并发展的政治理念,有的被称为保守主义、反动主义、叛逆主义、反革命。这些思想占据了政治光谱的右派,是在战斗中形成的。至少从法国大革命期间右派思想首次作为正式意识形态登场以来,它们一直是社会群体之间而非国家之间的战斗;大体而言,是权力较大者与权力较小者之间的战斗。要理解这些思想,我们就必须理解这个故事。因为这就是保守主义:它是对拥有权力、看到权力受威胁并试图夺回权力的感受体验的沉思,也是对这种体验的理论再现。

尽管他们之间存在着非常现实的差异,但工厂里的工人就像办公室里的秘书、庄园里的农民、种植园里的奴隶,甚至是婚姻中的妻子,他们在不平等的权力条件下生活和劳动。他们服从和顺从,听从管理者和主人、丈夫和领主的要求。有时,他们的命运是自由选择的——工人与他们的雇主签订合同,妻子与他们的丈夫签订婚约——但其附带条件很少能自由选择。毕竟,什么样的合同或婚约能将一份工作或一段婚姻的来龙去脉、每天的痛苦和持续的折磨一一列出呢?纵观美国历史,契约往往成为不可预见的胁迫和约束的渠道,尤其是在工作场所和家庭这样的机构中,人们在这里度过了漫长的一生。就业合同和婚姻协议被法官解释为包含各种不成文的、不受欢迎的奴役条款,妻子和工人默许了这些条款,即使他们不知道这些条款或者希望做出另行规定。[1]

例如,直到 1980 年,丈夫强奸妻子在美国各州都是合法的。[2]英国法学家马修·黑尔(Matthew Hale)在 1736 年的一篇论文中提出了这样做的理由。黑尔认为,当一个女人结婚时,她就默认了"在这种[性]方面将自己交给她的丈夫",这是一种默示的同意,即便是在不知情的情况下,她在他们结合期间也"无法收回"这种同意。早在 1957 年——沃伦法院时代——一篇标准的法律论文就可以这样说:"一个男人与他的合法妻子发生性关系并不构成强奸,即使他是在违背妻子意愿的情况下强行与她发生性关系。"如果一个女人(或男人)试图在婚约中写入必须得到明确同意才能发生性关系的要求,那么法官就必须按照普通法的规定忽略或推翻这一要求。由于直到 20 世纪下半叶离婚这一退出选择才被广泛使用,婚约注定了女人只能成为丈夫的性奴隶。[3]雇佣合同中也有类似的发展动态:工人同意受雇于雇主,但直到 20 世纪,法官才将这种同意解释为包括了隐含的、不可撤销的永久性条款;与此同时,无论是在法律上还是在实践中,辞职这一退出选择并不像许多人想象的那样可行。[4]

然而,这个世界上的下属偶尔也会对自己的命运有所质疑。他们抗议自己的处境,写信请愿,参加运动,并提出要求。他们的目标可能是最低限度的、不明确的,例如改善工厂机器的安全防护、结束婚内强奸,但在提出这些要求时,他们释放了权力发生更为根本变化的幽灵。他们不再是仆人或乞求者,而是成为代理人,代表自己说话和行动。1952年,危地马拉的土地改革将150万英亩土地重新分配给了10万个农民家庭。在该国统治阶级的心目中,与土地改革法案可能引发无法无天的政治言论相比,这根本不算什么。危地马拉大主教抱怨说,进步的改革者把"有语言天赋"的当地农民送到首都,让他们有机会"在公共场合发言",这才是土地改革的最大弊端。[5]

美国前副总统、南方事业的主要发言人约翰·C.卡尔霍恩(John C. Calhoun)在参议院的最后一次重要讲话中指出,19世纪30年代中期,国会决定接受废奴主义者的请愿书,是国家不可逆转地走上与奴隶制对抗的道路的时刻。在卡尔霍恩长达40年的职业生涯中,他经历了奴隶主在反对《可恶的关税》《联邦法律废止条例》危机和《强制法案》等立场上的失败,而仅仅是在美国首都出现的奴隶演说,对于垂垂老矣的卡尔霍恩来说,就是革命开始的标志。[6] 半个世纪后,当卡尔霍恩的继任者们试图将废除奴隶制的"精灵"装回瓶子里时,他们所针对的正是这种对黑人代理权的主张。在解释19世纪90年代和20世纪初在整个南方激增的限制选举权的制宪会议时,一位此类会议的代表宣称:"这次会议运动的最大基本原则……是将黑人从这个州的政治中清除出去。"[7]

美国劳工史上充斥着来自雇主阶级及其政府盟友的类似抱怨:不是因为工会工人是暴力的、破坏性的或无利可图的,而是因为他们是独立的、能自我组织的。事实上,他们的自我组织能力是如此强大,以至于在他们的上司看来,这有可能使雇主和国家变得多余。在1877年的大动乱中,圣路易斯的罢工铁路工人自己开动火车。由于担心公众会认为工人有能力管理铁路,因此铁路业主试图阻止他们——实际上是业主们自行发起了一场罢工,以证明只有铁路业主才能让火车准时运行。在1919年西雅图大罢工期间,工人们不遗余力地提供基本的政府服务,包括法律和秩序。他们如此成功,以至于西雅图市市长得出结论:工人限制暴力、控制无政府状态的独立能力才是最大的威胁。

> 所谓值得同情的西雅图罢工,其实是一场未遂的革命。非暴力并不能改变这一事实……的确,没有枪炮声,没有炸弹,没有杀戮。革命,我再说一遍,不需要暴力。在西雅图实行的大罢工本身就是革命的武器,因为安静……所以更加危险。也就是说,它能让政府停止运作。这就是革命的全部——无论取得多么大的成就。[8]

进入20世纪,法官们经常谴责工会工人自己确定权利的定义与解释,编制自己的车间规则手册。一家联邦法院声称,像这样的工人认为自己是"比法院更高级的处理法律事务的能手。"联邦最高法院则宣称,他们在行使"专属于政府的权力",并将自己视为一个"自封的法律和秩序的法庭"。[9]

保守主义在理论上表达了对下层阶级代理权的敌意。它提供了最一致、最深刻的论据,说明为什么不允许下层阶级行使其独立意志,为什么不允许他们管理自己或国家组织。服从是他们的首要职责,而代理权则是精英阶层的特权。

虽然人们经常说左派主张平等、右派主张自由,但这种说法误解了左右派之间的实际分歧。从历史上看,保守派对上层阶级的自由和对下层阶级的约束情有独钟。换句话说,保守派所理解并讨厌的平等并不是对自由的威胁,而是自由的延伸。因为在这种延展中,它们看到的是自身自由的丧失。塞缪尔·约翰逊(Samuel Johnson)宣称:"我们都同意我们自己的自由。但对于他人的自由,我们并不一视同仁;因为我们索取多少,他人就必然失去多少。我相信,我们几乎不希望暴民有管理我们的自由。"[10]这就是埃德蒙·伯克在法国大革命中所看到的威胁:不仅仅是财产的征用或暴力的爆发,而且是对服从义务和指挥命令职责的颠倒。他声称,"倡导人人平等只会改变和颠覆事物的自然秩序"。

> 对任何人来说,理发师或辛苦的蜡烛经销商都不是光荣的职业,更不用说其他一些更卑贱的职业了。这样的人不应该受到国家的压迫;但是,如果允许他们这样的人单独或集体进行统治,国家就会受到压迫。[11]

伯克认为,作为一个国家组织的成员,人们拥有许多权利,如劳动成果获得权、继承权、受教育权等。但他拒绝承认所有人都有一项权利,那就是他们可能认为自己在"国家管理"中应该"分享权力、权威和监督指导"。[12]

即使左派的要求转移到经济领域,自由扩展的威胁也是巨大的。如果为妇女和工人提供了独立选择的经济资源,他们就有了不服从丈夫和雇主的自由。这就是为什么20世纪80年代和90年代反对福利国家的主要知识分子之一劳伦斯·米德(Lawrence Mead)宣称,福利接受者"在某些意义上必须减少而不是增加自由"。[13]对于保守派来说,平等不只是意味着资源、机会和结果的重新分配——尽管他当然也不喜欢这些。[14]平等最终意味着权力席位的轮换。

保守派从这些角度理解左派的威胁并没有错。G. A. 科恩(G. A. Cohen)是当代马克思主义最尖锐的发声者之一,他生前曾提出,左派的许多经济再分配计划可以理解为不是为了平等而牺牲自由,而是将自由从少数人扩展到多数人。[15]事实上，伟大的现代解放运动——从废奴运动到女权主义，再到争取工人权利和公民权利的斗争——总是在自由与平等之间建立一种联系。他们走出家庭、工厂和田野，在那里，不自由与不平等是同一枚硬币的正反两面，他们将自由与平等作为一个整体中不可分割但又相辅相成的部分。自由与平等之间的联系并没有让右派分子更容易接受重新分配的观点。正如一位保守派人士对约翰·杜威（John Dewey）的社会民主愿景所抱怨的那样："自由和平等的定义被如此玩弄，以至于两者指的是大致相同的状况。"[16] 然而，这种自由与平等的结合绝非进步人士的花招，而是解放政治的核心假设。当然，政治是否符合这一假设就另当别论了。但对于保守主义者来说，他们所关心的与其说是这一假设的实现，不如说是对这一假设的背叛。

让·皮埃尔·侯厄尔（Jean-Pierre Houël）的油画——《攻占巴士底狱》

下层行使代理权之所以如此激起保守派的想象力，原因之一在于，它发生在一个私密的环境中。每一次伟大的政治暴动——攻占巴士底狱、攻占冬宫、向华盛顿进军——都是由私人导火索引发的：在家庭、工厂和田间地头争夺权利和地位。政治家和政党谈论宪法和修正案、自然权利和继承特权。但他们讨论的真正主题是私人生活中的权力。伊丽莎白·卡迪·斯坦顿（Elizabeth Cady Stanton）写道："这就是在国家中反对女性平等的秘密所在。""男人们还没有准备好在家庭中承认女性平等。"[17] 在街头骚乱或议会辩论的背后，是女仆对女主人的顶撞，是工人对老板的不服从。这就是为什么我们的政治争论——不仅是关于家庭的，还有关于福利国家、公民权利和其他许多问题的——会如此具有爆炸性：它们触及最私人的权力关系。这也是为什么的小说家经常要向我们解释我们的政治。在民权运动的高潮时期，詹姆斯·鲍德温（James Baldwin）曾前往塔拉哈西。在那里，他从一次想象中的握手中，发现了一个宪法危机的秘籍。[18]

> 我是塔拉哈西混乱的机场里唯一的黑人乘客。这是一个令人压抑的艳阳天，一名黑人司机用皮带牵着一条小狗，正与他的白人雇主会面。他奇奇怪怪、小心警惕而又充满期待，他专心地护着狗，显然正偷偷地注意我，并恭恭敬敬地迎着女雇主。她人到中年，眉开眼笑、粉面含春，很高兴见到这两个让她生活愉快的活物。我相信，她从未想过这两个活物中的任何一个有能力评判她，更不用说会严厉地批评她。她向司机走去时，几乎是在向朋友打招呼，没有朋友能让她的脸变得更灿烂了。如果她是那样对我微笑，我会期望与她握手，但如果我伸出手，惊慌、困惑和恐惧就会笼罩着她那张脸，气氛就会变得阴郁，危险甚至死亡的威胁就会立即弥漫在空气中。
>
> 正是这些如此细微的标志和符号把南方阴谋集团暴露无遗。[19]

美国奴隶制的冲突——鲍德温想象的这一场景赫然耸现——提供了一个具有启发性的例子。美国奴隶制的一个显著特点是，与加勒比海地区的奴隶或俄罗斯的农奴不同，南方的许多奴隶与他们的主人居住在小块土地上。主人知道奴隶的名字，详细了解并记录他们的出生、结婚和死亡，并为这些日子举行聚会。主人与奴隶之间的个人互动是无与伦比的，这使得来访的弗雷德里克·劳·奥姆斯特德（Frederick Law Olmsted）对弗吉尼亚州"黑人与白人的亲密同居和交往"发表了评论，"这种熟悉和亲密的关系，在北方几乎任何一个偶然的场合都会引起人们的惊讶，甚至是明显的不满"。[20]奴隶制辩护士托马斯·杜（Thomas Dew）写道，只有"丈夫和妻子、父母和子女、兄弟和姐妹之间的关系"比主人和奴隶之间的关系"更亲密"；奴隶制的另一位辩护者威廉·哈珀（William Harper）宣称，后者是"社会中最亲密的关系之一"。[21]一位密西西比人在1918年说道："我很喜欢黑人，但我们之间的纽带不像我父亲和他的奴隶之间那样紧密。"[22]

当然，这些话大多是宣传和自欺欺人，但有一点并非如此：主人与奴隶的亲密关系确实使统治模式异常个人化。主人为奴隶制定并执行"异常详细"的规则，规定他们何时必须起床、吃饭、工作、睡觉、打扫花园、拜访和祈祷。主人决定奴隶的配偶和婚姻。他们为奴隶们的孩子取名,并在市场需要时将孩子们与其父母分开。主人——以及他们的儿子和监工——可以随时随地享用女奴的身体,但他们认为有必要对奴隶之间的任何性关系进行巡查和惩罚。[23]与奴隶生活在一起,主人采用直接的手段来控制他们的行为,并对所有需要控制的行为绘制详细的图谱。

这种近身接触的后果不仅奴隶能感受到,主人也能感受到。奴隶每天都生活在主人的掌控之中,完全认同了这种控制。这种认同是如此彻底,以至于奴隶的任何不服从的迹象,更不用说女性奴隶的解放,都被视为对主人本身不可容忍的攻击。当卡尔霍恩宣称奴隶制"与我们的社会和制度一起成长,并与之交织在一起,摧毁奴隶制就等于摧毁我们这个民族"时,他指的不仅仅是总体或抽象的社会。[24]他指的是沉浸在统治其他男男女女的日常经验中的男人。如果剥夺了这种经验,你摧毁的就不仅仅是主人,还有男人,以及许多试图成为主人或自认为已经像主人的男人。

由于主人与被统治者之间的距离如此之近,因此他为了保住自己的财产不惜付出前所未有的代价。在整个美洲,奴隶主都捍卫自己的特权,但没有一个地方像南方的奴隶主阶级那样激烈或暴力。C. 范·伍德沃德(C. Vann Woodward)写道,在南方以外,奴隶制的结束是"一项投资的清算"。在南方,这是"一个社会的死亡"。[25]内战结束后,奴隶主阶级为恢复其特权和权力进行了同样激烈的斗争,在他们看来,最重要的是近身指挥,即贴身统治。1871年,佐治亚州的黑人共和党人亨利·麦克尼尔·特纳(Henry McNeal Turner)如是说:"他们并不太关心国会是否允许黑人进入他们的大厅……但他们不希望黑人在家里凌驾于他们之上。"一百年后,密西西比州的一位黑人佃农仍会用最家常的俗语来形容黑人与白人之间的关系:"我们必须像我们的孩子听从我们一样听从他们。"[26]

当保守派自下而上地看待民主运动时,他看到的就是这一点(以及代理权的行使):权力的私生活受到了可怕的干扰。西奥多·塞奇威克(Theodore Sedgwick)目睹了托马斯·杰斐逊(Thomas Jefferson)在1800年的当选,他感叹道:"贵族的美德被摧毁了;个人的影响力走到了尽头。"[27]保守主义者有时会亲身卷入这种生活,有时则不然,但正是他对公众骚动背后的私人不满的理解,赋予他理论以触觉上的灵巧和道德上的凶猛。1790年,伯克对议会说,法国大革命的"真正目的"是"打破所有那些通过从属关系链条调节和维系社会的自然而文明的联系;让士兵反对他们的军官;让仆人反对他们的主人;让商人反对他们的顾客;让工匠反对他们的雇主;让佃户反对他们的房东;让牧师反对他们的主教;让孩子反对他们的父母"。[28] 个人不服从迅速成为伯克对法国正在发生的事件所发表的言论中一个一以贯之的主题。一年后,他在一封信中写道,由于大革命的爆发,"没有一幢房子能免受仆人的损害,没有一名军官能免受士兵的欺凌,没有一个国家或宪法能免受阴谋和叛乱的侵扰"。[29] 1791年,他在议会的另一次演讲中说道,"一部建立在所谓的人权基础上的宪法"在全世界打开了"潘多拉的魔盒",包括海地:"黑人起来反对白人,白人起来反对黑人,每个人都互相残杀;从属关系被摧毁了。"[30] 他在生命的最后一刻宣称,对雅各宾派(Jacobins)来说,"没有任何事物配得上公共美德之名,除非它显示出对私人的暴力"。[31]

私人勃兴的愿景是如此宏大,以至于它可以将一个改革者变成一个反动者。接受启蒙教育的约翰·亚当斯(John Adams)相信,"人民的同意"是"政府唯一的道德基础"。[32] 但当他的妻子建议将这些原则的软化版本推广到家庭中时,他并不高兴。"顺便说一句,"阿比盖尔写信给他说,"我想在你有必要制定的新法典中,我希望你能记住女士们,并且对她们要比对你的祖先更慷慨、更有爱。不要让丈夫们掌握如此无限的权力。记住,如果可以的话,所有男人都会成为暴君。"[33] 她丈夫的回答是:

> 有人告诉我们,我们的斗争已经放松了各地政府的束缚;儿童和学徒不听话;学校和学院变得动荡不安;印第安人轻视他们的监护人,黑人对他们的主人越来越无礼。但你的来信是第一个暗示,另一个比其他部落人数更多、势力更大的部落已经开始不满了。

尽管亚当斯在回应中加入了戏谑的成分——他祈求乔治·华盛顿(George Washington)能保护他免受"裙带专制"的侵扰[34]——但亚当斯显然被私人领域出现的民主现象给吓坏了。在给詹姆斯·沙利文(James Sullivan)的一封信中,他担心革命会"混淆和摧毁一切区别",在整个社会释放出一种强烈的不服从精神,以至于一切秩序都被瓦解。"这将永无休止。"[35] 无论国家如何民主,当务之急是社会仍然是私人领地的联合体,丈夫统治妻子、主人管理学徒,每个人"都应该知其所在,并各安其位"。[36]

从历史上看,保守派一直试图在公共和私人领域阻止民主的发展;其假设是:一个领域的进步必然会刺激另一个领域的进步。法国君主主义者路易斯·德·博纳德(Louis de Bonald)写道:"为了不让国家掌握在人民手中,就必须不让家庭掌握在妇女和儿童手中。"[37] 即使在美国,这种努力也不时取得成果。尽管我们对民主的稳步崛起有着辉格党式的叙述,但历史学家亚历山大·凯萨尔(Alexander Keyssar)已经证明,美国的投票权斗争就是情节跌宕起伏的历史进程:有进步扩张,也有倒退收缩。从18世纪末到20世纪60年代,政治经济精英这一方的"阶级紧张和疑惧"构成了"普选的最大障碍"。[38]

然而,右派中更深刻、更有预见性的立场是亚当斯的:如果必须的话,让出公共领域,但坚守私人领域。允许男人和女人成为国家的民主公民,但要确保他们在家庭、工厂和田间地头仍然是封建臣民。保守派政治辩护的首要任务是维护私人政权,甚至不惜牺牲国家的力量和完整。我们可以从马萨诸塞州联邦法院的裁决中看到这种政治算术在起作用。该法院裁定:一名逃离革命的保皇党妇女是其丈夫的副官,因此不应承担逃离的责任,其财产也不应被国家没收;南方奴隶主可以拒绝将奴隶交给邦联;以及最近最高联邦法院坚持认为,法律上不能强迫妇女参加陪审团,因为她们"仍被视为家庭生活的中心",有"自己的特殊责任"。[39]

因此,保守主义并不是对有限政府和自由的承诺,也不是对变革、崇信进化改革或美德政治的戒惧慎恐。这些可能是保守主义的副产品,是它在历史上不断变化的、一种或多种的特定表达方式。但它们并非保守主义最具活力的目标。保守主义也不是资本家、基督徒和斗士的临时融合,因为这种融合是由一种更基本的力量推动的——反对将男男女女从上层阶级的束缚中解放出来,尤其是在私人领域。这种观点似乎与自由主义者捍卫自由市场的观点相去甚远,因为自由主义者推崇原子化的自主个体。但事实并非如此,当自由主义者放眼社会时,他看到的不是孤立的个人;他看到的是一个个往往是等级森严的群体,在这些群体中,父亲统治着他的家庭,老板管理着他的雇员。[40]

保守派的立场并不是简单地捍卫自己的地位和特权,正如我所说的,保守派可能直接参与他所捍卫的统治实践,也可能并未从中获益;正如我们将看到的,许多保守派并没有这样做,保守派的立场源于一种真正的信念,即这样解放出来的世界将是丑陋、野蛮、卑贱和无趣的。它将缺乏一个"优者指挥劣者"的世界所具有的卓越品质。当伯克在前文引用的信中补充说,革命的"伟大目标"是"根除贵族或贵族士绅"时,他指的不仅是贵族的权力,还指权力给世界带来的区别。[41]如果权力消失,区别也会随之消失。在第二次世界大战后的美国,正是这种对卓越与统治之间联系的看法,使自由主义者、传统主义者和国家主义者结成了不可能的联盟,自由主义者认为雇主在工作场所拥有不受束缚的权力,传统主义者觉得父亲在家中拥有统治权,而国家主义者则幻想英勇的领袖应掌控世界。每个人都以自己的方式赞同19世纪保守主义信条中的这一典型论述："服从真正的上层人士……是所有美德中最重要的美德之一——对于实现任何伟大而持久的目标都是绝对必要的。"[42]

保守思想是一种反革命的实践模式，这一观点很可能引起右派和左派的一些关注，甚至是反感。捍卫权力和特权是一项没有思想的事业，这早已成为左派的公理。最近一份关于美国保守主义的研究报告指出，"思想史研究一直是受欢迎的"，但它"并不是解释保守主义在美国势力的最直接方法"。[43]自由派作家一直将右派政治描绘成情绪化的沼泽，而不是经过深思熟虑的意见运动：托马斯·潘恩（Thomas Paine）声称，反革命意味着"知识的湮灭"；莱昂内尔·特里林（Lionel Trilling）将美国保守主义描述为"寻求将各种想法杂烩在一起的暴躁精神状态"的混合体。罗伯特·帕克斯顿（Robert Paxton）称法西斯主义是"本能的政治活动"，而不是"理性的政治行动"。[44]保守党人则倾向于同意这一观点。[45]毕竟是帕默斯顿（Palmerston）在他还是保守党人的时候，首次将"愚蠢"这一称谓加在了保守党身上。保守党人扮演着呆头呆脑的乡绅的角色，他们接受了F. J. C. 赫恩肖（F. J. C. Hearnshaw）的观点，即"保守党人如果什么也不说，只是坐着思考，甚至只是坐着，通常就足以达到实际的目的"。[46]虽然这种论调中的贵族色彩已不再引起共鸣，但保守派仍然继续贴着胸无点墨、目不识丁的标签；这是其民粹主义魅力和民主吸引力的一部分。正如保守派的《华盛顿时报》（Washington Times）所言，共和党人"经常称自己为'愚蠢的'党派"。[47]我们将会看到，事实并非如此。保守主义是一种思想驱动的实践；无论右派如何吹捧、左派如何辩斥，保守主义现有的思想内涵与理路已为人所知，都无法减少或消除。

保守派可能另有缘由而对这一论点望而却步：它威胁到了保守派思想的纯洁性和深刻性。对许多人来说，"反动"一词意味着不假思索、卑劣地攫取权力。[48]但反动并不是条件反射，它的出发点是有原则立场的，即某些人适合统治其他人，因此也应该统治其他人，然后根据来自下层的民主挑战重新调整这一原则。然而，这种重新校准并非易事，因为这些挑战本质上往往会推翻这一原则。毕竟，如果一个统治阶级真的适合统治，为什么以及是如何允许对其权力的挑战出现的？这种挑战的出现对统治阶级的合理性会说什么呢？[49]保守主义面临着另一个障碍：在一个无坚不摧、一切瞬息万变的世界里，如何捍卫其统治原则？从保守主义登场伊始，它就不得不与古代和中世纪有序宇宙观念的衰落作斗争，在这种观念中，永恒的权力等级制度反映了宇宙的永恒结构。旧政权被推翻不仅揭示了其领导人的软弱和无能,也揭示了世界本无万世长策这一更大的真相。[在我们这个智能设计的时代,保守主义揭示了这一秘闻,即世界没有自然等级制度,这看起来令人奇怪。但正如凯文·马特森(Kevin Mattson)等人所指出的那样,智能设计并不是建立在中世纪那种关于宇宙永恒结构的假设之上的,其论点中充满了相对主义和怀疑主义的色彩。事实上,智能设计的一位主要支持者曾声称,虽然他"不是后现代主义者",但他从后现代主义中学到了很多"东西"。[50]]事实证明,在人们对永久等级制度的信仰不断下降的情况下,重建旧制度是一项艰巨的任务。不足为奇的是,它也产生了一些最杰出的现代思想作品。

但是,我们应该警惕完全否定保守主义反动势力的努力,这还有另一个原因,那就是传统本身的证明。自伯克以来,保守派一直引以为傲的是,他们的思维模式是一种权变思维模式。与他们的左派对手不同,他们不会在事件发生之前就展开蓝图。正如我们将看到的那样,这种说法有一定的道理:保守派的头脑异常灵活,早在其他人意识到背景和命运发生变化之前,他们就已经对这些变化保持警觉。正如我所说的那样,这些就是现代政治的真实叙事,如果一个对周围突发事件如此敏锐的头脑不对这个叙事了如指掌,那才奇怪呢!不仅是了如指掌,而且还被这个叙事所唤醒和激发,这是其他叙事所无法比拟的。

事实上,从伯克声称他及其同僚们被法国大革命"惊醒并开始反思",到罗素·柯克(Russell Kirk)承认保守主义是一种"思想体系","自法国大革命开始以来,它一直支撑着人们……抵抗激进理论和社会变革。保守主义就一直申明,他的知识是对左派的反动"。[51](伯克随后将从未"存在"过比法国大革命"更伟大"的邪恶这一观念作为自己的"基础"。[52])有时,对这种观念的确认毫不隐讳。索尔兹伯里(Sailsbury)曾三度出任英国首相,他在1859年写道:"对激进主义的敌意,无休无止、无情无义的敌意,是保守主义的本质定义。保守党证明自身存在的唯一终极使命是害怕激进主义可能获胜。"[53]半个多世纪后,索尔兹伯里的儿子休·塞西尔(Hugh Cecil)——其他不提,他做过温斯顿·丘吉尔(Winston Churchill)婚礼的伴郎和伊顿公学教务长——重申了父亲的立场:"我认为政府最终会发现,只有一种方法可以击败革命策略,那就是提出一种非革命性的、结构完整的思想体系。我将这种思想体系称之为保守主义。"[54]其他人(如皮尔)也采取了更为迂回的方式来达到同样的目的。

在过去的几年里,我一直在努力实现的目标是为一个伟大的政党奠定基础,这个政党存在于下议院,它的力量来自人民的意愿,它应该减少立法机关中两个审议机构之间发生冲突的风险,并平息这种冲突的震荡——它应该使我们能够遏制良善之人过于急切的渴望,避免国家的宪法和法律过于仓促而鲁莽的修改。这样,我们就能以权威的声音,对躁动不安的革命性变革分子说:"这就是你的边界,你的躁动该就此打住了。"[55]

为了避免我们认为这样的伤感—— 一种委婉的说法——是英国特有的,不妨看看1976年美国右派的宫廷历史学家是如何处理这个问题的。"什么是保守主义?"乔治·纳什(George Nash)在其经典著作《1945年以来美国的保守主义思想运动》(*The Conservative Intellectual Movement in America since 1945*)中提出了这一问题。经过一番犹豫,纳什给出了一个答案:保守主义拒绝被定义,不应"与激进右派混为一谈",它"因时因地而大不相同"(哪种政治理念不是如此呢?)——这也曾是皮尔(他确实提出过)、索尔兹伯里父子、柯克和极右派保守主义思想家们早就给出过的。他说,保守主义的定义是"抵制某些被视为左倾、革命和严重颠覆当时保守主义者认为值得珍惜、捍卫甚至为之献身的力量"。[56]

这些都是反革命纲领的明确声明。更有趣的是其隐含的表述,在这些表述中,对激进主义和改革的反感蕴含在论证的语法中。以迈克尔·奥克肖特(Michael Oakeshott)在《论保守主义》(*On Being Conservative*)一文中的著名定义为例:"那么,保守主义就是宁可选择熟悉的,也不选择未知的;宁可选择尝试过的,也不选择未曾尝试的;宁可选择事实性的,也不选择神秘性的;宁可选择现实的,也不选择可能的;宁可选择有限的,也不选择无限的;宁可选择近的,也不选择远的;宁可选择充足的,也不选择多余的;宁可选择方便的,也不选择完美的;宁可选择眼前的欢愉,也不选择乌托邦式的幸福。"奥克肖特的"非此即彼"远非确认一种简单的偏好等级,而是表明我们正处于存在论的基础之上,在这里,选择不是在事物与其对立面之间,而是在事物与其否定物之间。保守主义者是一个"敏锐地意识到自己将失去一些东西的人,而这些东西是他已经学会去爱护的"。虽然奥克肖特认为这种损失可以由各种力量密谋策划,但最熟练的策划工作来自左派。(马克思和恩格斯是"我们最伟大的政治理性主义的创始人",他在其他地方这样写道。没有什么……能与"他们抽象的乌托邦主义相提并论"。)因此,"在政府方面保守,而在几乎所有其他活动方面激进,这一点也不矛盾"。[57]丝毫不矛盾?——还是完全必要?激进

迈克尔·奥克肖特著作——《政治思想史》

主义是保守主义存在的理由；如果激进主义消失了，保守主义也就消失了。[58]即使保守主义试图从与左派的对话中解脱出来，它也做不到，因为它最钟情的主题——演进变化、隐性知识、有序自由、谨慎和先例——如果没有左派的呼吁和回应，几乎听不到。正如迪斯雷利（Disraeli）在《平反英国宪法》（*Vindication of the English Constitution*，1835）中所发现的，只有与假定的革命理性主义形成对比，古老而隐秘的智慧才能在现代人的心目中占据一席之地。

> 建立一个大规模的自由政府，无疑是人类最关注的问题之一，也肯定是人类智慧的最大成就。也许我更应该称它为超人的成就；因为它需要如此精细的审慎、如此全面的知识、如此敏锐的睿智，再加上如此不可估量的组织能力，以至于希望如此罕见的品质汇聚在一个人的头脑中几乎是徒劳的。这个伟大的发明——不可能是某位立宪君主一觉醒来在某个信封上潦草地写出来的，也不可能是功利主义圣人在自负的通俗读物上以可笑的方式勾勒出来的。[59]

这种对立性的辩论体系不仅仅是党派政治的简单对立，因为采取对立立场是赢得选举的必要条件。正如卡尔·曼海姆（Karl Mannheim）所言，保守主义与传统主义的区别在于，保守主义是一种普遍的"无所作为的"倾向，即留恋事物的现状，这种倾向也体现在非政治行为中，比如在现有裤子破烂不堪之前拒绝购买新裤子——保守主义是一种有意识的审慎努力，以保留或唤起"那些无法再以真实方式获得的经验形式"。当其他生活方式和思想出现时，保守主义"就会有意识地进行反思，并被迫在意识形态斗争中拿起武器与之对抗"。[60]传统主义者可以将欲望的对象视为理所当然——他可以享受它们，仿佛它们就在眼前，因为它们就在眼前——而保守主义者却不能。保守主义者试图享受它们——正是由于它们正在被剥夺或已经被剥夺。如果他希望再次享受它们，他就必须在公共领域同剥夺它们的行为进行抗争，他必须用一种在政治上可用且可理解的语言来谈论它们。但是，一旦这些对象进入政治话语的媒介，它们就不再是生活经验的事项，而变成了意识形态的事件。它们被裹挟在一个关于失落的叙事中——革命者或改革者在其中扮演了必要的角色——并在一个复兴活动中呈现出来。什么是默契？什么是流畅？什么是正式？什么是实践？什么是争论？[61]即使这一理论是对实践的赞歌——正如保守主义经常所做的那样——它也难逃成为一场论战。最保守的保守派也会被左派所迫，打算走上街头、揭石而起，进行街垒抗争。

正如海尔森勋爵（Lord Hailsham）在1947年的《保守主义实例》（*Case for Conservatism*）中所言：

> 保守分子不相信政治斗争是生活中最重要的事情。在这一点上，他们不同于纳粹分子、社会债权人、英国工党和传统社会主义者的大多数成员。他们中最普通的人更喜欢猎狐——这是最明智的宗教。对于绝大多数保守党人来说，宗教、艺术、学习、家庭、国家、朋友、音乐、娱乐、责任，以及生活乐趣和生存方式的多样性，所有这些穷人并不亚于富人，都是自由人不可剥夺的，所有这些在规模、程度上都比政治斗争更大、更重要，政治斗争只是这些生活乐趣和生存方式的侍女。这使得保守分子——初露锋芒之际——就很容易被击败。但是，一旦被击败，他们将以十字军的狂热和英国人的顽强坚持这一信念。[62]

由于保守主义与左派的对立存在诸多混淆，因此重要的是，我们要清楚保守派在与左派的对立中反对什么、不反对什么。保守主义不是抽象的变革，保守派既不反对变革本身，也不捍卫秩序本身。保守主义捍卫的是特定的秩序——等级制度，通常是私人统治制度——在某种程度上，它假定等级制度就是秩序。约翰逊宣称：

"只有服从才能获得秩序。"[63]对伯克来说,不言而喻的是,"当芸芸众生不在由'更聪明、更专业、更富裕的人'构建的这种等级制度约束之下时","他们几乎不能说是身处公民社会之中"。[64]

此外,在捍卫这种秩序的过程中,保守派总是会鼓动自身,发起反动的和反革命的活动,往往需要对正是它所捍卫的政权进行彻底改革。"如果我们想让事情保持原样,"按照兰佩杜萨的经典表述,"事情就必须改变。"[65]为了维护政权,保守派必须重构政权。这一反动和反革命的活动所包含的内容,远远超出了"通过翻新来维护"的这种陈词滥调:保守派往往需要为维护政权而采取最激进的措施。

右派中一些最古板、最顽固的秩序维护者,在符合他们目的的情况下,非常乐意沉迷于一点点混乱和疯狂。自诩为伯克主义者的柯克(Kirk)希望"以激进分子的狂热来拥护保守主义。事实上,当今有思想的保守主义者必须具有激进主义者的某些外在特征:他必须探究社会的根源,希望让一棵被现代激情催生的灌木丛所绞杀的老树恢复生机"。那时还是1954年。15年后,在学生运动的高潮时期,柯克写道:"二十年来,我一直对美国被愚蠢地称为高等教育的玩意儿进行尖刻而又风趣的批评,我承认,我对我的预言实现和教育权势集团目前的困境多少有些津津乐道……我甚至承认,在某种程度上,我偷偷地同情校园里的革命者。"在《耶鲁的上帝与人》(God and Man at Yale)一书中,威廉·F. 巴克利(William F. Buckley)宣称保守派是"新的激进派"。德怀特·麦克唐纳(Dwight Macdonald)在阅读了《国家评论》(National Review)的前几期后,也倾向于同意这一观点:"如果(巴克利)早出生一代,他本可以让第14街的自助餐厅里回荡着马克思主义的辩证法。"[66]伯克本人曾写道,"智者的疯狂""胜过愚者的清醒"。[67]

右派拥护激进主义的原因非常简单,这与保守主义理论核心的反动本质要求有关。保守主义者不仅反对左派,还认为左派自法国大革命或宗教改革以来就一直占据着主导地位,这取决于谁在计算。[68]保守主义者要想维护自己的价值观,就必须向现有的文化宣战。尽管激进、好斗的反对精神充斥着保守派的所有言论,但迪内希·德索萨(Dinesh D'Souza)的说法最为明确。

> 通常情况下,保守主义者试图保护、坚持现有社会的价值观。但是……如果现存的社会本质上敌视保守主义信仰呢?那么,保守主义者试图保护这种文化就是愚蠢的。相反,他必须设法破坏它、挫败它,并从根本上摧毁它。这意味着保守主义者必须……在哲学上是保守的,但在

精神气质上是激进的。[69]

如今,我们也应该清楚,保守派反对的并不是变革的风格或速度。保守派理论家喜欢在渐进式改革和激进式变革之间做出"明显的区分"。[70]前者是缓慢、渐进和调适性的;后者是快速、全面和精心策划的。但是,这种伯克及其追随者所珍视的区别,在实践中往往没有理论家所认为的那么清晰。[71]政治理论旨在抽象,但究竟是什么抽象理论推动了改革胜于激进主义、进化胜于革命等截然相反的政治纲领呢?以缓慢演进、调适变革的名义,自称保守派的人既反对新政[罗伯特·尼斯贝特(Robert Nisbet)、柯克和惠特克·钱伯斯(Whittaker Chambers)],又支持新政[彼得·维耶克(Peter Viereck)、克林顿·罗西特(Clinton Rossiter)和惠特克·钱伯斯]。[72]对渐进式改革的信仰可能导致人们对自由市场或爱德华·伯恩斯坦的民主社会主义进行哈耶克式的辩护。纳什敏锐地指出:"即便是相信渐进主义必然性的费边社会主义者,也可能被贴上保守主义的标签"。[73]相反,正如亚伯拉罕·林肯(Abraham Lincoln)所指出的那样,左派和右派都很轻松自在地声称自己继承了保守主义的衣钵。"你们都说自己是保守派,"他对奴隶主们宣称:

> 是极端高贵的保守派——而我们是革命者、破坏者或没什么了不起的人。什么是保守主义?难道不是坚持旧的并经过考验的、反对新的和未经考验的吗?在有争议的问题上,我们坚持和维护采用旧的政治原则,这与"我们的开国元勋们建立了我们所生活的政府"的原则是一致的;但你们一致拒绝、斥责、唾弃这一旧政治原则,并坚持用新的东西取而代之……你们的各种计划中,没有一个能在我们的政府初创的那个世纪中找到先例或倡导者。那么,请考虑一下,你们对自己的保守主义主张和对我们的破坏性指控是否有最清晰、最牢固的基础。[74]

然而,更常见的情况是,由于左派与右派的区别模糊,使得保守派有可能"以改革会导致革命或改革就是革命"为由反对改革。(事实上,除了皮尔和鲍德温之外,没有任何一位保守党领袖通过改革来致力于实现一贯的保守纲领,甚至皮尔也无法说服他的党派追随他。[75])伯克本人也未能幸免于改革会导致革命这一论点的影响。尽管他在美国革命前十年的大部分时间里在反驳这一论点,但他仍然想知道,"当你打开"一部宪法"对其中一部分进行探究"时,这似乎就是缓慢改革的解释,但这种探究将止于何处?[76]其他保守派认为,下层阶级或代表下层阶级提出的任何要求,无论多么微弱或迟缓,都太快、太急、太过分。改革是革命,改良就是暴动。卡纳冯勋爵(Lord Carnarvon)在谈到《1867年第二次改革法案》(Second Reform Act of 1867)时沮丧地写道,"它可能是好的,也可能是坏的"——该法案酝酿了20年,使英国选民人数增加了2倍——"但它是一场革命"。除去开头的修饰语,这是重复了威灵顿公爵对第一部《改革法案》的评价。[77]在大西洋彼岸,威灵顿公爵的同时代人尼古拉斯·比德尔(Nicholas Biddle)也在用类似的语言谴责安德鲁·杰克逊(Andrew Jackson)总统否决《第二银行法案》(这是最符合宪法规定的宪法权力):"该否决充满了愤怒,就像一头被困住的黑豹,狂暴地咬着笼子的栅栏。它真的是一份无政府主义宣言——就像马拉或罗伯斯庇尔曾经向暴民发布的那样。"[78]

今天的保守主义者可能已经与过去的一些解放运动达成了和解,但对其他一些领域的解放(如工会和生育自由)仍在争论不休。但这并不能改变这样一个事实:当这些解放首次成为一个问题时,无论是在革命的还是改革的背景下,他的前任十有八九都会反对这些解放。乔治·W.布什的前演讲稿撰写人迈克尔·格尔森(Michael Gerson)是当代少数几个承认保守派反对解放历史的保守派分子之一。当其他保守派喜欢以废奴主义者或民权运动的头衔自居时,格尔森承认,"诚实的品质要求我们承认,在其他时代,许多保守派曾敌视以宗教为动机的改革",而且"保守的思维习惯曾一度反对大多数这些变革"。[79]事实上,正如塞缪尔·亨廷顿(Samuel Huntington)在半个世纪前所提出的那样,在现实中对这些改革运动说"不",可能是一个人在任何时代都能成为保守派的原因。[80]

关于保守主义的大多数论述纠缠于其内部的差异和区别。[i]

我将右派视为一个整体,一个理论与实践的统一体,它超越了学者和专家们经常强调的分歧。[81]我交替使用保守派、反动派和反革命分子这三个词:并非所有的反革命分子都是保守派——我立刻想到了沃尔特·罗斯托(Walt Rostow)——但所有的保守派在某种程度上都是反革命分子。我把哲学家、政治家、奴隶主、作家、天主教徒、法西斯分子、福音派教徒、商人、种族主义者和黑客安排在同一张桌子上:霍布斯坐在哈耶克旁边,伯克坐在唐纳德·特朗普对面,尼采坐在安·兰德和安东宁·斯卡利亚之间,亚当斯、卡尔霍恩、奥克肖特、罗纳德·里根、托克维尔、西奥多·罗斯福、撒切尔夫人、恩斯特·容格、卡尔·施米特、温斯顿·丘吉尔、菲利斯·施拉弗利、理查德·尼克松、欧文·克里斯托尔、弗朗西斯·福山和乔治·W.布什穿插其间。

这并不是说保守主义在时间或空间上没有变化。如果保守主义是对特定解放运动的特定反应,那么每一次反应都会带有它所反对的运动的痕迹,这也是理所当然的。正如我在后续章节中所论述的,右派不仅对左派做出了反应,而且在做出反应的过程中,还不断借鉴左派的做法。随着左派运动的变化——从法国大革命到废奴运动,再到投票权、组织权、布尔什维克革命,然后是争取黑人自由和妇女解放的斗争——右派的反应也在变化。

除了这些偶然的变化之外,我们还可以追溯到右派想象中一个更长期的结构性变化:逐渐接受大众登上政治舞台。从霍布斯到奴隶主,再到新保守主义者,右派越来越意识到,要想成功地捍卫旧制度,就必须让下层阶级以某种身份参与进来,而不是作为"跟屁虫"或"追星族"。大众必须能够象征性地将自己置于统治阶级之中,或者为大众提供真正的机会,让他们成为家庭、工厂和田间的假贵族。前一条道路造就了一种颠倒的民粹主义,在这种民粹主义中,底层的人看到自己化身为顶层的人;后一条道路造就了一种民主的封建主义,在这种封建主义中,丈夫、上司或白人扮演着领主的角色。前一条道路由霍布斯和梅斯特尔所开创,后一条道路由南方奴隶主、欧洲帝国主义者和镀金时代的辩护者所开创。(还有新镀金时代的辩护者:"美国没有单一的上层集团,"大卫·布鲁克斯写道。"每个人都可以在自己的奥林匹斯山中成为贵族。"[82])偶尔,在维尔纳·松巴特(Werner Sombart)的笔下,这两条道路会交汇在一起:普通百姓因其在国际关系中隶属于一个伟大的国家而将自己视为统治阶级,而且他们也可以通过行使帝国统治权来控制小人物。

> 我们德国人也应该以同样的方式经受我们这个时代的尘世考验,高昂起骄傲的头颅,牢牢地感受到自己是上帝的子民。正如德国的鸟——鹰——高高地翱翔于地球上的所有动物之上,因此,德国人也必须感受到自己凌驾于他周围的所有其他民族之上,他看到的是他脚下无边无际的深渊。
>
> 但是,贵族也有其义务,在这里也是如此。我们是天选的民族,这种观念赋予我们艰巨的责任,而且只有责任。我们首先必须在世界上保持自己是一个强大的国家。[83]

虽然右派的这些历史分歧是真实存在的,但有一种潜在的亲和力将这些分歧联系在一起。我们无法通过关注政策分歧或随机的行动声明(州权、联邦制等)来感知这种亲和力;我们必须关注在每一个分歧和声明中所蕴含的基本论点、成语及其隐喻、远大的愿景以及形而上学的悲怆之声。一些保守派批评自由市场,另一些则捍卫自由市场；一些反对国家，另一些则拥护国家；一些相信上帝，另一些则是无神论者。有些人是地方主义者，有些人是民族主义者，还有些人是国际主义者。有些人，比如伯克，同时是这三种人。但这些都是围绕一个主题的历史即兴发挥——战术性的和实质性的。只有将这些呼声——跨越时空的——并置起来，我们才能在这些即兴发挥中找出主题。

保守主义是为了应对来自下层的挑战锻造而形成的，它缺乏一种伴随持久的权力传承所具有的冷静和沉着。人们在右派的法典中找不到关于巨大生物链的稳定保证。保守派关于有机统一性的声明，要么带有一种平静——但也不那么平静——的绝望气息，要么就像柯克那样，缺乏一种权力长期看护者的手感与知觉。即便是梅斯特尔所声称的天意，也无法掩盖或遏制产生这些天意的动荡民主。这些声明是为了反驳解放的主张而发表和鼓动起来的，它们并没有揭示出一种灌木丛生的顺从生态，而是打开了通向一片豁然稀疏的森林的道路。保守主义是关于权力的围剿与保护的学说，这是一个激进主义时代的激进主义理论。正如哈耶克和其他保守主义者所承认的那样，保守主义随着自下而上的运动而发展，又随着这些运动的消失而衰落。[84]

激进主义者的当务之急不仅没有损害上述保守主义的卓越憧憬——统治者的特权应该给这个原本单调乏味的世界带来一些伟大崇高——反而加强了这一憧憬。马修·阿诺德（Matthew Arnold）写道："光明与完美，不在于静止与存在，而在于成长与成熟，在于美与智慧的永恒进步。"[85]对于保守主义者来说，静止的力量就是衰退的力量。约瑟夫·熊彼特（Joseph Schumpeter）写道："仅仅对现有资源的节俭使用，无论多么煞费苦心，始终是地位衰落的特征。"[86]权力要想获得保守派所认为的卓越荣誉，就必须得到行使，而行使权力的最佳方式莫过于抵御来自下层的敌人。[87]换句话说，反革命行动是保守派使封建主义焕然一新、使中世纪精神现代化的途径之一。

但这并不是唯一的途径。保守主义还为上层统治提供了一种独立于反革命要求之外的辩护，这种辩护是激动人心、充满活力的，同时摒弃了过去等级制度中呆板的传统主义与和谐的语体话风。在这里，我们看到了保守主义者对美好生活的最强烈的暗示，以及他希望有朝一日能够实现的反动乌托邦。在过去的封建社会中，权力是靠不住的，特权是靠继承的，与此不同的是，保守主义设想了这样一个未来世界，其中权力是靠得住的，特权是靠打拼得来的；权力和特权都不是躺在精英统治的无菌殿堂和温室里，在那里登堂入室是轻而易举、确保无虞的——"从默默无闻迈向显赫权力的通途,不应该轻而易举,也不应该理所当然"[88]——而是在艰苦卓绝的争霸斗争中获取的。在这场斗争中,什么都无关紧要:遗产、社会关系或经济资源都不重要,重要的是一个人的天赋智慧和天生毅力。真正的卓越得以彰显、值得奖赏;真正的高贵得以保全。在驳斥了一位庄园出身的政客"一出生就被襁褓裹护、从小就被百般呵护、稍长被颠颠逗逗,之后就顺顺当当地成了议员"之后,伯克宣称:"'我在逆境中奋斗'是像我这样的人的座右铭。"[89] 即便是最有生物学倾向和决定论的种族主义者也认为,优等种族的成员必须通过征服或消灭劣等种族来亲自争夺他们的统治权。

> 然而,承认种族是一切文明的基石,决不能让任何人觉得,优越种族的成员身份是一个舒适的沙发,他可以躺在上面睡大觉……精神的生物遗产并不比身体的生物遗产更不朽。如果我们继续像过去几十年那样浪费这种生物性精神遗产,那么要不了几代人,我们就不再是蒙古人的上等人了。我们的民族学研究必须引导我们去行动,而不是去傲慢自大。[90]

战场是证明优越性的天然场所;在那里,士兵正是凭借自己的机智和武器,决定自己在世界上的地位。然而,随着时间的推移,保守主义者会在市场上找到另一个证明场。虽然大多数早期的保守主义者对资本主义持矛盾的态度[91],但他们的后继者会相信,类型迥异的斗士都可以在商品的生产和贸易中证明自己的毅力。这些人上穷碧落、下探黄泉,攫取地球资源,将己之所欲尽收囊中,从而确立自己对他人的优势。财大气粗的人并非生来就拥有特权或权利,而是他们——未经许可或批准——将之攫为己有。[92] 威廉·格雷厄姆·萨姆纳(William Graham Sumner)写道:"自由是一种征服。"[93] 资本家之所以成为斗士,是因为最原始的征服行为——需要胆识、远见以及天赐的暴力破坏能力[94]——使他不仅有权获得巨额财富,而且最终有权统治。这就是资本家的本质:不是点石成金的迈达斯王,而是人的统治者。财产所有权是一种处置许可,如果一个人拥有他人劳动的所有权,那么他就拥有处置这种劳动的许可,即在他认为合适的情况下可以处置活动的躯体。

> 这些人被称为"工业领袖"。将这个名称与军事领导人相类比,并无误导之虞。工业组织发展过程中的伟大领袖需要具备执行力和管理技能、指挥能力、勇气和毅力等才能,这些才能以前在军事中是必需的,而在其他任何地方几乎不需要。工业大军也像军事机构依赖其将军一样依赖

其领袖……在这种情况下,对具有履行领袖职能所必备能力的人的需求量很大……拥有这种必备能力是一种自然垄断。[95]

埃德蒙·伯克(1729—1797 年)
图片来源:百度百科。

斗士和商人将成为这个时代的双重象征。在这个时代,正如伯克所预见的那样,统治阶级的成员资格必须通过最痛苦、最屈辱的斗争来争取。"在我人生道路上前进的每一步(因为在每一步,我都频遭横阻和反对),在我遇到的每一个关卡,我都必须出示我的通行证,一次又一次地证明我有资格获得专属的荣誉头衔,因为我乃于祖国有用之人。否则,我就没有地位,甚至得不到宽容。"[96]

尽管战争和市场是现代权力的代名词——尼采是前者的理论家,哈耶克是后者的理论家——右派对资本主义的拥护从来都不是无条件的。时至今日,保守派仍然对赚钱的浅薄卑劣、市场似乎会诱发的统治阶级的政治愚钝,以及消费文化的轻浮愚蠢等,心存疑虑。对右派运动来说,战争永远是最优秀的人能够真正证明其统治权的唯一活动。当然,这是一个血腥的行当,但当所有坚固的东西都烟消云散时,谁还能成为什么贵族呢?

注释:

i 在过去的 20 年里,人们对美国右派产生了浓厚的兴趣,由此产生了一批学术成果——其中大部分由年轻的历史学家撰写,他们中的许多人是左派人士——极大地改变了我们对美国保守主义的理解。① 我自己对保守主义思想的解读在很大程度上参考了这些文献——这些文献强调种族、阶级和性别的生活现实,因为它们在过去半个世纪的党派斗争中表现得淋漓尽致;强调高层政治与大众文化之间的协同融合;强调精英与活动家、商人与知识分子、郊区与南方人、运动与媒体之间的创造性张力。与 T. S. 艾略特一样,我认为要理解保守主义,最好的办法是仔细研究它在整个历史中的行为,以及研究它那些更有哲思性的头脑代表它所发布的言论。② 我是根据实践来解读理论的(也是根据理论来解读实践的)。在这种学术研究的帮助下,我聆听到了保守主义思想的"形而上学的悲怆之声"——它嘈杂不堪、哄闹不息的内涵,它所引发的假设和联想,它所描述的变革运动的内在生命。③ 我希望,我对保守主义思想的阐释有别于其他的阐释,因为其他阐释倾向于脱离实践来解读理论,或者对实践进行高度程式化的描述。④

然而,尽管近年来有关保守主义的文献十分成熟,但存在三个弱点:第一个弱点是缺乏比较视角。研究美国右派的学者很少将美国右派运动与欧洲右派运动联系起来进行研究。事实上,许多作家似乎坚信,与所有美国事物一样,美国的保守主义是"例外"。凯文·马特森写道:"小布什及其知识分子辩护者身上有一种明显的美国特质,一种借鉴埃德蒙·伯克的保守主义,一种深深植根于欧洲背景的智慧与传统的保守主义";"这种保守主义从未在美国站稳脚跟"。⑤ 大西洋彼岸对自由放任资本主义的承诺,理应使美国的保守主义有别于伯克或迪斯雷利的传统主义;本土实用主义使美国的保守主义不适合波纳尔德(Bonald)的悲观主义和狂热主义;民主和民粹主义使托克维尔(Tocqueville)的贵族偏见站不住脚。但这一假设的前提是对欧洲右派的误解:即便是伯克也不像作家们所描述的那样传统,而梅斯特尔和伯克对经济的看法——与他们的复古

---

① "形而上学的悲怆之声"体现在对事物本质的任何描述中,体现在对一个人所属世界的任何刻画中,就像一首诗的词语一样,通过它们的联想和它们产生的一种同理心,唤醒哲学家或他的读者的一种融洽的情绪或情感基调。"Arthur O. Lovejoy, *The Great Chain of Being: A Study of the History of an Idea* (New York: Harper & Brothers, 1936), 11. 引自 Joseph F. Femia, *Against the Masses: Varieties of Anti-Democratic Thought since the French Revolution* (New York: Oxford University Press, 2001), 13—14。

② 可查阅 Bruce Frohnen, *Virtue and the Promise of Conservatism: The Legacy of Burke and Tocqueville* (Lawrence: University of Kansas Press, 1993); Nash, *Conservative Intellectual Movement*; Allitt, *Conservatives*; Scruton, *Meaning of Conservatism*; Berkowitz, *Varieties of Conservatism*。更有用的解决方法包括 Robert Nisbet, *Conservatism: Dream and Reality* (Minneapolis: University of Minnesota Press, 1986); Stephen Holmes, *The Anatomy of Antiliberalism* (Cambridge, Mass.: Harvard University Press, 1993); Albert O. Hirschman, *The Rhetoric of Reaction: Perversity, Futility, Jeopardy* (Cambridge, Mass.: Harvard University Press, 1991); Mannheim, "Conservative Thought"; Muller, *Conservatism*; Femia, *Against the Masses*; and Herzog, *Poisoning the Minds of the Lower Orders*。

③ Mattson, *Rebels All*!, 3, 11—12, 42, 79. 也可参见 Sam Tanenhaus, *The Death of Conservatism* (New York: Random House, 2009), 16—19, 49—51。

④ Cara Camcastle, *The More Moderate Side of Joseph de Maistre: Views on Political Liberty and Political Economy* (Montreal and Kingston: McGill-Queen's University Press, 2005); Isaiah Berlin, "Joseph de Maistre on the Origins of Modern Fascism," in *The Crooked Timber of Humanity: Chapters in the History of Ideas*, ed. Henry Hardy (New York: Vintage, 1992), 91—174。

⑤ Nash, *Conservative Intellectual Movement*, 69—70。

主义著作中的其他观点一样——出人意料地具有现代性。① 欧洲的激进右派与美国的卡尔霍恩、泰迪·罗斯福、巴里·戈德华特以及新保守主义者之间有着深刻的联系——尤其是在种族和暴力问题上。战后时期，许多保守主义的领军人物自觉地转向欧洲寻求指导和指示，而欧洲移民——最著名的是哈耶克、路德维希·冯·米塞斯和利奥·施特劳斯——非常乐意提供这种服务。② 事实上，尽管人们都在关注法兰克福学派和汉娜·阿伦特（Hannah Arendt），但战后美国真正感受到欧洲思想影响的政治运动似乎只有右派。

近期有关保守主义的文献的第二个弱点是缺乏历史视角。无论作家和学者们如何追溯当代保守主义的起源（最新的研究成果辩称，保守主义运动历史悠久，茶党与20世纪20年代的保守主义运动相关联）③，他们都坚持一个假设，即当代保守主义与早期的保守主义有着本质的不同。这种观点认为，在某个阶段，美国保守主义与其前辈决裂了——它变成了民粹主义、意识形态化等——而正是这种决裂（视个人观点而定），要么拯救了保守主义，要么注定了保守主义的灭亡。④ 但这一论点忽略了亚当斯和卡尔霍恩等人物与美国右派最近的呼声之间的连续性。茶党的民粹主义和里根或金里奇的未来主义远非过去几十年的创新，在大西洋两岸最早的保守主义声音中都能找到。同样地，冒险主义、种族主义和意识形态思维的嗜好也是如此。

第三个弱点源自第二个弱点。分析家们越追溯当代保守主义的起源，就越不愿意相信它是一种反动政治或政治逆流。这些学者认为，如果当代保守主义者的使命可以在阿尔伯特·杰伊·诺克（Albert Jay Nock）或约翰·亚当斯的著作中找到依据，那么保守主义所反映的思想和使命就一定更加超然，而不是单纯反对"伟大社会"所表明的那样。⑤ 但是，承认右派的悠久历史并不一定会削弱当代保守主义是一种政治逆流的说法。相反，从长计议应有助于我们更好地理解这种政治逆流的性质和动力，以及其特殊性和偶然性。事实上，只有将当代右派置于其前辈的背景之下，我们才能理解其具体性和独特性。

对许多人来说，右派统一性的概念是一个有争议的说法。尽管我们在日常话语中继续使用

---

① 利希特曼的《白人新教国家》(*White Protestant Nation*) 出版于 2008 年 6 月，出现在茶党出现之前，实际上是在巴拉克·奥巴马当选之前，但它对第一次世界大战后出现的保守主义和乔治·W. 布什的保守主义之间的连续性的分析可以推断到今天。

② Mattson, *Rebels All*!, 7, 15; Farber, *Rise and Fall of Modern American Conservatism*, 78; Donald T. Critchlow, *The Conservative Ascendancy: How the GOP Right Made Political History* (Cambridge, Mass.: Harvard University Press, 2007), 6—13; Tanenhaus, *Death of Conservatism*, 29, 32, 104, 109, 111, 114.

③ "右派的政治哲学、组织策略和草根诉求超越了其对自由主义的敌意。现代保守主义有自己的生命、历史和逻辑。"Lichtman, *White Protestant Nation*, 2. 有关反击观点的不同版本，请参见 Lowndes, *New Deal to the New Right*, 3—5, 92—93, 160—162。

④ Noberto Bobbio, *Left & Right: The Significance of a Political Distinction* (Chicago: University of Chicago Press, 1996).

⑤ Müller, "Comprehending Conservatism," 359; Muller, *Conservatism*, 22—23; J. G. A. Pocock, introduction to Burke, *Reflections on the Revolution in France* (Indianapolis: Hackett, 1987), xlix.

"保守主义"一词(事实上,如果没有这个词,政治讨论将是不可想象的);尽管一个多世纪以来,欧洲和美国的保守主义都成功地吸引并整合了传统主义者、斗士和资本家的联盟;尽管左派和右派之间的对立已被证明是现代持久的政治分歧(尽管每隔约一代人就会试图通过"第三条道路"来否认或克服这种对立)①,但许多人仍然认为右派之间的分歧是如此之大,以至于不可能对右派说三道四。② 但是,如果无法对右派说三道四——无法将右派定义、描述、解释、分析和阐释为一种独特的构成物——我们又怎么能说右派存在呢?

一些学者希望避免那么激进的怀疑论,因为这种怀疑论会使我们无法理解政治中发生的许多事情,因此他们退而求其次,采取了一种唯名论的立场:保守主义者是自称保守派的人,或者更具体地说,保守主义者是那些自称为保守派的人,他们称自己是保守主义者。③ 这就引出了一个问题:这些自称保守派的人——或者其他自称保守派的人——所说的"保守派"是什么意思? 他们为什么选择这种自我描述,而不是自由主义者、社会主义者? 除非这些人认为他们指的是特立独行的身份——在这种情况下,我们又回到了怀疑论的立场——不然,我们就需要理解这个词的含义,而不是它的用法。否则,我们怎么能理解为什么来自不同时代、不同地方、在不同问题上采取不同立场的个人会称自己及其同类为保守派呢? 并非每位读者都需要或愿意接受我关于右派统一性的主张。但是,明智讨论的一个必要条件是,我们同意有一种东西叫做右派,而且它有一些共同的特征使其成为右派。无论如何,这是本书的假设,其正确性和有效性将在接下来的章节中得到验证。

〔1〕在 20 世纪之交的联邦司法机构中,倾向共和党和反对工会的法官,占压倒性的 98% 都来自"国家阶级和社会地位等级的最高层"。William E. Forbath, *Law and the Shaping of the American Labor Movement* (Cambridge, Mass.: Harvard University Press, 1991), 33.

〔2〕即使在今天,婚内强奸的惩罚也比非婚内强奸轻,并且要求执法人员设置更大的认定障碍。据一位学者称:"婚内强奸豁免在大多数州以某种实质性的形式存在。"Jill Elaine Hasday, "Contest and Consent: A Legal History of Marital Rape," *California Law Review* 88 (October 2000), 1375, 1490; Rebecca M. Ryan, "The Sex Right: A Legal History of the Marital Rape Exemption," *Law & Social Inquiry* 20 (Autumn 1995), 941—942, 992—995; Nancy F. Cott, *Public Vows: A History of Marriage and the Nation* (Cambridge, Mass.: Harvard University Press, 2000), 211.

〔3〕应该指出的是,在取消婚内强奸豁免之前,性暴力已被视为离婚的少数合法理由之一。Hasday, "Contest and Consent," 1397—1398, 1475—1484; Ryan, "Sex Right," 941; Cott,

---

① Nash, *Conservative Intellectual Movement*, xiv—xv.
② Zelizer, "Reflections: Rethinking the History of American Conservatism," 371—374.
③ 引自 Mattson, *Rebels All!*, 112。

Public Vows, 195, 203.

〔4〕Karen Orren, *Belated Feudalism: Labor, the Law, and Liberal Development in the United States* (New York: Cambridge University Press, 1991); Robert J. Steinfeld, *Coercion, Contract, and Free Labor in the Nineteenth Century* (New York: Cambridge University Press, 2001); Forbath, Shaping of the *American Labor Movement*.

〔5〕Greg Grandin, *The Last Colonial Massacre: Latin America in the Cold War* (Chicago: University of Chicago Press, 2004), 56—57. 根据一位心怀不满的民主党人在20世纪60年代写给自由派参议员保罗·道格拉斯的信,在那些没有权力的人中爆发的政治言论也是伟大社会的巨大邪恶:"我觉得约翰逊先生对目前的骚乱负有很大责任,他不断鼓励黑人采取任何措施来主张和维护自己的权利。"Rick Perlstein, *Nixonland: The Rise of a President and the Fracturing of America* (New York: Scribner, 2008), 117.

〔6〕John C. Calhoun, "Speech on the Admission of California—and the General State of the Union" (March 4, 1850), in *Union and Liberty: The Political Philosophy of John C. Calhoun*, ed. Ross M. Lence (Indianapolis: Liberty Fund, 1992), 583—585.

〔7〕Alexander Keyssar, *The Right to Vote: The Contested History of Democracy in the United States* (New York: Basic, 2000), 112.

〔8〕Jeremy Brecher, *Strike*! (Cambridge, Mass.: South End Press, 1997), 34, 126. 也见Kim Phillips-Fein, *Invisible Hands: The Businessmen's Crusade against the New Deal* (New York: Norton, 2009), 87—114。

〔9〕Forbath, *Shaping of the American Labor Movement*, 65.

〔10〕James Boswell, *Life of Johnson*, ed. R. W. Chapman and J. D. Fleeman (New York: Oxford University Press, 1998), 1017.

〔11〕Edmund Burke, *Reflections on the Revolution in France*, ed. J. C. D. Clark (Stanford, Calif.: Stanford University Press, 2001), 205—206. 伯克对理发师的好奇关注——在所有职业中——是他反民主情绪的对象,这里有一个引人入胜的背景故事,唐·赫尔佐格在《毒害下层阶级的思想》一书中对此进行了探讨。Don Herzog, *Poisoning the Minds of the Lower Orders* (Princeton: Princeton University Press, 1998), 455—504.

〔12〕Ibid., 217—218.

〔13〕引自 Daniel T. Rodgers, *Age of Fracture* (Cambridge, Mass.: Harvard University Press, 2011), 207。

〔14〕Friedrich Hayek, *Law, Legislation and Liberty*, vol. 2, *The Mirage of Social Justice* (Chicago: University of Chicago Press, 1976), 84—85; Robert Nozick, *Anarchy, State, and Utopia* (New York: Basic Books, 1974), 235—238.

[15] G. A. Cohen, *Self-Ownership, Freedom, and Equality* (New York: Cambridge University Press, 1995), 28—32, 53—59, 98—115, 236—238.

[16] 引自 Friedrich A. Hayek, *The Constitution of Liberty* (Chicago: University of Chicago Press, 1960), 424; 也见 16—19。

[17] Elizabeth Cady Stanton, "Home Life," in *The Elizabeth Cady Stanton-Susan B. Anthony Reader*, ed. Ellen Carol DuBois (Boston: Northeastern University Press, 1981, 1992), 132. 也见 Cott, *Public Vows*, 67; Amy Dru Stanley, *From Bondage to Contract: Wage Labor, Marriage, and the Market in the Age of Slave Emancipation* (New York: Cambridge University Press, 1998), 177—178。

[18] 有时,保留下来的文本并不那么隐讳。斯特罗姆·瑟蒙德的州权利民主党——南方民主党——1948 年纲领的第四点将公共和私人编织成一个密不透风的整体:"我们支持种族隔离和每个种族的种族完整性;宪法赋予的选择伴侣的权利;在没有政府干预的情况下接受私人就业,并以任何合法方式谋生。我们反对消除种族隔离,废除异族通婚法规,反对被错误命名的民权计划所要求的联邦官僚对私人就业的控制。我们支持地方自主权、地方自主管理和对个人权利的最小干预。*The Rise of Conservatism in America, 1945—2000: A Brief History with Documents*, ed. Ronald Story and Bruce Laurie (Boston: Bedford/St. Martin's, 2008), 39.

[19] James Baldwin, "They Can't Turn Back," in *The Price of the Ticket: Collected Nonfiction, 1948—1985* (New York: St. Martin's Press, 1985), 215. 我非常感谢杰森·弗兰克(Jason Frank)让我注意到这篇文章。

[20] Peter Kolchin, *American Slavery 1619—1877* (New York: Hill and Wang, 1993, 2003), 100—102, 105, 111, 115, 117.

[21] Thomas Roderick Dew, *Abolition of Negro Slavery*, and William Harper, *Memoir on Slavery*, in *The Ideology of Slavery: Proslavery Thought in the Antebellum South, 1830—1860*, ed. Drew Gilpin Faust (Baton Rouge: Louisiana State University Press, 1981), 65, 100.

[22] Neil R. McMillen, *Dark Journey: Black Mississippians in the Age of Jim Crow* (Urbana: University of Illinois Press, 1989), 7.

[23] Kolchin, *American Slavery*, 118—120, 123—124, 126; Ira Berlin, *Many Thousands Gone: The First Two Centuries of Slavery in North America* (Cambridge, Mass.: Harvard University Press, 1998), 94—95, 112, 128—132, 149—150, 174—175, 188—189.

[24] Calhoun, "Speech on the Reception of Abolition Petitions" (February 6, 1837), in *Union and Liberty*, 473; 也见 Dew, "Abolition of Negro Slavery," 23—24, 27; Kolchin, *American Slavery*, 170, 181—182, 184, 189。

[25] 引自 Kolchin, *American Slavery*, 198。

〔26〕Steven Hahn, *A Nation under Our Feet: Black Political Struggles in the Rural South from Slavery to the Great Migration* (Cambridge, Mass.: Harvard University Press, 2003), 218; McMillen, *Dark Journey*, 125.

〔27〕Patrick Allitt, *The Conservatives: Ideas & Personalities Throughout American History* (New Haven, Conn.: Yale University Press, 2009), 19.

〔28〕Edmund Burke, "Speech on the Army Estimates" (February 9, 1790), in *The Portable Edmund Burke*, ed. Isaac Kramnick (New York: Penguin, 1999),

〔29〕Edmund Burke, letter to Earl Fitzwilliam (1791), 引自 Daniel L. O'Neill, *The Burke-Wollstonecraft Debate: Savagery, Civilization, and Democracy* (University Park: Pennsylvania State University Press, 2007), 211.

〔30〕引自 Conor Cruise O'Brien, *The Great Melody: A Thematic Biography of Edmund Burke* (Chicago: University of Chicago Press, 1992), 418—419。

〔31〕Edmund Burke, *Letters on a Regicide Peace* (Indianapolis: Liberty Fund, 1999), 127.

〔32〕John Adams, letter to James Sullivan (May 26, 1776), in *The Works of John Adams*, vol. 9, ed. Charles Francis Adams (Boston: Little Brown, 1854), 375.

〔33〕Abigail Adams, letter to John Adams (March 31, 1776), in *The Letters of John and Abigail Adams* (New York: Penguin, 2004), 148—49.

〔34〕John Adams, letter to Abigail Adams (April 14, 1776), in *Letters*, 154.

〔35〕John Adams, letter to James Sullivan (May 26, 1776), in *Works*, 378.

〔36〕John Adams, *A Defense of the Constitutions of Government of the United States of America, and Discourses on Davila*, in *The Political Writings of John Adams*, ed. George A. Peck Jr. (Indianapolis: Hackett, [1954] 2003), 148—149, 190.

〔37〕引自 Susan Moller Okin, *Justice, Gender, and the Family* (New York: Basic Books, 1989), 18。

〔38〕Keyssar, *Right to Vote*, xxi.

〔39〕Linda K. Kerber, *No Constitutional Right to be Ladies: Women and the Obligations of Citizenship* (New York: Hill and Wang, 1998), 3—46, 124—220; Ira Berlin, Barbara J. Fields, Steven F. Miller, Joseph P. Rediy, and Leslie S. Rowland, *Slaves No More: Three Essays on Emancipation and the Civil War* (New York: Cambridge University Press, 1992), 5, 15, 20, 48, 54—59.

〔40〕"The ultimate operative unit in our society is the family, not the indi-vidual." Milton Friedman, *Capitalism and Freedom* (Chicago: University of Chicago Press, 1962, 1982, 2002), 32;也见 13。"如果认为法律规则是塑造个人性格的主导力量,那将是一种很大的错误;家庭、学

校和教堂更有可能产生强大的影响。管理这些机构的人将利用他们的影响力来推进他们所持有的任何善的概念,无论法律状况如何。"Richard A. Epstein, "Libertarianism and Character," in *Varieties of Conservatism in America*, ed. Peter Berkowitz (Stanford, Calif.: Hoover Institution Press, 2004), 76. 更早的阐述,见 William Graham Sumner, "The Family Monopoly," in *On Liberty, Society, and Politics: The Essential Essays of William Graham Sumner*, ed. Robert C. Bannister (Indianapolis, Liberty Fund, 1929), 136; William Graham Sumner, *What the Social Classes Owe to Each Other* (Caldwell, Idaho: Caxton Press, 2003), 63; Ludwig von Mises, *Socialism: An Economic and Sociological Analysis* (Indianapolis: Liberty Fund, 1981), 74—91。更一般的情况,见 Okin, Justice, Gender, 74—88。

[41] Edmund Burke, letter to Earl Fitzwilliam (1791), in O'Neill, *Burke-Wollstonecraft Debate*, 211.

[42] James Fitzjames Stephen, *Liberty, Equality, Fraternity*, ed. Stuart D. Warner (Indianapolis: Liberty Fund, 1993), 173.

[43] David Farber, *The Rise and Fall of Modern American Conservatism: A Short History* (Princeton, N. J.: Princeton University Press, 2010), 10.

[44] Thomas Paine, *Rights of Man, Part I*, in *Political Writings*, ed. Bruce Kuklick (New York: Cambridge University Press, 2000), 130; Lionel Trilling, *The Liberal Imagination* (Garden City, N. Y.: Doubleday Anchor, 1950), 5; Robert O. Paxton, *The Anatomy of Fascism* (New York: Knopf, 2004), 42.

[45] Michael Freeden, *Ideologies and Political Theory* (New York: Oxford University Press, 1996), 318.

[46] 引自 Russell Kirk, "Introduction," in *The Portable Conservative Reader*, ed. Russell Kirk (New York: Penguin, 1982), xxiii。

[47] Mark F. Proudman, "'The Stupid Party': Intellectual Repute as a Category of Ideological Analysis," *Journal of Political Ideologies* 10 (June 2005), 201—202, 206—207.

[48] George H. Nash, *The Conservative Intellectual Movement in America since 1945* (Wilmington, Del.: Intercollegiate Studies Institute), xiv; Roger Scruton, *The Meaning of Conservatism* (London: Macmillan, 1980, 1984), 11.

[49] "问题:疲惫的人是如何制定价值观法则的? 换一种问法:那些最后掌权的人是怎么上台的?"Friedrich Nietzsche, *The Will to Power*, trans. Walter Kaufmann and R. J. Hollingdale (New York: Vintage, 1968), 34.

[50] Kevin Mattson, *Rebels All! A Short History of the Conservative Mind in Postwar America* (Newark, N. J.: Rutgers University Press, 2008), 121—125.

〔51〕Burke, Reflections, 243; Russell Kirk, "The Conservative Mind," in *Conservatism in America since 1930*, ed. Gregory L. Schneider (New York: New York University Press, 2003), 107. 最近的信息见, Harvey Mansfield has declared, "But I understand conservatism as a reaction to liberalism. It isn't a position that one takes up from the beginning but only when one is threat-ened by people who want to take away or harm things that deserve to be conserved." *The Point* (Fall 2010), http://www.thepointmag.com/archive/an-interview-with-harvey-mansfield, 访问日期: April 9, 2011。

〔52〕Burke, *Regicide Peace*, 73.

〔53〕引自 John Ramsden, *An Appetite for Power: A History of the Conservative Party since 1830* (New York: Harper Collins, 1999), 5。

〔54〕*The Faber Book of Conservatism*, ed. Keith Baker (London: Faber and Faber, 1993), 6; 也见 Hugh Cecil, *Conservatism* (London: Thornton Butterworth, 1912), 39—44, 241, 244。

〔55〕Robert Peel, speech at Merchant Taylor Hall (May 13, 1838), in *British Conservatism: Conservative Thought from Burke to Thatcher*, ed. Frank O'Gorman (London: Longman, 1986), 125.

〔56〕Nash, *Conservative Intellectual Movement*, xiv.

〔57〕Michael Oakeshott, "Rationalism in Politics" and "On Being Conservative," in *Rationalism in Politics and Other Essays* (Indianapolis: Liberty Press, 1991), 31, 408, 435.

〔58〕在他的文章中,奥克肖特本人一度接受了这一观点,但对其不屑一顾:"在我们之外的其他环境中,这种性格倾向是否合适?对于不热衷于冒险、懒惰或缺乏活力的人来说,对政府持保守态度是否具有同样的重要性?这是一个我们不需要试图回答的问题:我们关心的是我们自己。我自己认为它在任何情况下都会占据重要地位。"他没有说为什么会这样。Oakeshott, "On Being Conservative," 435.

〔59〕Benjamin Disraeli, *The Vindication of the English Constitution*, in *Whigs and Whiggism: Political Writings by Benjamin Disraeli*, ed. William Hutcheon (New York: Macmillan, 1914), 126.

〔60〕Karl Mannheim, "Conservative Thought," in *Essays on Sociology and Social Psychology*, ed. Paul Kesckemeti (London: Routledge & Kegan Paul, 1953), 95, 115; 也见 Freeden, *Ideologies and Political Theory*, 335ff. 来自保守传统的这一论点的证据可以在弗兰克·迈耶(Frank Meyer)的相关文章中找到。Frank Meyer, "Freedom, Tradition, Conservatism," in *In Defense of Freedom and Related Essays* (Indianapolis: Liberty Fund, 1996), 17—20; Mark C. Henrie, "Understanding Traditionalist Conservatism," in *Varieties of Conservatism in America*, 11; Nash, *Conservative Intellectual Movement*, 50; Scruton, *Meaning of Conservatism*, 11.

〔61〕因此,当欧文·克里斯托尔在《新保守主义者的反思》(*Reflections of a Neoconserva-*

tive)中声称新保守主义"旨在为美国资产阶级正统观念注入新的自觉知识活力"时,他并没有偏离保守主义规范;他正在把它们表达清楚。正如保守派社会学家和神学家彼得·伯杰(Peter Berger)在《神圣的树冠》(The Sacred Canopy)中所说:"只要没有挑战,社会生活或其任何部分的真实性就足以实现自我合法化。当挑战出现时,无论以何种形式出现,真实性都不能再被视为理所当然。然后,为了挑战者和迎接挑战的人,必须解释社会秩序的有效性……挑战的严重性将决定回答合法性的精细程度。"Conservatism: An Anthology of Social and Political Thought from David Hume to the Present, ed. Jerry Muller (Princeton, N. J.: Princeton University Press, 1997), 4, 360.

[62] Quintin Hogg, The Case for Conservatism, in British Conservatism, 76.

[63] Boswell, Life of Johnson, 1018.

[64] Edmund Burke, An Appeal from the New to the Old Whigs, in Further Reflections on the Revolution in France, ed. Daniel F. Ritchie (Indianapolis: Liberty Fund, 1992), 167.

[65] Giuseppe di Lampedusa, The Leopard (New York: Pantheon, 2007), 28.

[66] Mattson, Rebels All!, 23, 35—36, 62.

[67] Burke, Regicide Peace, 142.

[68] Kirk, "The Conservative Mind," 109; Oakeshott, "On Being Conservative," 414—415.

[69] 引自 Allitt, Conservatives, 242; 也见 Arthur Moeller vanden Bruck, Germany's Third Empire, in The Nazi Germany Sourcebook: An Anthology of Texts, ed. Roderick Stackelberg and Sally A. Winkle (New York: Routledge, 2002), 77—78。

[70] Edmund Burke, Letter to a Noble Lord, in On Empire, Liberty, and Reform: Speeches and Letters, ed. David Bromwich (New Haven, Conn.: Yale University Press, 2000), 479.

[71] 塞西尔是少数几个承认区分改革和革命有多难的保守派之一。(Cecil, Conservatism, 221—222). 相关有价值的评论,见 Ted Honderich, Conservatism: Burke, Nozick, Bush, Blair? (London: Pluto, 2005), 6—31。

[72] Peter Kolozi, Conservatives Against Capitalism: From the Industrial Revolution to Globalization (New York: Columbia University Press, 2017), 106—139; Clinton Rossiter, Conservatism in America: The Thankless Persuasion (New York: Vintage, 1955, 1962), 241—242; Sam Tanenhaus, Whittaker Chambers: A Biography (New York: Modern Library, 1997), 165, 466, 488.

[73] Nash, Conservative Intellectual Movement, xiv.

[74] Abraham Lincoln, address at Cooper Institute (February 27, 1860), in The Portable Abraham Lincoln, ed. Andrew Delbanco (New York: Penguin 1992), 178—179. 一位学者指出,典型的保守主义改革观"可能是其他政治意识形态的一部分,因为——至少在表面上——它纯粹

是合理的。它本身纯粹是相对的或立场性的",因此可以应用于任何意识形态或被任何意识形态所引用。Jan-Werner Müller, "Comprehending Conservatism: A New Framework for Analysis," *Journal of Political Ideologies* 11 (October 2006), 362.

〔75〕Ramsden, *Appetite for Power*, 28.

〔76〕引自 C. B. Macpherson, *Burke* (New York: Hill and Wang, 1980), 22; 也见 Burke, *Regicide Peace*, 381。

〔77〕Ramsden, *Appetite for Power*, 46, 95. 卡纳文是英国右派的少数派立场;在德比和迪斯雷利的领导下,保守党主持了该法案的通过。但这不应被视为布基纳法索对右派的强烈冲动的证据。迪斯雷利在整个辩论中的坚定立场是完全反对格莱斯顿。如果格莱斯顿支持这一点,迪斯雷利则反对。如果有任何超越这一点的愿景,那就是党派和战术,涉及绝对非伯克式的战术。迪斯雷利向德比解释了他对一系列比自由党最初支持的任何措施都更激进的措施的支持,他说:"大胆的路线更安全。"见 Ramsden, *Appetite for Power*, 91—99。关于反对的意见,见 Gertrude Himmelfarb, "Politics and Ideology: The Reform Act of 1867," in *Victorian Minds* (New York: Knopf, 1968), 333—392。

〔78〕Allitt, *Conservatives*, 48. 其他例子,见 Allan Bloom, *The Closing of the American Mind* (New York: Simon and Schuster, 1987), 101; Calhoun, "Speech on the Oregon Bill," in *Union and Liberty*, 565; Adams, Discourses on Davila, in *Political Writings*, 190—192, 201; *Theodore Roosevelt: An American Mind*, ed. Mario R. DiNunzio (New York: Penguin, 1994), 116, 119; Phillips-Fein, *Invisible Hands*, 82。

〔79〕Michael J. Gerson, *Heroic Conservatism: Why Republicans Need to Embrace America's Ideals (And Why They Deserve to Fail If They Don't)* (New York: Harper Collins, 2007), 261, 264.

〔80〕虽然亨廷顿强调保守主义的"情境"或"位置"维度是正确的,即保守主义是为了应对既定秩序的系统性挑战而产生的,但他认为保守主义者仅仅因为既定秩序而捍卫既定秩序是错误的。保守派捍卫一种特殊的秩序——个人统治的等级制度——因为他真诚地相信不平等是卓越的必要条件。有时,如果他认为既定秩序过于平等,他愿意对其有所质疑;战后美国保守主义运动就是这种情况。Samuel Huntington, "Conservatism as an Ideology," *American Political Science Review* 51 (June 1957), 454—473.

〔81〕每过一个月,关于美国保守主义的书籍数量似乎都在增加。在过去二十年中,最值得注意的是:Rick Perlstein, *Before the Storm: Barry Goldwater and the Unmaking of the American Consensus* (New York: Hill & Wang, 2001); Lisa McGirr, *Suburban Warriors: The Origins of the New American Right* (Princeton, N.J.: Princeton University Press, 2001); Donald Critchlow, *Phyllis Schlafly and Grassroots Conservatism: A Woman's Crusade* (Princeton, N.J.:

Princeton University Press, 2005); Kevin Kruse, *White Flight: Atlanta and the Making of Modern Conservatism* (Princeton, N. J.: Princeton University Press, 2005); Jason Sokol, *There Goes My Everything: White Southerners in the Age of Civil Rights, 1945—1975* (New York: Vintage, 2006); Matthew Lassiter, *The Silent Majority: Suburban Politics in the Sunbelt South* (Princeton, N. J.: Princeton University Press, 2006); Joseph Lowndes, *From the New Deal to the New Right: Race and the Southern Origins of Modern Conservatism* (New Haven, Conn.: Yale University Press, 2008); Allan J. Lichtman, *White Protestant Nation: The Rise of the American Conservative Movement* (New York: Grove Press, 2008); Mattson, *Rebels All*!; Steven Teles, *The Rise of the Conservative Legal Movement: The Battle for Control of the Law* (Princeton, N. J.: Princeton University Press, 2008); Bethany Moreton, *To Serve God and Wal-Mart: The Making of Christian Free Enterprise* (Cambridge, Mass.: Harvard University Press, 2009); Phillips-Fein, *Invisible Hands*. 也见 Julian Zelizer, "Reflections: Rethinking the History of American Conservatism," *Reviews in American History* 38 (June 2010), 367—392; Kim Phillips-Fein, "Conservatism: A State of the Field," *Journal of American History* 98 (December 2011), 723—743.

[82] T. S. Eliot, "The Literature of Politics," in *To Criticize the Critic and Other Writings* (Lincoln: University of Nebraska Press, 1965), 139.

[83] *Händler und Helden. Patriotische Besinnungen*, in *NaziGermany Sourcebook*, 36.

[84] 对自由市场的捍卫"在最具影响力的时候变得静止",而在左派的攻击下"在防御时经常取得进展"(Hayek, *Constitution of Liberty*, 7)。"具有讽刺意味的是,尽管不是历史上前所未有的,但智识层面(右派)的这种创造力爆发应该与自由主义在实际政治领域的影响力的持续传播同时发生"(Frank Meyer, "Freedom, Tradition, Conservatism," in *Defense of Freedom*, 15)。"In times of crisis," 可参阅 Scruton, "conservatism does its best" (Scruton, *Meaning of Conservatism*, 11). On the "dialectical" relationship between left and right in recent American history, see Zelizer, "Reflections: Rethinking the History of American Conservatism," 388—389。

[85] Matthew Arnold, *Culture and Anarchy*, in *Culture and Anarchy and Other Writings*, ed. Stefan Collini (New York: Cambridge University Press, 1993), 95.

[86] Joseph Schumpeter, "Social Classes in an Ethnically Homogenous Environment," in *Conservatism: An Anthology*, 227.

[87] 熊彼特补充道,要获得并保持真正的经济实力,需要持续"脱离常规"。Schumpeter, "Social Classes," 227. "我们必须向自己表明,不能停滞不前,不能满足于自身,只有进步或倒退,当我们满足于现状时,就等于倒退。"Friedrich von Bernhardi, *Germany and the Next War*, trans. Allen Powles (London: Edward Arnold, 1912), 103.

〔88〕Burke, *Reflections*, 207. 也见 Justus Möser, "No Promotion According to Merit," in *Conservatism: An Anthology*, 74—77。

〔89〕Burke, *Letter to a Noble Lord*, 484.

〔90〕Fritz Lens, *Psychological Differences between the Leading Races of Mankind*, in *Nazi Germany Sourcebook*, 75.

〔91〕Muller, *Conservatism*, 26—27, 210.

〔92〕Sumner, *What the Social Classes Owe to Each Other*, 59—60, 66—67.

〔93〕Sumner, "Liberty," in *On Liberty, Society, and Politics*, 246.

〔94〕"我们可以自由地承认，所有的所有权都是从占领和暴力中得到的……所有的权利都是从暴力中得到的，所有的产权都是从侵占或抢劫中得到的。"Mises, *Socialism*, 32.

〔95〕Sumner, "The Absurd Effort to Make the World Over," in *On Liberty, Society, and Politics*, 254.

〔96〕Burke, *Letter to a Noble Lord*, 484.

第二章

论反革命

　　自从埃德蒙·伯克创造了保守主义这一概念以来,保守主义者就自称是一个谨行节制之人,他的事业是清醒地——并且持续清醒地——认识到自身的局限性。我们在上一章中听到迈克尔·奥克肖特宣称:"成为保守主义者就是宁可选择熟悉的,也不选择未知的;宁可选择尝试过的,也不选择未曾尝试的;宁可选择事实性的,也不选择神秘性的;宁可选择现实的,也不选择可能的;宁可选择有限的,也不选择无限的;宁可选择近的,也不选择远的。"[1]然而,唤起保守主义者进行最深刻反思的政治活动——对法国大革命和布尔什维克革命的反击;对奴隶制和吉姆·克罗(Jim Crow)种族隔离法的辩护;对社会民主主义和福利国家的攻击;以及对新政、伟大社会、民权、女权主义和同性恋权利的连续强烈反击——却并非如此。无论是在欧洲还是在美国,无论是在21世纪还是在20世纪,保守主义都是一场毫不安分、无情变革的前进运动,偏爱冒险、热衷意识形态冒进、姿态激进、立场民粹,对新贵和叛乱者、局外人和新来者都很友好。虽然保守主义理论家都声称保守主义的传统是审慎而节制的,但贯穿这一传统的长河,反常的轻率和无节制却像一股潜流,起起伏伏、若隐若现。

　　对保守主义这一更深层次思想流派的思考,让我们对其内涵有了更清晰的认识。虽然保守主义是一种反动的意识形态——最初是针对法国大革命,最近是针对20世纪60、70年代的解放运动——但这种反动并没有得到很好的理解。对于一成不变的旧制度或深思熟虑的传统主义,保守主义非但没有屈服于为其盲目辩护,倒是其反动的必然要求将保守主义推向了两个截然不同的方向:第一,对旧制度进行批判和重构;第二,吸收它所反对的革命或改革的思想和策略。保守主义试图通过对旧制度的重构和对新制度的吸收来实现其目标,即让特权深入人心,将摇摇欲坠的旧制度转变为充满活力、意识形态连贯一致的群众运动。可以说,这是一个新的旧政权,它将街头的能量和活力注入了破旧庄园古老的不平等中。

在过去二十年里,各路作家和记者都声称,当特朗普、佩林、布什、里根、戈德华特、巴克利或其他人使保守主义脱离传统轨道时,保守主义就走向了衰落。这种观点认为,保守主义原本是统治阶级负责任的行为准则,但从约瑟夫·德·梅斯特尔到水管工乔(本名:塞缪尔·约瑟夫·沃泽尔巴彻)之间的某处,不知怎么地,它就被自己冲昏了头脑。它变得冒险、狂热、民粹和意识形态化了。这个衰落的故事——无论它来自右派还是左派——所忽视的是,当代保守主义的所有这些所谓的堕落在一开始就存在,就在伯克和梅斯特尔的著作中,只是它们没有被视为恶行,反而被视为美德。保守主义一直是一场比许多人意识到的更狂野、更奢侈的运动,而恰恰是这种狂野和奢侈,成为其持续吸引力的源泉之一。

保守主义是对法国大革命的反动,这种说法几乎没什么煽动性。大多数具有历史眼光的保守主义者会同意这一观点。[2] 但是,如果我们更仔细地审视这一反动的两个代表人物——伯克和梅斯特尔,我们就会发现一些令人惊讶且很少被注意到的因素。首先是对旧制度的反感,近乎蔑视,他们声称这是自己的事业。梅斯特尔的《思考法国》(*Considerations on France*)开篇几章就对旧制度的三大支柱——贵族、教会和君主制——进行了无情的抨击。梅斯特尔将贵族分为两类:叛国者和无知者。神职人员腐化堕落,因财富和道德败坏而软弱无力。君主软弱无能,缺乏惩治的意志力。梅斯特尔用拉辛(Racine)的一句话否定了这三种人:"现在看看你们的过错结出的悲惨果实吧,感受一下你们自己造成的打击吧。"[3]

就伯克而言,他的批评更微妙,但也更深刻(尽管在他生命的最后阶段,他和梅斯特尔一样,都是用不加修饰的腔调说话)[4],在《法国大革命反思》(*Reflections on the Revolution in France*)一书中,伯克讲述了凡尔赛宫被攻破和王室被俘虏的过程,他对玛丽·安托瓦内特(Marie Antoinette)的描述是"令人愉悦的幻象……像晨星一样闪耀,充满生机、光彩和欢乐"。伯克将她的美貌视为旧制度可爱的象征,在旧制度中,封建礼仪和传统习俗"使权力变得温和","通过温和的同化吸收,将私人社会的柔美情感融入政治之中"。[5]

自从伯克写下这些诗句以来,他的多愁善感就一直被人嘲笑。但读过伯克早期美学著作《对我们崇高和美丽观念起源的哲学探究》(*A Philosophical Enquiry* into the Origins of our Ideas of the Sublime and the Beautiful）的读者就会知道，对伯克来说，美从来不是权力和活力的标志，而总是颓废的迹象。美能唤起快乐，而快乐会让位给冷漠，或导致自我的彻底消解。伯克写道："美是通过松懈整个系统的坚实结构而发挥作用的。"[6] 正是这种对机体——生理、社会和政治的机体——的放松和消解，使美成为堕落和死亡的有力象征和媒介。"我们最有益、最美丽的制度往往一无所成，只能灰飞烟灭。"[7]

保守派这两段规劝的开场白表明，旧制度的最大敌人既不是革命者，也不是改革者；相反，是旧制度本身，或者更准确地说，是旧制度的维护者。[8] 他们只是在意识形态上缺乏必要的手段，未能以必需的活力、清晰度和目的性来督促旧制度的事业。正如在英国与其美洲殖民地的关系这一截然不同的背景下，伯克对乔治·格伦维尔所宣称的那样：

> 但确实可以说的是，过于热衷于官场的人，很少有非凡的大智慧……在官场中长大的人，只要事情还在按部就班地进行，他就会有令人钦佩的表现。但当大路被冲毁、洪水泛滥时，当一个从未见过的动荡场景出现而档案中又没有先例可循时，就需要对人类有更多的了解，对事物有更广泛的理解，这种知识比官场给予的要多得多，也比官场所能给予的要多得多。[9]

后来的保守派会以各种方式提出这种主张。有时，他们会指责旧制度的捍卫者被革命或改革派的挑战吓倒了。托马斯·杜（Thomas Dew）是美国奴隶制最早、最积极的辩护者之一。他认为，纳特·特纳（Nat Turner）叛乱摧毁了奴隶主阶级的"所有安全感和信心"。他们如此恐惧，以至于"理智几乎从头脑中被驱逐"。他们害怕的不仅是奴隶的暴力行为，还有奴隶和废奴主义者的道德控诉，这种控诉已经不知不觉地渗透到奴隶主的思想中，使他们对自己的立场产生了怀疑。奴隶制的另一位捍卫者威廉·哈珀（William Harper）写道："我们自己在某种程度上已经对弹劾认罪了。"[10]

一个多世纪后，巴里·戈德华特将继续探讨同样的主题。《一个保守派的良知》（The Conscience of a Conservative）一书的第一段，就把矛头指向不是自由派或民主党人，甚至也不是福利国家，它针对的是后来被称为"共和党当权派"的道德胆怯。

我一直很担心,今天有那么多有保守本能的人不得不为他们的这种本能而道歉。即使不直接道歉,也要用相当于捶胸顿足的方式来缓解他们承诺的责任。尼克松副总统曾说:"共和党候选人应该是经济保守派,但应该是有情有义的保守派。"艾森豪威尔总统在他的第一个任期内宣布:"在经济问题上,我是保守派,但在人类问题上,我是自由派。"这些表述相当于承认保守主义是一种狭隘的、机械的经济理论,它作为簿记员的工作指南可能非常有效,但不能将其作为一种全面的政治哲学。[11]

巴里·戈德华特(1909—1998 年)
图片来源:百度百科。

更多时候,保守派认为,旧制度的维护者只是愚昧无知。他变得越来越懒惰、越发肥胖和自满,如此全面地享受着他的地位所带来的特权,以至于他看不到即将到来的灾难。或者说,即使能看到,他也无能为力、无法阻挡,因为他的"政治肌肉"早已萎缩。约翰·卡尔霍恩就是这样一个保守主义者,在整个 19 世纪 30 年代,当废奴主义者开始推动他们的事业时,他对他在种植园里的同胞们轻松的生活和故意的无知感到愤怒。他的愤怒在 1837 年达到了顶峰。他恳求南方同胞们"我们所需要的只是协调一致、团结起来,以热情和精力抵御即将来临的危险!"但他接着说:"我不敢奢望我能说的任何话都能唤起南方人对危险的应有警觉。我担心这不是凡人的声音所能及时唤醒的,南方已经陷入了致命的安全困境。"[12]

奥克肖特在其颇具影响力的文章中指出,保守主义"不是一种信条或学说,而是一种性情"。具体而言,他认为保守主义是一种享受当下的性情。这并不是因为当下比其他选择更好,甚至不是因为当下就其本身而言是好的。这意味着一种有意识的反思和意识形态的选择,而奥克肖特认为这与保守主义者格格不入。保守主义者享受当下的原因仅仅是因为它熟悉,因为它就在那里,因为它唾手可得。[13]

奥克肖特对保守主义的看法——左派和右派都普遍认同这一看法——不是一种洞察力,而是一种自负。它忽视了这样一个事实,即保守主义总是在旧制度受到威胁或已被摧毁之后才兴起的。(奥克肖特公开承认,正如我在第一章中论述的那样,损失或受到损失的威胁会让我们珍惜当下,但他并没有让这一洞见渗透或颠覆他对保守主义的整体理解。)奥克肖特描述的是坐在安乐椅上的旧制度,那时死亡对它而言还是一个遥远的概念,时间是一种升温介质,而不是一种刺鼻的溶剂。这就是查尔斯·洛伊索笔下的旧制度,他在法国大革命前近两个世纪写道,贵族没有"起点",因此也没有终点。它是"恍如隔世而又心不在焉",对历史的流逝无知无觉、无感无识。[14]

保守主义之所以登场,当且仅当——也正是因为——不能再发表如此保守的言论。沃尔特·伯恩斯(Walter Berns)是康奈尔大学众多未来的新保守主义者之一。1969 年,黑人学生占领了威拉德·斯特拉特大厅,这给他造成了巨大的创伤。当他从大学辞职时,他在告别演讲中说:"我们有一个太好的世界;但它难以为继。"[15] 没有什么比残酷的扭转乾坤更能扰乱田园诗般的继承制了。在目睹了本应永生不灭之物的死亡后,保守主义者再也无法将时间视为权力的天然盟友或栖息地。时间现在是敌人。变化,而不是永恒,是世界的主宰,变化既不意味着进步,也不意味着改善,而是意味着死亡,并且是一种非自然的早逝。梅斯特尔说:"暴亡的判令就写在生命的最边界上。"[16] 保守主义者说,旧制度捍卫者的问题在于,他不知道这一真理,或者即使知道,也缺乏对此采取行动的毅力。

在这些早期的反动声音中,我们发现的第二个因素是,保守主义者对自己所反对的革命的钦佩之情令人吃惊。梅斯特尔最狂热的评论是留给雅各宾派的,他显然羡慕雅各宾派的残暴意志及其暴力嗜好——他们的"黑魔法"。革命者对自己的事业和自身都充满信心,这让一场由庸人组成的运动变成了欧洲有史以来最强大的力量。由于他们的努力,法国得到了净化,恢复了它在国际大家庭中应有的骄傲地位。"革命政府,"梅斯特尔总结道,"用鲜血淬炼了法国的灵魂。"[17]

同样地,伯克的论述更加含蓄,但切入点更深。他在《对我们崇高和美丽观念起源的哲学探究》一书中指出,强大的力量永远不应该渴望成为美,也永远不可能真正成为美。伟大的力量需要的是崇高。崇高是我们在面对极端痛苦、危险或恐怖时所体验到的感觉。它类似于敬畏,但又带着恐惧和害怕。伯克称之为"令人愉快的恐怖"。伟大的力量应该追求崇高而不是美,因为崇高能产生"心灵所能感受到的最强烈的情感"。这是一种摄人心魄而又振奋人心的情感,它同时具有缩小和放大我们矛盾的效果。我们会因强大的力量而感到毁灭;与此同时,当"我们与可怕的对象交谈时",我们的自我意识也会"膨胀"。强大的力量在晦涩难懂、神秘莫测以及极端的情况下才会达到崇高的境界。伯克写道,"在所有事物中",崇高"厌恶平庸"。[18]

在《法国大革命反思》中,伯克认为法国的问题在于旧制度是美丽的,而革命是崇高的。作为旧制度基石的土地利益集团是"迟钝慵懒、缺乏勇气的"。它根本无法抵御"能人异士的侵袭",这些能人异士在这里是指革命带来的新权力者。在《法国大革命反思》的其他地方,伯克说与革命结盟的金钱利益集团比贵族利益集团更强大,因为它"更愿意进行任何冒险""更愿意从事任何类型的新事业"。换句话说,旧制度是美妙精巧、静止不变和软弱无力的;革命是丑陋恐怖、活跃奋进和坚强有力的。在革命制造的恐怖中——乌合之众冲进王后的寝宫,把她半裸着拖到大街上,然后把她和她的家人押往巴黎——革命实现了一种崇高,"我们骤然惊醒并开始反思,"伯克在谈到革命者的行动时写道,"我们的思想……被恐怖和怜悯净化了;在神秘智慧的干预下,我们狂妄又脆弱的自尊心被打倒了。"[19]

除了这些简单的羡慕或钦佩的表白,保守派实际上是在模仿和学习他所反对的革命。"为了消灭敌人,"伯克在谈到雅各宾派时写道,"应该通过各种办法,使反对该制度的暴力与该制度所发挥的力量和精神如出一辙、大同小异。"[20] 这是保守主义意识形态中最有趣、最不为人所知的一个方面。虽然保守派敌视左派的目标,尤其是赋予社会底层种姓和下层阶级权力的目标,但他们往往是左派最好的学生。有时,保守派的这种学习研究是刻意自觉的,又是带有策略性的,因为他们向左派寻求各种方法,让左派的新语言或新媒体与他们突然被剥夺合法性的目标相通融。18世纪中叶,反动神学家们担心哲学家们控制了法国的大众舆论,于是便以他们的敌人作为学习榜样。他们不再为彼此撰写深奥的专题论文,而是开始制作天主教的煽动性宣传品,并通过正是为法国人民带来启蒙的网络进行传播。他们斥巨资资助论文比赛,就像卢梭得以成名的那些比赛一样,奖励能够写出通俗易懂的宗教辩护文章的作家。夏尔-路易·理查德(Charles-Louis Richard)宣称,以前有关信仰的论著"对没有武器和防御手段的民众毫无用处,他们很快就会屈服于哲学"。与此相反,他的著作"旨在为所有懂阅读的人提供一种制胜的武器,以抵御这种祸乱滔天的哲学攻击"。[21]

举个例子,尼克松政府的南方战略先驱们明白,在20世纪60年代的权利革命之后,他们再也不能简单地呼吁白人种族主义了。从现在起,他们必须用暗语来说话,最好是不分肤色的新制度能接受的暗语。正如白宫幕僚长H. R. 霍尔德曼(H. R. Haldeman)在日记中所指出的那样,尼克松"强调你必须面对这样一个事实,即整个问题实际上是黑人的问题。关键是要设计出一种制度,既承认这一实质问题,又不显山露水"。[22] 在1981年回顾这一战略时,共和党战略家李·阿特沃特(Lee Atwater)更清楚地阐述了其中的要义:

> 从1954年开始,你说"黑鬼,黑鬼,黑鬼"。到了1968年,你就不能说"黑鬼"了——那会伤害你。事与愿违!所以你就只能说什么强制校车、州权等这些玩意了。你现在谈论减税变得如此抽象,你谈论的所有这些事情都完全是经济事务,附带提到黑人比白人受到的伤害更严重。潜意识里,这也许就是问题的一部分。[23]

最近,戴维·霍洛维茨(David Horowitz)仍然鼓励持保守主义观点的学生"使用左派为维护自身议题而有效使用的话语。激进教授为持保守主义观点的学生创造了'一个充满敌意的学习环境'。大学教师队伍和学术课堂缺乏'知识多样性'。保守派观点在课程和阅读书目中的'代表性不足'。大学本应该是一个'包容'和知识'多元化'的社区"。[24]

在其他时候,保守主义者的教育是不知不觉的,就像在背地里偷偷摸摸进行的一样。日复一日,他抵制进步主义论调,从而卷入其中的争辩。他常常不由自主地受到正是他所反对的运动的影响。他想按照自己的意愿去扭曲新式政治话语,却发现适得其反。阿特沃特声称,这正是共和党内部发生的情况。在提出"潜意识里,这也许是问题的一部分"之后,他补充道:

> 我不是这个意思。但我想说的是,如果事情变得那么抽象、要用暗语表达,那么我们总要有一个办法来解决种族问题。你懂我的意思——因为很明显,坐在一起说"我们要砍掉这个",这甚至比强制校车的事情还要抽象,比"黑鬼,黑鬼"还要抽象得多。[25]

换言之,共和党人已经学会了如何很好地伪装自己的意图,以至于这种伪装已经渗入并改变了意图。

尽管不直接与进步主义观点交锋,保守派也会通过某种难以捉摸的渗透,吸收左派更深层次的概念范畴和习惯用语,即使这些习惯用语与他们正式公开的立场直接背道而驰。例如,在反对妇女运动多年之后,菲利斯·施拉弗利(Phyllis Schlafly)似乎真的无法将前女性主义的观点与妇女作为恭顺的妻子和母亲联系起来。相反,她赞美激进主义的"积极女性的力量"。然后,她仿佛借用了《女性的神秘面纱》(The Feminine Mystique)一书中的一句话,抨击美国妇女的无意义感和缺乏成就感;不同的是,她把这些弊病归咎于女权主义,而不是性别歧视。[26]当她公开反对《平权法案》(Equal Rights Amendment, ERA)时,她并没有声称该修正案引入了一种激进的新式权利语言。恰恰相反,她对《华盛顿星报》(Washington Star)说,《平权法案》"剥夺了妇女的权利"。它将"剥夺妻子在婚姻中的权利,妻子在家中的权利"。[27]施拉弗利显然是在使用权利的语言,这与女权运动的目标背道而驰;她是在用权利的语言把妇女赶回家,让她们继续做妻子和母亲。但这正是问题的关键所在:保守主义往往在无意识的情况下,将民主改革的语言加以改编并运用到等级制度的事业中。

不管是有意还是无意,保守派最终从其对手那里学到的是政治机构的权力和群众的影响力。历经革命的创伤,保守派认识到,无论是通过有意的武力行为,还是其他人类能动性的发挥方式,男人和女人都可以组织安排社会关系和政治时间。在每一次社会运动或革命时刻,改革者和激进分子都必须编造——或重新发现——不平等和社会等级制度不是自然现象,而是人类的创造。如果说等级制度可以由男人和女人创造,那么它也可以由男人和女人消除,而这正是社会运动或革命所要做的。从这些组织行动中,保守派也吸取了同样的教训。旧政权的前辈们认为不平等是一种自然发生的现象,是一代代世袭下来的,而保守派被革命的遭遇告诉他们,革命者终究是对的:不平等是人类的创造。于是,如果不平等可以不由男男女女创造,那么它也可以由男男女女重新创造。

"公民们!"梅斯特尔在《思考法国》的结尾处感叹道,"反革命就是这样产生的。"[28]"在旧制度下,君主制——与父权制或吉姆·克罗种族隔离制一样——都不是革命造成的。"事实就是如此。很难想象洛瓦索(Loyseau)或博须埃(Bossuet)会宣称:"人啊"——更不用说公民了——"君主制就是这样产生的。"但是,一旦旧制度受到威胁或被推翻,保守主义者就不得不认识到,是人的能动性将人的智慧和想象力强加给这个世界,产生并维持了跨时代的不平等。从这种与革命的对抗中走出来,保守派表达了对政治能动性的肯定。在威廉·巴克利的《国家评论》1957年的这篇社论中,人们可以找到这种肯定:民权运动中出现的"核心问题"是"南方的白人社会是否有权采取必要措施,在其人数不占优势的地区取得政治和文化上的胜利?令人警醒的答案是肯定的——白人有权这样做,因为就目前而言,它是先进的种族"。[29]

革命者宣布革命开始为"革命元年",作为回应,保守主义者则宣布为"反革命元年"。从革命开始,保守主义者对政治时间形成了一种特殊的态度,相信男男女女有能力塑造历史,推动或阻碍历史前进。由于这种信念,他开始把未来时态作为其更喜欢的时态。罗纳德·里根对这一现象进行了完美的提炼,他反复引用托马斯·潘恩的名言,"我们有能力让世界从头再来"。[30]即使保守主义者声称自己是在保护受到威胁的现在,或者是在恢复已经失去的过去,他也会被自己的积极性和能动性所驱使,承认自己是在创造新的开始、创造未来。

伯克对这一问题尤为敏感,他经常不厌其烦地提醒他在反大革命斗争中的战友,复辟后在法国重建的任何东西都将不可避免地——正如他在给一位移民的信中所说——"在某种程度上是一种新事物"。[31]其他保守派则不那么矛盾,他们乐于肯定政治创造力和道德创意的美德。美国南方邦联副总统亚历山大·斯蒂芬斯(Alexander Stephens)自豪地宣称,"我们的新政府是世界历史上第一个"建立在"伟大的物理、哲学和道德真理"之上的政府。这一真理就是:"黑人不等同于白人;奴役——服从优越的种族——是黑人的自然和正常状态。"[32]巴里·戈德华特简略地说:"我们的未来,就像我们的过去一样,将由我们创造。"[33]

在革命中,保守派也培养出了迎合群众的喜好和才能,他们动员群众在街头大显身手,同时确保权力永远不会被真正分享或重新分配。这就是右派民粹主义的任务:在不破坏精英权力的情况下吸引大众,或者更准确地说,控制和利用大众的力量来加强或恢复精英的权力。反动民粹主义绝非基督教右派、茶党运动或特朗普最近才有的创新,它从一开始就像一条红线贯穿于保守派的话语之中。

梅斯特尔是群众权力剧场的先驱,他想象出各种场景,上演各种戏剧,让底层的人看到自己在顶层的人身上的反映。"君主制,"他写道,"是一种毫无矛盾的政府形式,让大多数的人获得最大的荣耀。"普通人"分享"它的"光彩"和光芒,尽管梅斯特尔谨慎地补充道,普通人并不参与它的决策和审议协商:"成年男人不是作为行动主体,而是作为主权的一部分而受到尊重。"[34]作为一个大君主主义者,梅斯特尔明白,如果国王身上没有平民的影子,他就不可能重新掌权。因此,当梅斯特尔想象反革命的胜利时,他非常注意强调回归君主的平民主义特质。梅斯特尔说,人民应该认同这位新国王,因为他和人民一样,遭受"可怕的厄运折磨",在"艰苦的逆境磨砺"中饱受苦难。他是"通人情的人",而人性在这里指的是一种近乎普通的、令人欣慰的犯错能力。他将会像人民一样。但与他的前辈们不同的是,他会懂得这种情况,这一点"意义重大"。[35]

但是,要想充分领会右派民粹主义的创造性,我们就必须看看老南方的奴隶主阶级。奴隶主创造了民主封建主义的典型形式,把白人多数变成了一个贵族阶级,分享着统治奴隶阶级的特权。尽管这个统治阶级的成员知道他们内部彼此并不平等,但他们被一种优越感的幻觉和统治的现实所补偿,而这种优越感和统治则凌驾于作为他们下人的黑人之上。

一个思想流派——称之为机会平等学派——将奴隶制的民主承诺定位在这样一个事实上,即它使每个白人都有可能成为奴隶主。丹尼尔·亨德利(Daniel Hundley)在《南方各州的社会关系》(*Social Relations in Our Southern States*)一书中写道,奴隶主的天才之处在于他们"不是排他性的贵族。整个联邦的每一个自由白人都有权成为寡头统治集团的成员"。这不仅仅是宣传:到1860年,南方有40万名奴隶主,使美国的奴隶主阶级成为世界上"最民主"的阶级之一。奴隶主们一再试图通过法律鼓励白人至少拥有一名奴隶,甚至考虑给予税收减免以促进这种对奴隶的所有权。用田纳西州一位农民的话说,他们的想法是:"一旦你让普通农场主无力购买一个黑奴……你就会让他立刻成为废奴主义者。"[36]

机会平等学派与第二个可能更具影响力的学派发生了争论。根据该学派的思路,美国的奴隶制是不民主的,因为它为白人提供了掌握个人命运的机会。反之,美国的奴隶制是民主的,因为它使每一个白人,无论是否为奴隶主,都因其肤色而成为统治阶级的一员。用卡尔霍恩的话说:"在我们这里,社会的两大划分不是富人和穷人,而是白人和黑人;所有白人,无论是穷人还是富人,都属于上层阶级,受到平等的尊重和对待。"[37]或者正如他的同事詹姆斯·亨利·哈蒙德(James Henry Hammond)所说:"在奴隶制国家,每个自由人都是贵族。"[38]即使没有奴隶或获得自由的物质条件,一个贫穷的白人也可以自诩为贵族的一员,从而可以依靠他采取必要的措施来捍卫贵族。

无论是赞成第一学派还是第二学派,奴隶主阶级都认为,民主封建主义是对当时肆虐欧洲的和美国杰克逊的平等主义运动的强有力反击。欧洲激进分子杜宣称:"希望将全人类带到一个共同的阶层。我们相信,在美国,奴隶制已经实现了这一点。"通过将白人从"卑微和低贱的职位"中解放出来,奴隶制消除了"造成社会等级区分和隔离的最大原因"。[39]当19世纪的统治阶级遭到对其权力的轮番挑战时,奴隶主阶级提出了种族统治，以此来利用白人群众的力量，支持而不是反对既有建制精英的特权和权力。在一个世纪后，这项计划得以在远离欧洲大陆的地方最终实现。

这些民粹主义思潮可以帮助我们理解保守主义的最后一个要义。从一开始，保守主义就吸引并依靠局外人。梅斯特尔来自萨瓦，伯克来自爱尔兰。亚历山大·汉密尔顿非婚生在尼维斯，据传有部分黑人血统。迪斯雷利是犹太人，许多新保守主义者也是犹太人，他们帮助共和党从达里安的鸡尾酒会转变为斯卡利亚、达索萨、冈萨雷斯和尤的政党。[欧文·克里斯托尔（Irving Kristol）首先指出，"新保守主义的历史任务和政治目的"是违背"共和党和美国保守主义各自的意愿，将其转变为一种适合统治现代民主政权的新型保守政治活动"。[40]]艾伦·布鲁姆（Allan Bloom）是一名犹太人和同性恋者。正如她在2008年竞选期间不厌其烦地提醒我们的那样，萨拉·佩林是男人世界中的一个女人，一个对华盛顿说"不"的阿拉斯加人（虽然事实上她并没有），一个与别的孤胆英雄并肩作战的孤胆英雄。

保守主义不仅依赖于局外人，也将自己视为局外人的代言人。从伯克喊出"议会旁听席取代了议会的位置"，到巴克利抱怨现代保守主义者"不合时宜、不在其位"，保守主义者一直充当着流离失所者的护民官，其运动表达了他们的不满。[41]自伯克谴责暴徒恣妄对待玛丽·安托瓦内特以来，受害者身份远非政治正确派的发明，而是右派的一个话题。诚然，保守派代表的是一种特殊类型的受害者：他们确实失去了一些有价值的东西，但还不是世界上的那些可怜人，他们主要抱怨的是自己从来没有什么可以失去。保守派的支持者是那些偶尔被剥夺权利的人——威廉·格雷厄姆·萨姆纳笔下的"被遗忘的人"——而不是天生受压迫的人。这种受害者身份非但没有削弱它的吸引力，反而赋予保守派的控诉更具普遍意义。它将其被剥夺继承权的经历与我们所有人的共同经历（即失去）联系在一起，并将这种经历串联成一种意识形态，承诺这种失去，或至少其中的一部分，可以得到全部补偿。

那些不是保守派的人往往意识不到这一点，但保守主义确实对那些确有所失的人具有吸引力，并代表他们发声。那些所失之物可能是土地财产，也可能是白皮肤的特权；可能是丈夫不容置疑的权威，也可能是工厂主不受约束的权利。失去的可能是金钱这样的客观物质，也可能是社会身份感这样的虚无之物。它可能是失去了原本就非法拥有的东西；与保守主义者保留的东西相比，它可能是微不足道的。即便如此，这也是一种损失，没有什么比我们不再拥有的东西更弥足珍贵了。

过去,左派的一大优点是,它理解政治往往是零和的,一个阶级的获利必然导致另一个阶级的损失。但是,随着左派的这种冲突意识逐渐减弱,右派便开始提醒选民,政治中确实存在失败者,而他们——也只有他们——才能为那些政治失败者说话。安德鲁·沙利文(Andrew Sullivan)正确地指出:"所有的保守主义都始于失败。这使得保守主义政党不像密尔(Mill)和其他人所说的那样是秩序之党,而是失败者之党。"[42]

失败者的主要目标不是——事实上也不可能是——保存或保护,而是恢复和重建。这是保守主义成功的秘诀之一。尽管保守主义具有大众的浮躁与意识形态的浮夸,尽管它坚持胜利意志和运动动员,但它最终可能是一种迂腐乏味的行为。由于保守主义的失利是最近才发生的——右派分子是在实时而非事发千年之后鼓动反对改革的——保守主义者确实可以向其选民,甚至向整个政权宣称,其目标是切实可行的。他只是想重新夺回属于自己的东西,他曾经拥有这些东西的事实——的确他很可能已经拥有一段时间——表明他有能力再次拥有它。正如伯克在谈到雅各宾派的法国时所宣称的那样,保守派所针对的"不是一个古老的结构体系",而是"一个新近出现的错误"。[43]左派的再分配纲领提出了受益者是否真正准备好行使他们所寻求的权力的问题,而保守派的复辟纲领却没有遇到这样的挑战。改革者或革命者面临着赋予无权者权力这一几乎不可能完成的任务;也就是说,把人们从他们原本所是变成原本所非。而保守派与之不同,它只是要求追随者做更多他们一直在做的事情(尽管做得更好、更与众不同)。因此,保守主义者的反革命不需要像革命那样对国家造成破坏。梅斯特尔写道:"也许四五个人就会给法国带来一个国王。"[44]

对于保守主义运动中的一些人,也许是对很多人来说,这种认识让他们感到欣慰,因为他们的牺牲很小,但收获很大。而对另外一些人来说,这是痛苦失望的根源。对这部分活动家和激进分子来说,战斗就是一切。当他们得知这场战斗很快就会结束,而且不再需要他们付出那么多的时候,就足以让他们产生一种绝望的复杂情结:对他们事业的不公正感到厌恶,对他们敌人的消失感到悲伤,对他们被迫提前退出政治舞台感到焦虑。正如欧文·克里斯托尔在冷战结束后所抱怨的那样,苏联和左派的失败使像他这样的保守派"失去了一个敌人",而"在政治上,失去一个敌人是一件非常严重的事情。你往往会变得放松和萎靡不振。转向内斗!"[45]经济萧条和巨额财富一样困扰着保守主义。但同样地,这种阴暗面不仅没有削弱保守主义的吸引力,反而使其更加光彩夺目。在舞台上,保守主义者抒发着拜伦式的情怀，在一群痴情的观众和追星族面前，情绪低落地审视着自己的损失。而在舞台下，在人们的视线之外，他的经纪人则在悄悄地汇算他们的全部收益。

注释：

〔1〕Michael Oakeshott, "On Being Conservative," in *Rationalism in Politics and Other Essays* (Indianapolis: Liberty Press, 1991), 408.

〔2〕Russell Kirk, "Introduction," in *The Portable Conservative Reader*, ed. Russell Kirk (New York: Penguin, 1982), xi-xiv; Robert Nisbet, *Conservatism: Dream and Reality* (Minneapolis: University of Minnesota Press, 1986); Peter Viereck, *Conservatism: From John Adams to Churchill* (Princeton, N. J.: D. Van Nostrand, 1956), 10—17.

〔3〕Joseph de Maistre, *Considerations on France*, trans. and ed. Richard A. Lebrun (New York: Cambridge University Press, 1974, 1994), 10. 也见 Maistre's criticism of Europe's sold regimes in Jean-Louis Darcel, "The Roads of Exile, 1792—1817," and Darcel, "Joseph de Maistre and the House of Savoy: Some Aspects of his Career," in *Joseph de Maistre's Life, Thought, and Influence: Selected Studies*, ed. Richard A. Lebrun (Montreal: McGill-Queen's University Press, 2001), 16, 19—20, 52。

〔4〕参阅 Edmund Burke, *Letter to a Noble Lord*, in *On Empire, Liberty, and Reform: Speeches and Letters*, ed. David Bromwich (New Haven, Conn.: Yale University Press, 2000), 500—501; Burke, *Letters on a Regicide Peace* (Indianapolis: Liberty Fund, 1999), 69—70, 74—76, 106, 108—111, 158—160, 167, 184, 205, 218, 218, 222, 271, 304—305。

〔5〕Edmund Burke, *Reflections on the Revolution in France*, ed. J. C. D. Clark (Stanford, Calif.: Stanford University Press, 2001), 239.

〔6〕Edmund Burke, *A Philosophical Enquiry into the Origins of Our Ideas of the Sublime and the Beautiful*, ed. David Womersley (New York: Penguin, 1998), 177.

〔7〕Burke, *Regicide Peace*, 75.

〔8〕虽然有时是旧政权本身。参阅 Burke, *Regicide Peace*, 384—385。

〔9〕Edmund Burke, "Speech on American Taxation" (April 19, 1774), in *Selected Works of Edmund Burke*, vol. 1 (Indianapolis: Liberty Fund, 1999), 186; 也见 Burke, *Regicide Peace*, 69—70, 154—155, 184—185, 304—306, 384—385。这一批评与伯克对贵族作为有远见的人的赞扬背道而驰；在这些文章中，伯克声称，眼光长远使人们对他们面临的问题视而不见。见 Bromwich's brief introduction to Burke's *Letter to a Noble Lord*, in his *On Empire, Liberty, and Reform*, 466。

〔10〕Thomas Roderick Dew, *Abolition of Negro Slavery*, and William Harper, *Memoir on Slavery*, in *The Ideology of Slavery: Proslavery Thought in the Antebellum South, 1830—*

1860, ed. Drew Gilpin Faust (Baton Rouge: Louisiana State Press, 1981), 25, 123. 也见 John C. Calhoun, "Speech on the Force Bill," "Speech on the Reception of Abolitionist Petitions," and "Speech on the Oregon Bill," in *Union and Liberty: The Political Philosophy of John C. Calhoun*, ed. Ross M. Lence (Indianapolis: Liberty Fund, 1992), 426, 465, 475, 562; Manisha Sinha, *The Counterrevolution of Slavery: Politics and Ideology in Antebellum South Carolina* (Chapel Hill: University of North Carolina Press, 2000), 33—93.

[11] Barry Goldwater, *The Conscience of a Conservative* (Princeton, N. J.: Princeton University Press, 1960, 2007), 1.

[12] Calhoun, "Speech on the Reception of Abolitionist Petitions," 476.

[13] Oakeshott, "On Being Conservative," 407—408.

[14] Charles Loyseau, *A Treatise of Orders and Plain Dignities*, ed. Howell A. Lloyd (New York: Cambridge University Press, 1994), 75.

[15] 引自 Anne Norton, *Leo Strauss and the Politics of American Empire* (New Haven, Conn.: Yale University Press, 2004), 49。

[16] Joseph de Maistre, *St. Petersburg Dialogues or Conversations on the Temporal Government of Providence*, trans. and ed. Richard A. Lebrun (Montreal and Kingston: McGill-Queen's University Press, 1993), 216.

[17] Maistre, *Considerations*, 16—17. 也见 Jean-Louis Darcel, "The Apprentice Years of a Counter-Revolutionary: Joseph de Maistre in Lausanne, 1793—1797," in *Joseph de Maistre's Life, Thought, and Influence*, 43—44.

[18] Burke, *Sublime and the Beautiful*, 86, 96, 121, 165.

[19] Burke, *Reflections*, 207, 243, 275. 也见 Burke, *Regicide Peace*, 66, 70, 107, 157, 207, 222。

[20] Burke, *Regicide Peace*, 184.

[21] Darrin M. McMahon, *Enemies of the Enlightenment: The French Counter-Enlightenment and the Making of Modernity* (New York: Oxford University Press, 2001), 27—28.

[22] 引自 Robert Perkinson, *Texas Tough: The Rise of America's Prison Empire* (New York: Metropolitan, 2009), 297。

[23] 引自 Alexander P. Lamis, "The Two-Party South: From the 1960s to the 1990s," in *Southern Politics in the 1990s*, ed. Alexander P. Lamis (Baton Rouge: Louisiana State University Press, 1990), 8。

[24] David Horowitz, "The Campus Blacklist," *FrontPage* (April 18, 2003), http://www.studentsforacademicfreedom.org/essays/blacklist.html, accessed March 24, 2011.

[25] 引自 Lamis, "Two-Party South," 8。

[26] Phyllis Schlafly, *The Power of the Positive Woman* (New York: Harcourt Brace Jovanovich, 1977), 7—8.

[27] "Interview with Phyllis Schlafly," *Washington Star* (January 18, 1976), in *The Rise of Conservatism in America, 1945—2000: A Brief History with Documents*, ed. Ronald Story and Bruce Laurie (Boston: Bedford/St. Martin's, 2008), 104.

[28] Maistre, *Considerations*, 79.

[29] "Why the South Must Prevail," *National Review* (August 24, 1957), in *Rise of Conservatism in America*, 53.

[30] Gary Wills, *Reagan's America* (New York: Penguin, 1988), 355.

[31] 引自 J. C. D. Clark, introduction to Burke, *Reflections*, 104。

[32] Alexander Stephens, "The Cornerstone Speech," in *Defending Slavery: Proslavery Thought in the Old South*, ed. Paul Finkelman (Boston: Bedford/St. Martin's, 2003), 91.

[33] Goldwater, *Conscience of a Conservative*, 70.

[34] Maistre, *Considerations*, 89.

[35] Ibid., 69, 74.

[36] James Oakes, *The Ruling Race: A History of American Slaveholders* (New York: Vintage, 1982), 37, 42, 141—143, 230—232.

[37] Calhoun, "Speech on the Oregon Bill," 564.

[38] 引自 Peter Kolchin, *American Slavery 1619—1877* (New York: Hill and Wang, 1993, 2003), 195。

[39] Dew, *Abolition of Negro Slavery*, 66—67.

[40] 引自 Jacob Heilbrunn, *They Knew They Were Right: The Rise of the Neocons* (New York: Random House, 2008), 6。

[41] Burke, *Reflections*, 229; William F. Buckley Jr., "Publisher's Statement on Founding National Review," *National Review* (November 19, 1955), in *Rise of Conservatism in America*, 50.

[42] Andrew Sullivan, *The Conservative Soul: Fundamentalism, Freedom, and the Future of the Right* (New York: Harper Perennial, 2006), 9.

[43] Burke, *Regicide Peace*, 138.

[44] Maistre, *Considerations*, 77.

[45] Corey Robin, "The Ex-Cons: Right-Wing Thinkers Go Left!" *Lingua Franca* (February 2001), 32.

第三章

暴力之魂

我喜欢战争,任何冒险都比坐在办公室里强。

——哈罗德·麦克米伦(Harold Macmillan)

尽管自我认同的保守派选民和政客支持死刑、酷刑和战争,但右派知识分子往往否认保守主义与暴力之间的任何亲和力![1]"保守派,"安德鲁·沙利文写道,"痛恨战争。"

他们的国内政治根植于对内战和暴力的厌恶,他们知道自由总是国际战争的首要牺牲品。当国家卷入战争时,它们的政府总是会变得更大更强,个人自由被剥夺,曾经享受着多元自由的社会,不得不集结成整齐划一的调门,以战胜外敌。正如乔治·奥威尔(George Orwell)所看到的那样,长期战争状态实际上是对国内暴政的怂恿。[2]

从休谟贯通到奥克肖特的怀疑论传统中,保守主义者在一定程度上确认有限政府是其信仰,法治是其追求幸福的唯一要求。务实、适应性强、有主见而非执着,这样一种感性——保守主义者坚持认为这是一种感性,而非意识形态——对暴力不感兴趣。他对战争的支持,尽管如此,却是对现实的最大让步。与他的左派朋友们不同——他是保守派,他更看重友谊而非意见一致——他知道我们要相生相爱,共同面对滔天邪恶。这种邪恶必须抵抗,有时不得不采取暴力手段。一如所愿,他希望天下太平。但世事难料,他并不奢望世界都如他所愿。

保守主义的历史记录——不仅作为一种政治实践(这不是我主要关注的问

题),而且作为一种理论传统——表明情况并非如此。保守主义者非但没有因为暴力而感到悲伤、困扰或烦恼,反而因为暴力而变得生机勃勃。我指的不是个人意义上的,尽管许多保守主义者,如上文引述的哈罗德·麦克米伦或下文提到的温斯顿·丘吉尔,都曾对暴力表达了意想不到的热情。我关注的是思想和论点,而不是性格或心理。保守派知识分子认为,暴力是生活中让我们感觉最有活力的体验之一,暴力是一种让生活变得生动活泼的行动。[3]这样的论点可以被机敏地提出来,"只有死人才能看到战争的结束",道格拉斯·麦克阿瑟曾这样说[4];也可以像特雷施克那样费力地提出来:

> 对于生活在意志世界中的历史学家来说,要求永久和平是完全反动的,这一点一目了然。他认为,随着战争的爆发,一切运动、一切发展都必将从历史中抹去。长期以来,玩弄永久和平梦想的都是那些疲惫不堪、缺乏智慧和精神萎靡的时代。[5]

无论说法是精辟还是冗长,都可以归结为这样一句话:战争是生命,和平是死亡。

埃德蒙·伯克著作——《关于我们崇高与美观念之根源的哲学探讨》

这种信念可以追溯到埃德蒙·伯克的《关于我们崇高与美观念之根源的哲学探讨》。他在书中提出了一种观点,认为自我迫切需要痛苦和危险所提供的负面刺激,并将这种刺激与崇高联系在一起。崇高最容易在两种政治形式中找到:等级制度和暴力。但是,保守主义者——这也与伯克的论点一致——往往倾向于后者而非前者,其原因将在后文阐述。统治或许崇高,但暴力更崇高。最崇高的莫过于两者的融合,尤其当暴力是为了建立、捍卫或恢复统治政权和制度规则而实施时。但正如伯克所警告的那样,最好是在远处享受痛苦和危险。距离远和朦胧会增强崇高感,距离近和光亮会削弱崇高感。反革命暴力可能是保守主义经验中的珠穆朗玛峰,但人们应该从远处欣赏它,离山顶太近,空气会变得稀薄,视野会变得模糊。因此,每一次保守派关于暴力的讨论结束时,失望、沮丧都会如期而至。

《关于我们崇高与美观念之根源的哲学探讨》开篇就高调讨论了好奇心,伯克认为好奇心是"第一位的也是最简单的情感"。好奇者"漫游四方、猎奇求异";他们目不转睛、全神贯注。然后,世界变得单调乏味了。他们开始意外发现万物一相、众生一面,"越来越没有任何令人耳目一新、喜不自胜的效果"。新奇感逐渐减少:世界上到底有多少新奇事物?好奇心"耗尽"了自己。热情和专注让位于"厌恶和疲惫"。[6]伯克接着谈到快乐和痛苦,快乐和痛苦本应将对新奇事物的追求转化为更持久、更深刻的体验。但快乐并不是好奇心的真正添加剂,而是提供了更多相同的东西:一会儿热情高涨,一会儿沉闷萎靡。伯克说道,"当它的使命完成时",快乐"恰恰是从一开始就让我们陷入沮丧"。任何一种快乐"都能迅速满足;当它结束时,我们又会重新陷入郁郁寡欢"。[7]克制的享受,尽管没有快乐那么强烈,但同样令人昏昏欲睡。它们会让人产生自满情绪;我们会"把自己交给懒惰和无为"。[8]伯克将模仿作为另外一种向外推动文明的力量。通过模仿,我们学会了礼仪和风俗,形成了观点,并变得文明了。我们把自己带给世界,世界也把自己带给我们。但是,模仿本身就含有"麻醉剂"。过多地模仿他人,我们就无法更好地完善自己,我们始终在追随前面的人,"如此循环往复、永无止境"。在一个模仿者的世界里,"永远不可能有任何进步"。这样一来,"人类必然像野兽那样生存,古往今来,都毫无变化,就与他们在鸿蒙之初一样"。[9]

好奇导致疲惫,快乐导致冷漠,享受导致倦怠,模仿导致停滞。如此多的心灵之门通向这个黑暗的空间,我们很可能得出结论,它潜伏在人类生存状态的中心,而不是边缘。在这里,在自我这个黑暗的小院高墙里,一切行动都停止了,为"忧郁、颓废、绝望和自杀"创造了理想的环境。[10]"即便是爱情,这种最外向的狂喜,也会将自我带回到一种内在解体的状态。"[11]自杀似乎是任何以世界现状为乐的人不可避免的命运。

对于某类保守主义理论家来说,参加这样的争论造成了较大的挑战。保守主义传统的创建者在这里阐述了一种与保守主义思想中理想化的自我大相径庭的自我观。正如我们所看到的,保守主义者自我声称更喜欢"选择熟悉的,也不选择未知的……宁可选择尝试过的,也不选择未曾尝试的;宁可选择事实性的,也不选择神秘性的;宁可选择现实的,也不选择可能的;宁可选择有限的,也不选择无限的;宁可选择近的,也不选择远的;宁可选择充足的,也不选择多余的;宁可选择方便的,也不选择完美的;宁可选择眼前的欢愉,也不选择乌托邦式的幸福"。[12]他偏爱某些事物,不是因为他觉得它们公正或美好,而是因为他觉得熟悉它们。他了解它们,也依恋它们。他既不希望失去它们,也不希望它们被夺走。享受他所拥有的,而不是获取更好的东西,是他的最高利益。但是,如果《关于我们崇高与美观念之根源的哲学探讨》中的自己对自己依恋和熟悉的人感到放心无虑,他很快就会发现自我毁灭的幽灵正迎面而至,而且很可能是束手自毙。

潜伏在保守派话语与论述表面之下的正是这种致命的焦虑,也许正因如此,解释了为什么保守派政治家没有与保守派理论家亦步亦趋。保守派政治家不仅没有欣然接受平静享受的、牢靠迷恋的事业,反而选择了一种尚未实现和即将实现的激进主义行动。罗纳德·里根的第一次就职演说是对梦想力量的赞美:不是小梦想,而是大梦想、英雄梦、进步梦和美好梦;不是为梦想而梦想,反而梦想是行动的必要且至关重要的推动力。3个月后,里根总统在国会发表演讲时引用卡尔·桑德堡(Carl Sandburg)的名言:"除非先有梦想,否则一切都不会发生。"而没有事情发生,或者发生的事情太少,或者事情发生得不够快,正是政治保守派所厌恶的。里根几乎无法抑制他对政客们犹豫不决的不耐烦:"守旧和安逸就是挖东墙补西墙。好吧!这已经不能再接受了。"守旧和安逸是衰败之象,绝没有什么"半途而废"的死亡裁决。[13]

里根并不是第一个为了精神和理想而反对物质和现实的保守主义者。在1964年共和党全国代表大会的总统候选人提名演说中,巴里·戈德华特对福利国家提出了最有力的指控,那就是它使一个伟大的国家"陷入困境"。由于新政,美国失去了"轻快的步伐",现在正"蹒跚前行"。"平静、缓慢和蹒跚前行"通常被保守理论家视为当前幸福的标志。但对于保守派政治家来说,这些都是邪恶。他必须宣战,用"事业""斗争""热情"和"奉献"来号召他的战士,对抗那些无精打采之辈和慵懒散漫之徒。[14]

这种热情并非美国保守主义所独有。它在欧洲也有,甚至在英国也有,正是英国让温和成为保守主义的代名词。撒切尔夫人嘲笑道:"谁曾在'我支持共识'的旗帜下打赢一场战役?"[15] 1895年,温斯顿·丘吉尔前往古巴报道西班牙反对古巴独立的战争。[16] 他在抵达哈瓦那时,对他那一代人的失望进行了反思——他们是帝国的后来者,被剥夺了帝国征服(而不是帝国管理)的机会。这就是他不吐不快的感言(1930年当他在回顾这次经历时):

> 这一代人的意志饱受战争摧残,被折磨得精疲力竭、伤痕累累、百无聊赖,他们可能无法理解一位在长期和平环境中成长起来的年轻英国军官,第一次走近真实战场时所产生的兴奋而又震颤的感觉。当我第一次在晨曦中看到古巴海岸从深蓝色的地平线上升起,并清晰地呈现在我眼前时,我的感觉就像我和高个子约翰·西尔弗一起航行,第一次凝视着金银岛。这里是一个发生着真实事件的地方,这里是一个充满生机的地方。在这里,任何事情都有可能发生。在这里,某些重要事情一定会发生。在这里,我可能会效死疆场![17]

无论保守主义传统中理论与实践之间的关系如何,从《关于我们崇高与美观念之根源的哲学探讨》中可以清楚地看出,如果自我要生存和发展,就必须被一种比快乐或享受更有生命力、更有力的体验所唤醒。正如我们在第二章中所看到的,快乐和享受就像美景一样,"松懈整个系统的坚实结构"。[18] 然而,这个系统必须显得紧张而不能松弛。意志必须振奋,身体必须用力;否则,系统就会软化、萎缩,最终死亡。

最能唤起这种高度存在状态的是与非存在的对抗。生命和健康是令人愉悦和享受的,而这正是它们的问题所在:它们"不会"给自我"留下这样的效果",因为"我们不是天生就欣然默认生命和健康的"。相比之下,痛苦和危险是死亡的"使者",是"恐怖之王"。它们是崇高的源泉,是"最强烈的"——最强大的、最有影响力的——"意志所能感受到的情感"。[19] 换句话说,痛苦和危险是自我向死而生的体验。

之所以如此,是因为痛苦和危险具有使我们的自我意识极小化和极大化的矛盾效果。当感觉到痛苦或危险时,我们的意志"完全被其目标所充斥,以至于无法接受任何其他事物"。我们灵魂的"运动""被暂停了",因为伤害及其引起的恐惧"袭上心头"。面对这些恐惧,整个人都"灵魂出窍了"。当我们体验崇高时,我们会感到自己被掏空了,被一个具有巨大力量和威胁的外部对象所淹没。赋予我们内在存在感和生命力的一切都不复存在。外在就是一切，我们一无是处。上帝就是一个很好的例子，也是崇高的终极体现，正如伯克写道："当我们凝视着如此巨大的对象，它就像在万能力量的臂膀之下，并且四面八方都无所不在，而我们却缩进了自己本性的渺小之中，在某种程度上，在它面前湮没了。"[20]

矛盾的是，我们也感受到了自己的存在，而这种感受是我们从未有过的。由于栗栗危惧，我们的"注意力"被唤醒，我们的"整个人"被"逼上前线、如临大敌、保持警惕"。我们从自身中解脱出来。我们意识到眼前的环境及存乎其中的我们。以前，我们几乎不会注意到自己或周围的环境。现在，我们摆脱了自我，不仅栖息在我们的身体和意志中，还栖息在我们周围的空间中。我们感受到"一种膨胀之势"——一种我们变得强大无比、目空一切的感觉——"这对人类的意志是极为有益的"。但是，伯克提醒我们，"当我们与可怕的对象非常熟稔却又不存在危险之时"，这种"膨胀之势更不容易被感知，也不会以更大的力量运作"。[21]

在崇高面前，自我被消灭、被侵占、被压垮、被淹没；在崇高面前，自我被提升、被扩大、被放大。自我是否真的可以同时占据这种对立的、几乎不可调和的经验两极——正是这种矛盾，在猛烈的极端之间的摇摆，产生了强烈的、坚韧的自我意识。正如伯克所写，强烈的光线类似于强烈的黑暗，这不仅是因为光线会使眼睛失明，还因为两者都是极端。而极端，尤其是对立的极端，是崇高的，因为崇高"在所有事物中都厌恶平庸"。[22] 对立感觉的极端化，从存在到虚无的猛烈摇摆，让人体验到最强烈的自我。

对于我们来说，伯克既没提出也未回答的问题是：什么样的政治形式会导致自我膨胀与自我毁灭的同时存在或摇摆不定？一种可能是等级制度，它有服从和统治的双重要求；另一种可能是暴力，尤其是战争，它有杀人或被杀的严格命令。无独有偶，这两种情况对于作为理论传统和历史实践的保守主义都具有重要意义。

卢梭和约翰·亚当斯通常不被认为是意识形态上的盟友，但在这一点上他们达成了共识：社会等级制度之所以持续存在，是因为它确保了除了底层和顶层的人之外，每个人都享有轮流统治和被统治的机会。当然，这不是亚里士多德意义上的自治，而是封建意义上的互惠治理：每个人统治他下面的人，以换取服从他上面的人。"只有当公民被盲目的野心冲昏头脑时，他们才会允许自己受到压迫，"卢梭写道，"由于他们更关注在他们之下的，而不是在他们之上的，统治对他们来说就变得比独立更重要，他们同意戴上枷锁，以便反过来把枷锁给别人也戴上。要让一个不寻求命令的人服从是非常困难的。"[23] 有抱负的人和独裁者并不是对立的类型：奋起的意志先于屈服的意志。三十多年后，亚当斯写道，每个人都渴望"被观察、被考虑、被尊敬、被赞美、被喜爱和被钦佩"。[24] 要想得到赞美，就必须让别人看到自己，而让别人看到自己的最好办法，就是提升自己、超越自己的圈子。亚当斯推断，即便是美国的民主主义者，也宁愿统治下等人，而不愿剥夺上等人。他热衷于至高无上的地位，而非平等，只要他能保证自己的听众都是下等人，他就会满足于自己卑微的地位：

> 不仅是最贫穷的技工，靠公益慈善过活的人，甚至是街头的普通乞丐……都在追求一群仰慕者，并以自己拥有或自以为拥有的优越感为荣……当一个可怜虫再也无法吸引男人、女人或孩子的注意时，他必须在他的狗的眼中变得可敬。一个为了喂养自己的藏獒而忍饥挨饿的人，对一位建议他杀死或卖掉藏獒的布施过客可怜地回答说："到那时，谁还会爱我？"[25]

在这些关于社会等级制度的描述中，我们可以看到崇高的典型特征：自上而下的消灭，自下而上的膨胀，自我因参与统治实践而被放大和缩小。但问题是，伯克说，一旦我们真正确信我们对另一个生命的权力，我们的在下位者就失去了他伤害或威胁我们的能力。他就失去了崇高性。"剥夺"一种生物的"伤害能力"，"你就破坏了它一切崇高的东西"。[26] 狮子、老虎、豹子和犀牛之所以崇高，并不是因为它们是雄壮的力量典型，而是因为它们能够杀死我们。牛、马和狗也很强壮，但缺乏杀戮的本能，或者这种本能被压制了。我们可以让它们为我们服务，甚至让狗爱上我们。因为这些动物无论多么强壮，都无法威胁或伤害我们，所以它们不具有崇高的能力。它们是被蔑视的对象，这种蔑视正是"与一种顺从且无害的力量相伴而生"。[27]

> 我们身边不断有动物出现，它们的力量是相当大的，但不是有害的。在这些动物中，我们从不寻找崇高的东西：在阴郁的森林里、在嚎叫的荒野中，它向我们袭来……当力量只是有用的，只是为了我们的利益或我们的快乐而使用时，它就永远不会是崇高的；因为没有任何东西能够顺应我们的意志而行动，但为了顺应我们的意志而行动，它就必须服从我们；因此，它永远不可能成为壮丽宏伟和令人信服的观念的原因。[28]

因此，社会等级制度中至少有一半的经验——不是被统治的经验，因为被统治的经验包含被上级摧毁、羞辱、威胁或伤害的可能性,而是轻而易举地统治他人的经验——与崇高格格不入,甚至确实削弱了崇高。确认了我们的权力,我们就会沉浸在与享乐时同样的轻松和舒适中,经历与享乐时同样的内心融化。我们在痛苦中体验快乐。统治的保证与爱的激情一样,都会使人衰弱。

伯克对长期统治危险的暗示,反映了保守主义内部的一种令人惊讶的倾向:对成熟完善的权力、舒适安逸的权威始终感到不安,尽管这种不安并未得到承认。从伯克本人开始,保守主义者就对统治阶级深感不安,因为他们对自己在阳光下的地位如此自信,以至于丧失了统治能力:他们的权力意志消散了;他们指挥的力量和智慧衰减了。

梅斯特尔在谴责旧制度时没有伯克那么委婉,这或许是因为他更为切身地经历了旧制度的失败。他说,早在大革命之前,旧政权的领导层就已经困惑迷茫、手足无措。自然而然地,统治阶级无法理解,更不用说抵御对他们发动的进攻了。无能,不论是身体上的还是认知上的,过去是——现在依然是——旧政权的最大罪过。贵族无法理解,也无法行动。部分贵族可能是意图良善的,但他们无法坚持完成自己的计划。他们有纨绔习气而且愚蠢。他们有美德,但没有德行。贵族们"所做的一切都失败得可笑"。神职人员被财富和奢华腐蚀。君主制一贯表明,它缺乏"惩罚"的意志,而这是每个真正的主权者的标志。[29] 面对这样的颓势,梅斯特尔得出结论说,这是几个世纪以来的掌权不可避免的结果,反革命还没有取得胜利是一件好事(他写于1797年)。旧政权要想摆脱其曾经美好生活的腐蚀性影响,还需要在荒野中多待几年:

> 王位复辟意味着国家动力的突然松懈。此时此刻,黑暗魔法就会像阳光下的薄雾一样消失。仁慈、宽厚、正义,所有温和与和平的美德都会突然重现,并带来一种普遍的温顺性格,一种与革命政权的残酷性完全相反的愉悦气质。[30]

一个世纪后,乔治·索雷尔(Georges Sorel)也对"美好时代"提出了类似的指控。索雷尔通常不被视为右派的代表人物——话又说回来,即便是伯克的保守主义也仍然是一个有争议的话题[31]——事实上,他最伟大的作品《关于暴力的思考》(*Reflections on Violence*)通常被认为是对马克思主义传统的贡献,尽管是微不足道的。然而,索雷尔的开端是保守的,结尾则是原始法西斯主义的,即使在他的马克思主义阶段,他最担心的也是颓废和活力,而不是剥削和正义。他对19世纪末法国统治阶级的批判与 18 世纪末伯克和梅斯特尔的批判并无二致。他甚至进行了旗帜鲜明的比较：索雷尔写道，法国资产阶级"几乎变得与 18 世纪的贵族一样愚蠢"。他们是"要求和平相处的、极其文明的贵族"。资产阶级曾经是一个斗士的种族。他们曾是"勇敢的船长"，是"新工业的创造者"，是"未知领域的发现者"。他们"指挥着巨型企业"，在"征服、贪婪和无情的精神"的鼓舞下，铺设铁路、征服大陆，创造了世界经济。如今，他们胆小懦弱，拒绝采取最基本的措施——反对工会、社会主义者和左派——来捍卫自己的利益。他们没有对罢工工人使用暴力，而是屈服于工人的暴力威胁。他们缺乏先辈们的热情和满腔的激情。很难不得出这样的结论："资产阶级已经注定死亡，它的消亡只是时间的问题。"[32]

卡尔·施米特（Carl Schmitt）将索雷尔对统治阶级弱点的蔑视归类纳入一整套政治理论。施米特认为，资产阶级之所以如此——规避风险、自私自利、对勇敢或暴力死亡漠不关心、渴望和平与安全——是因为资本主义是他的使命，自由主义是他的信仰。两者都没有为他提供为国捐躯的充分理由。事实上，两者都为他提供了不为国家献身的充分理由，甚至是一整套说辞。利益、自由、利润、权利、财产、个人主义以及其他诸如此类的词汇，造就了历史上最自我陶醉的统治阶级之一，这个阶级享有特权，但并不觉得自己有义务捍卫这种特权。毕竟，自由民主的前提是政治与经济和文化的分离。人们可以牺牲别人的利益来追求利润，可以自由思考，无论是多么颠覆性的思想，都不会破坏权力的平衡。然而，资产阶级面对的敌人非常了解思想、金钱和权力之间的联系，经济制度安排和思想争论是政治斗争的根本。马克思主义者明白了敌友之分，而这正是政治的构成要素；但资产阶级不明白。[33]黑格尔的精神曾经居住在柏林，但它早已"流浪到了莫斯科"。[34]

索雷尔发现了资本主义腐朽统治的一个例外：美国的强盗大亨。索雷尔认为，在美国工业的卡内基和古尔德家族身上，他看到了"不屈不挠的能量、基于对实力准确判断的胆识、对利益的冷酷计算，这些都是伟大将军和伟大资本家的品质"。与法国和英国娇生惯养的资产阶级不同，匹兹堡和皮茨顿的百万富翁们"终其一生都过着奴隶般的生活，从未想过像罗斯柴尔德家族那样过上贵族的生活"。[35]

索雷尔在大西洋彼岸的精神导师泰迪·罗斯福[Ⅱ]，对美国的工业家和金融家并不那么乐观。罗斯福宣称，资本家将自己的国家视为"收银机"，总是在"国家的荣誉和国旗的光辉"与"暂时中断的赚钱"之间权衡。他不"愿意为像保卫国家这样的事献出生命"。他"只关心股票的涨跌"。[36]他对国家大事兴趣索然，无论是国内的还是国际的，除非这些大事妨碍到他的利益。罗斯福声称，这样的人反对美西战争这场伟大的帝国远征,绝非偶然,也许是向卡内基叩首致敬。[37]这些人舒适惬意、安于现状,由于前几十年劳工战争和1896年大选的成功,他们的财富得到了保证,他们不是可以被指望保卫国家甚至保卫自己的人。罗斯福宣称:"有朝一日,我们可能痛定思痛,认识到一个懒惰、胆怯或臃肿的富国,很容易成为其他更尚武的民族的猎物。"一个"精通商业和金融"的统治阶级和统治民族所面临的危险是"丧失艰苦奋斗的美德"。[38]

罗斯福并不是最后一个担心统治阶级软弱无力、等级制度权力过大的美国保守主义者;他也不是第一个。我们看到,在整个19世纪30年代,当废奴主义者开始推动他们的事业时,约翰·卡尔霍恩就曾抱怨他的奴隶主同胞失去了统治的意志。[39]巴里·戈德华特同样表达了他对共和党当权派的蔑视。[40]而在整个20世纪90年代——再往前跳30年——人们可以听到罗斯福的右派继承者们,把对美国资本家的同样的怨恨指向华尔街的宇宙主宰和硅谷的愚蠢企业家们。[41]

保守派断定,统治阶级要想保持活力和稳健,其成员就必须接受考验、锻炼和挑战。不仅是他们的身体,还有他们的思想,甚至是他们的灵魂。弥尔顿(Milton)曾反复说道:"我无法赞美一个逃亡和隐居的美德,它没有锻炼、没有呼吸,从不出来见她的对手,而是溜出比赛……那净化我们的是考验,考验却是通过反其道而行之。"[42]伯克相信,逆境和困难,以及与痛苦和折磨的对抗,会让人变得更强大、更有美德。

> 伟大的美德首先体现在危险、惩罚和苦恼上,其作用在于防止祸害,而不是施以恩惠;因此,虽然美德非常可敬,却并不可爱。其次则是救济、满足和放纵,因而这些虽然在尊严上稍微逊色,却更加可爱。那些悄然走进大多数人心中的人,那些被选为柔美时光的伴侣,以及他们从忧愁焦虑中解脱出来的人,从来都不是品质光辉、德行高尚的人。[43]

但弥尔顿和其他志同道合的共和主义者认为,肮脏和腐败将降临到骄傲自满者和贪图安逸之徒的头上,而伯克则看到了更可怕的消沉、堕落和死亡的幽灵。如果权势者要继续保持权势,如果他们要继续活着,他们的权力,甚至是他们自身存在的信誉,都必然不断受到挑战、威胁,也必须持续地加以捍卫。

保守派话语中一个更引人注目——但我希望现在已经可以理解——的特点是,人们发现保守派的左派敌人,尤其是当他们对保守派及其盟友使用暴力时,令人着迷,甚至赞赏有加。然而,从伯克崇高论的角度来看,保守派的论点——至少在像梅斯特尔这样的理论家手中——也只能到此为止。革命通过迫使旧制度下台,并通过暴力净化人民,从而使旧制度重新焕发活力。它给整个体系带来了净化冲击。但梅斯特尔从未想象过,也从未具体讨论过,从革命手中夺回权力会对旧政权的领导人产生怎样的复兴作用。而事实上,一旦他开始描述他所认为的反革命将如何发生,最后的战斗就变成了一场扫兴的结局,几乎一枪未发。正如我们在上一章中所看到的,梅斯特尔问道:"如果反革命发生,它将如何发生?""也许四五个人就能给法国带来一个国王。"这并不是一个充满活力、焕然一新的统治阶级重新掌权的基本特征。[44]

对于旧政权与革命之间的徒手搏斗,梅斯特尔从未思量过旧政权有成功恢复的可能性;为此,我们必须求助于索雷尔。虽然对于19世纪末统治者与被统治者之间战争的拥护对象,索雷尔对比梅斯特尔更加模糊,但他对被统治者的暴力对统治者影响的描述并不模糊。索雷尔说,法国资产阶级已经失去了战斗精神,但这种精神在工人中生机勃勃。他们的战场是工作场所,他们的武器是总罢工,他们的目标是推翻国家。让索雷尔印象最深刻的是最后一点,因为推翻国家的愿望表明,工人们对"征服的物质利益"是多么漠不关心。他们不仅不追求更高的工资和其他福利的改善,反而把目光投向了最不可能实现的目标——通过大罢工来推翻国家。正是这种不可能——手段与目的之间的距离——使得无产阶级的暴力如此光荣。无产者就像《荷马史诗》中的勇士,沉浸在战斗的壮观中,对战争的目的却漠不关心;有谁真正通过总罢工推翻过一个国家?他们的暴力是为暴力而暴力,既不考虑成本收益,也不核算其成本效益。[45]正如恩斯特·荣格(Ernst Jünger)在一代人之后写道的那样,"我们不是为了什么而战,而是如何战斗"。[46]

但是,让索雷尔揪心的不是无产阶级,而是他们的暴力可能对资产阶级产生的振兴作用。总罢工的暴力能"让资产阶级重新焕发出已经熄灭的热情"吗?当然,无产阶级的活力可能重新唤醒资产阶级,让他们意识到自己的利益以及自己退出政治对这些利益造成的威胁。然而,对索雷尔来说,更诱人的是这样一种可能性,即工人的暴力将"恢复[资产阶级]以前所具有的好战品质",迫使"资产阶级继续热衷于工业斗争"。换句话说,通过与无产阶级的斗争,资产阶级可能恢复其凶残和热情。热情就是一切。仅凭热情、仅凭对理性和自身利益的漠不关心,就能唤醒沉浸在唯物主义和自满情绪中的整个文明。由于受到被统治者的暴力威胁,统治阶级自身也被激起了对暴力的兴趣——这就是法国内战的希望所在。[47]

对于保守主义者来说,无论怎么调适、多么温和,统治阶级的复兴始终是内战的征兆。在梅斯特尔这样的天主教反动派与索雷尔这样的原初法西斯主义者这两个简单的例子之间，还有一个更困难但最终更能说明问题的例子，那就是亚历克西·德·托克维尔。他从"七月君主制"的温和主义到1848年的谩骂主义的转变，表明了伯克式的保守主义是多么轻易且势不可挡地从美好走向崇高，表明了审慎温和的曲调是多么容易且无情地让位于暴力与谩骂的进行曲。[48]

在公开场合，托克维尔以完美的现实主义者自居，他有鉴别力和判断力，对任何形式的热情都没有耐心，但实际上他是一个不折不扣的浪漫主义者。他向弟弟坦言，他和父亲一样"缺乏耐心""需要既生动活泼又反复出现的感觉"。他说，理性"对我来说一直像一个牢笼"，他在牢笼里面"咬牙切齿"，他渴望"战斗的景象"。回顾他错过的法国大革命（他生于1805年），他对大革命恐怖的终结表示哀叹，声称"被压垮的人不仅无法再获得伟大的美德，而且他们似乎无法犯下大罪。"即便是拿破仑，这个各地保守派、温和派和自由派的祸害，也赢得了托克维尔的钦佩，被他誉为"许多世纪以来世界上出现的最非凡的人物"。相比之下，谁又能在七月王朝的议会政治——那锅"民主小资产阶级的汤汤水水"——中找到励精图治之辈呢？

然而，当托克维尔开始从政后，他就跳进了那锅"小资产阶级的汤汤水水"里。可想而知，这并不符合他的口味。托克维尔也许口口声声说着温和、妥协和法治这些词，但他并不为之所动。没有了革命暴力的威胁，政治根本就不是他想象中1789—1815年间的那场大戏。"我们的父辈观察到了如此非凡的事物，与他们相比，我们所有的作品都显得平凡无奇。"温和与妥协的政治产生了温和与妥协；它并没有产生政治，至少不是托克维尔所理解的政治。在19世纪30年代和40年代，"最缺乏的……就是政治生活本身""没有争论不休的党派可以遭遇的战场"。政治被"剥夺"了"所有的独创性、所有的现实性，因此也就剥夺了所有真正的激情"。

然后是1848年。托克维尔并不支持法国大革命。事实上，他是最强烈的反对者之一。他投票赞成全面中止公民自由，并高兴地宣布，这样做"甚至比君主制时期更有力度"。他对独裁统治的言论表示欢迎——以保护他花了二十多年中的大部分时间贬低的政权。他喜欢这一切：暴力、反暴力、战斗。托克维尔捍卫温和、反对激进，他有机会使用激进的手段来达到温和的目的。目前还不清楚这两个问题中的哪一个更能激起他的兴趣。

> 那么，请允许我说，当我仔细探究自己的内心深处时，我惊讶地发现了某种解脱感，一种与大革命引发的所有悲痛和恐惧交织在一起的喜悦。

我为我的国家遭受了这一可怕的事件而备受折磨,但显然不是为我自己;相反,我似乎比灾难发生前呼吸得更自由了。在刚刚被摧毁的议会圈子的氛围中,我总觉得自己无法呼吸:我发现它令人大失所望,无论是对别人还是对我自己。

托克维尔自诩为一个踌躇不决、机智敏锐和情感纠结的诗人,当他醒来发现世界被分为两大阵营时,瞬间激情爆燃。怯懦的议会撒播死气沉沉的混乱;内战则迫使国家黑白分明、令人振奋。"思想意志的摇摆已无回旋余地:这边是国家的拯救,那边是国家的毁灭……这条路似乎很危险,这是真的,我的思想意志是这样锻造的,与其说它害怕危险,不如说它害怕怀疑。"对于这位统治阶级的成员来说,从下层阶级的暴力中涌现出的崇高精神,为他提供了一个摆脱资产阶级帕纳塞斯山[iii]令人窒息的优美生活的适当机会。

弗朗西斯·福山(Francis Fukuyama)可能是近代作家中对暴力持这种保守论调的最有思想的一位。然而,与梅斯特尔、托克维尔和索雷尔不同——他们都是在战斗中写作的,当时胜负结果尚不清楚——福山在《历史的终结与最后的人》(*The End of History and the Last Man*)一书中,是站在胜利的有利地位来写作的。那是1992年,资产阶级在短短20世纪的持久内战中击败了他们的苏联等社会主义对手。这不是一幅美好的景象,至少对福山来说不是。因为这位革命家是20世纪为数不多的胸怀大志者之一。胸怀大志者就像索雷尔笔下的工人:他为了一个不可能实现的原则而冒着生命危险,他不关心自己的物质利益,只关心荣誉、荣耀和他为之奋斗的价值观。福山在对血帮和瘸帮[iv]这些胸怀大志者致以奇怪但简短的敬意之后,深情地回顾了列宁、托洛茨基和斯大林等有目标、有权力的人,他们"为更纯粹、更崇高的东西而奋斗",拥有超常的品质,"比一般人更加坚强、更有远见、更为无情和更具智慧"。由于拒绝适应他们所处时代的现实,他们是"最自由的人,因此也是最有人性的人"。但不知何故,这些人和他们的后继者在20世纪的内战中几乎莫名其妙地败给了"经济人"的势力。因为经济人是"真正的资产阶级"。这样的人绝不会为了任何事业,哪怕是他自己的事业,"甘愿冲锋陷阵,走到坦克前面或面对一排排的士兵"。然而,经济人是胜利者,战争非但没有让他恢复活力或恢复他的原始力量,反而让他变得更加资产阶级化。福山是一个保守主义者,他只能对经济人的胜利及其带来的"理性消费的生活"感到恼火,这种生活"归根结底是无聊透顶的"。[49]

福山的失望远非特例，而是具有象征意义的。E. M. 福斯特（E. M. Forster）在《印度之旅》（*A Passage to India*）中写道："战斗的目的和征服的成果从来就不是一回事。后者有其价值，只有圣人才会拒绝它们，但它们的不朽秘籍一拿到手就消失了。"[50]在保守派关于暴力的论述深处，潜藏着一个无法抑制的令人扫兴的因素。虽然保守主义者将暴力作为将自己或统治阶级从权力带来的死气沉沉和萎靡不振中解放出来的一种方式，但几乎每一次与实际暴力的遭遇都会带来幻灭和泄气。

记得泰迪·罗斯福曾对美国资产阶级的物质主义和软弱无能耿耿于怀。他想知道，在当代的美国，人们在哪里可以找到"艰苦生活"的例子——困难和危险带来的快感，以及为取得进步而进行的斗争？也许在20世纪末美国发动的对外战争和征服中可以找到。然而，即使在这里，罗斯福也遇到了挫折。尽管他对美西战争的报告充满了英勇和豪迈，但仔细阅读他在古巴的冒险经历，就会发现他在那里的探索只是一场惨败。罗斯福领导的上山或下山的每一次著名冲锋都是悲壮的。第一次冲锋时，他看到两名西班牙士兵被他的部下击毙，他写道："除了树上的两名游击队员外，这是我看到的唯一被我的人瞄准射击倒下的西班牙人。"第二次，他发现自己率领的军队既听不见也跟不上他。因此，他怀着严肃的欣赏之情，背诵了古巴军队的一位领导人——某位惠勒将军——痛心疾首的评论，这位将军"在内战中经历了太多激烈的战斗，以至于认为目前的战斗非常惨烈"。[51]

然而，在美西战争之后的血腥占领中，罗斯福认为他看到了真正的幸福，在那个黎明，活着就是幸福。罗斯福确信，美国对菲律宾和其他地方的占领是南北战争——那场崇高的、具有无瑕美德的运动——的重演，而这场征服战争他和他的同胞们都有可能看到。1899年，他宣称："我们这一代人不必面对我们的父辈所面对的任务，如果我们不能完成这些任务，我们就大祸临头了！……我们不能回避我们在夏威夷、古巴、波多黎各和菲律宾所面临的责任。"在这里（加勒比海和太平洋的岛屿上），他毕生都在寻找热血和目标的交汇点。帝国振兴、"在文明事业奋进中"教化当地人等任务，都是艰巨而粗暴的，它是强加给美国的一项使命，需要数年时间才能完成，愿上帝保佑美国！如果帝国的使命成功了——即使失败了——也会在美国产生一个真正的统治阶级，他们在战斗中变得坚韧不拔、奋发图强，品质比卡内基的随从们更加高尚，思想也没那么龌龊不堪。[52]

这是一个美丽的梦想。但它也无法承受现实的重压。虽然罗斯福希望菲律宾的统治者可能是"因其显著的能力和正直的品质而被选中的"，并"代表他们所来自的整个国家，为了他们要去统治的整个民族"来管理"各省"，但他担心美国的殖民占领者将来自同一阶级——自私的金融家和实业家,而这些人正是当初把他驱赶出国的人。因此,他对美帝国主义的赞美以一种酸溜溜的警告,甚至是诅咒的语气结束。"如果我们允许我们在菲律宾的公共服务成为分赃政客的猎物,如果我们不能促使其达到最高标准,我们将承担罪责,不仅是邪恶的行为,而且是软弱无力、目光短浅的愚蠢行为,我们将踏上西班牙曾走过的致使她倍感惨痛屈辱的道路。"[53]

但是,如果罗斯福的梦想最终破灭了,他至少还可以自鸣得意地说他一直怀疑自己的梦想会落空。但意大利的法西斯主义者不是这样,数十年来,他们一直自欺欺人地宣称要从左派手中夺取政权,这证明右派无法正视自己的沮丧失望。多年来,法西斯分子一直在庆祝1922年罗马大游行,将其视为意志力战胜厄运逆境、激情暴力而壮丽辉煌的胜利。10月28日,是黑衫军抵达罗马的日子,成为全国性的节日;1927年采用新日历后,这一天被宣布为法西斯新年的第一天。墨索里尼——特地身着众所周知的黑衬衫——抵达罗马的故事被人们津津乐道。"陛下,"据说他对国王维克多·伊曼纽尔三世说,"请原谅我的着装。我来自战场。"实际上,墨索里尼是连夜从米兰乘火车赶来的,并在卧铺车厢里舒服地打了个盹。在米兰,他一直招摇过市地在剧场里看戏。他之所以能挺进罗马,是因为以国王为首的胆小怯弱的当权派给在米兰的他打电话,请求他组建政府。双方几乎一枪未发。[54]梅斯特尔写得再好不过了。

我们可以在美国的反恐战争中看到类似的现象。尽管许多人认为布什政府和新保守主义背离了真正的保守主义——萨姆·坦恩豪斯(Sam Tanenhaus)的著作《保守主义之死》(*The Death of Conservatism*)[55]是对这一论点的最新阐述——但新保守主义的帝国冒险主义计划从头至尾都在追溯伯克式的暴力。正如我们将在第九章中看到的,新保守主义者将"9·11"事件和反恐战争视为一次机会——得以摆脱克林顿时期颓废堕落、死气沉沉的和平与繁荣,他们认为克林顿时期的和平与繁荣削弱了美国社会。而美国人——更重要的是他们的领导人——被认为在养尊处优的生活中失去了治理世界的意志、愿望和能力。然后,"9·11"事件发生了,突然间,他们似乎又可以了。

当然,这个梦想现在已经破灭了,但其中一个更为怪异的方面值得注意,因为它在保守派暴力的漫长传奇中出现了一些小问题。许多保守派认为,美国颓废的根源之一是自由派对法治的痴迷,这种痴迷可以追溯到沃伦法院和20世纪60年代的权利革命。在保守派看来,这种痴迷有多种形式:坚持刑事诉讼的正当程序;偏袒诉讼而非立法;强调外交和国际法而非战争;试图通过司法和立法监督来约束行

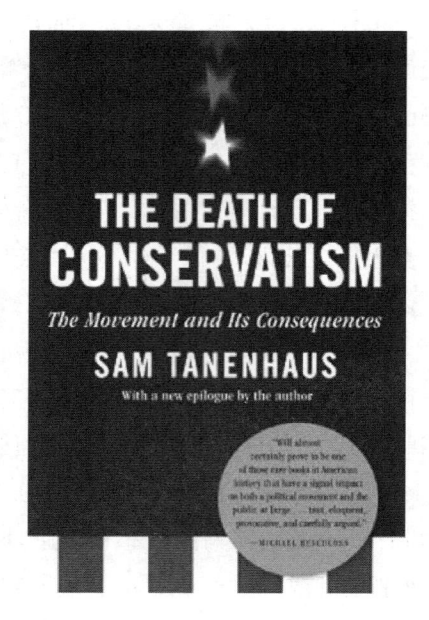

萨姆·坦恩豪斯著作——《保守主义之死》(英文版)

政权力。无论这些症状看起来有多么互不相关,保守派在其中看到的都是一种绝无仅有的病症:规则和法律文化正在使美国权力这头金发猛兽逐渐丧失能力和活力。这些都是尼采式不健康的征兆,而"9·11"事件则是不可避免的结果。

如果要防止再次发生"9·11"事件,就必须摒弃和扭转这种权利和规则文化。然而,正如西摩·赫什(Seymour Hersh)和简·梅耶(Jane Mayer)的报道所表明的那样,反恐战争——推动酷刑、推翻《日内瓦公约》、非法监视、拒绝国际法的限制,以及通过战争而非犯罪和惩罚的视角来看待恐怖主义——所反映出的保守主义的敏感性和感知力,与"9·11"事件的实际情况和防止再次发生类似袭击的必要性一样大,甚至更大。[56] 现已退役的杰里·博伊金(Jerry Boykin)中将在谈到"9·11"事件前后的美国时说:"她软弱了——太软弱了。"让她变得强硬的方法不仅仅是采取艰难的军事行动,还要违反当初让她变得软弱的规则——以及规则文化。美国国家安全局前局长迈克尔·海登(Michael Hayden)说,美国必须学会如何"游走在规则的边缘地带,绝处逢生"。中情局前局长乔治·特尼特(George Tenet)补充道:"我们无所不能,我们无坚不摧!"[57]

反恐战争的最大讽刺在于,这场战争非但没有解放这头金发猛兽,反而使法律和律师变得比人们想象得更加重要。正如梅耶所报道的,推动酷刑、肆无忌惮的行政权力、推翻《日内瓦公约》等行为的不是中央情报局或军方,而是白宫和司法部的律师,如戴维·爱丁顿(David Addington)和约翰·尤(John Yoo)。爱丁顿和尤绝非马基雅维利式的越轨暴力大师,他们是法律的狂热爱好者,坚持通过法律为自己的暴力行为辩护。而且,律师们一直在监督酷刑的实际操作。正如特尼特在回忆录中写道:"尽管霍利·伍德可能会让你相信,在这种情况下(对基地组织后勤主管阿布·祖贝达的抓捕、审讯和酷刑),你不会叫来硬汉;你会叫来律师。"每一记耳光、每一记重拳、每一次摇晃身体——还有更加恶劣的——都必须首先得到各情报机构高层的批准,这必然要征求律师的意见。梅尔把实施酷刑比作"妈妈,我可以吗?"的游戏。一位审讯官说:"在你对他(酷刑受害者)动手之前,你必须先发电报说:他不合作,请求允许做××事。"然后就会得到许可,说你可以张开手掌猛击他的腹部一下。[58]

取消酷刑禁令和中止《日内瓦公约》不仅没有让这头金发猛兽随心所欲地游荡和捕食,反而让它,至少是拴住它的律师们,更加焦虑不安。它能做什么?能做到什么程度?正如两位五角大楼律师之间的交流所揭示的那样,每一次暴力行为都会成为一次法学院研讨会:

> "使人不能享有光线和听觉刺激"是什么意思?囚犯可以被关在完全黑暗的牢房里吗?如果可以,他能被关一个月吗?或更长时间?或直到他失明?利用恐惧症的权力到底可能带来什么?可以把被拘留者关在棺材里吗?用狗呢?老鼠呢?审讯者能把事情做到什么程度?直到一个人发疯?[59]

那么,还有一个问题是,可否将经批准的酷刑手段结合起来使用?审讯者是否可以在不给囚犯食物的同时降低牢房温度?加倍或三倍痛苦的倍增效应是否跨越了一条从未界定的界限?[60]正如奥威尔所教导的那样,残酷和暴力的可能性是无限的,就像凭空想象它们的想象力一样无限。但当今的军队和暴力机构是庞大的官僚机构,而庞大的官僚机构需要规则。取消规则并不能解除普罗米修斯的束缚,它只会带来更多的计费工时。

"绝不让步,绝不含糊其词,绝不死缠烂打。"这是小布什在"9·11"事件后的誓言,也是他对如何开展反恐战争的描述。就像布什的许多其他宣言一样,这只是一个空洞的承诺。这件事已经被律师管得死死的。但是,这才是关键所在,国家暴力问题远远没有减少——这是新保守主义者最担心的——而事实证明,律师工作与暴力完全合得来。在一场已经充满失望和幻灭的战争中,不可避免地,人们随即认识到——法治事实上可以授权进行最大的暴力和死亡冒险,从而使其失去崇高性——对于保守派来说,这一定是最大的幻灭。

新保守主义者——如福山、罗斯福、索雷尔、施密特、托克维尔、梅斯特尔、特雷茨克等美国和欧洲右派人士——如果更仔细地阅读过伯克的著作,就会预见到这种幻灭的到来。伯克当然看到了,即使在他写到痛苦和危险的崇高效果时,他也小心翼翼地坚持认为,如果这些痛苦和危险"逼得太靠近"或"太靠前",也就是说,如果它们成为现实而不是幻想,如果它们"与人眼下的毁灭息息相关",它们的崇高性就会消失。它们将不再是"令人愉悦的"和可恢复原状的,这简直是太可怕了。[61]伯克的观点并不仅仅是说,没有人最终真的想死,也没有人喜欢令人生厌的剧痛;而是说,无论何种形式和来源的崇高都取决于模糊不清:太靠近任何事物,无论是物体还是经验,看到并感受到它的全貌,它就会失去神秘感和灵气。它就会变得让人熟视无睹,甚至过于随便了。直接经验所带来的那种"高度清晰透明""在某种程度上是一切热情的敌人"。[62]"正是我们对事物的无知引发了我们所有的钦佩之情,最重要的是,使我们激情澎湃。了解和熟识使最显著的激情诱因变得影响甚微。"[63]伯克总结道:"因此,清晰的想法就是微不足道的想法的另一个称谓。"[64]太了解任何事物,包括暴力,它就会失去你在它还只是一个想法时赋予它的任何属性,如复兴、越轨、兴奋和敬畏。

伯克比大多数人更早地认识到,如果暴力要保持其崇高性,它就必须保持一种可能性,并成为一种幻想的对象——恐怖电影、电子游戏、论战争的文章。因为暴力的现实性(而非描述性)与崇高性的要求相悖。相对于想象的暴力,真实的暴力意味着物体靠得太近、身体压得太紧、皮肉相连。暴力剥光了身体的所有遮蔽物,暴力使对手以一种前所未有的方式彼此熟悉。暴力驱散了幻觉和神秘,使一切变得单调乏味、阴郁沉闷。正因如此,伯克在《法国大革命反思》中讨论革命者劫持玛丽·安托瓦内特时,不厌其烦地强调她"几乎赤裸"的身体,并毫不费力地转而使用服装语言——"生活中体面的帷幔""道德想象力的衣橱""过气的时尚"等——来描述这一事件。[65]对伯克来说,革命者暴力的灾难并不在于它的残忍,而在于它是不期而至的教化与启蒙。

自"9·11"事件以来,许多人抱怨保守派人士或他们的儿女未能亲自参与反恐战争,这也是理所当然的。对于左派人士来说,这种失败是当代美国阶级不公正的症状。但故事中还有一个额外的因素,只要反恐战争仍然是一个想法——博客上的一个热门话题、一篇挑衅性的专栏文章、一集《24小时》(*24 Hour*)——它就是崇高的。一旦反恐战争成为现实，它就会像讨论税法一样沉闷乏味，像去车管所办事一样了无趣味。

注释：

ⅰ 对人性这一忧心忡忡的描述，也揭示了伯克关于历史与自我关系的观点。伯克的研读者常常将他关于历史与自我关系的理论理解为一种模糊的社群主义立场，即认为历史、文化和继承造就了我们。我们可以称其为身份的根本理论，在这一理论中，过去是我们人格的土壤和种子，是我们代理权的条件，没有过去，我们就会在黑暗中跌跌撞撞，无法找寻出路。但这种解释忽略了伯克关于我们历史存在的论述中最有趣的地方。伯克的道德心理学绝非将一个完整的自我置于温润的历史土壤中，而是表明对他而言，历史是一种更具破坏性的存在。他在《法国大革命反思》中就是这样描述的：

> 我们的政治体制与世界秩序，以及由临时性部分组成的永久性机构的存在方式恰好是一致和对称的。在这种情况下，通过一种雄才大略的安排，将人类塑造成伟大而神秘的结合体，这整个结合体一度永远不会衰老、不会人到中年，也不会变得年轻，而是在一种不变的恒定状态下，通过永久的衰败、衰落、革新和进步的各种变化而前进。因此，通过在国家行为中保留自然法则，我们改进的东西永远不会完全是新的；我们保留的东西永远不会完全是过时的。

伯克写道，每时每刻，我们所在的政体都处于三种时态之中：过去、现在和未来。这个政体以及作为政体一部分的自我，并不是悠然自得地处于时间之中，而是被时间拉长了。时间的多重性和碎片化，而非整合性和扎根性，是我们经验的本质。伯克主义政体和伯克主义者自身都受波动和流动性的困扰，这使得伯克认为，面对它永远存在且无法抑制的死亡冲动，必须有一种崇高感来支撑自我。简而言之，历史并不是我们身份的根源，它使我们成为我们自己；它是我们经验的矛盾两极，永远把我们往相反的方向上拉扯。历史让我们有可能感受到，无论多么短暂，我们存在的潜在位势和限度。

伯克也从过去身上看到了沉重的分量。但这种厚重感绝不意味着某种步履蹒跚的传统主义或传统主义，而是暗示着崇高：

> 自由精神，总是像在被奉为圣典的先辈们面前一样，其本身会导致恣意妄为和过激行为，但它又被一种可怕的威严所节制。传承下来的自由主义血统观念激发了我们一种习惯性的原生尊严感，它避免了新贵们的傲慢无礼，这些人几乎不可避免地会坚决要求与那些最先获得任何荣誉的人相同的名誉与地位，这势必使得原先的那些人名誉扫地、失去地位。通过这种方式，我们的自由成为一种高贵的自由。它蕴含着一种气势和威严。它有自己的世系家谱，可以说清楚祖先的起源。它有自己的关系网络和影响力，有

自己的徽章。它有肖像画廊；它有不朽的碑文；它有记录、证据和头衔。

这不是一个简单的历史制约理论。在伯克看来，历史并没有限制我们的自由；历史的约束扩大和放大了我们的自由。它们赋予我们的自由以深度、威严、壮观和敬畏——"一种可怕的庄严"。过去的分量并没有压垮现在，而是赋予本来可能没有分量的现在以分量。通过这种分量，现在——以及这种现在的渺小自我——获得了广度、深度和幅度。

没有历史，我们将茫然无措，与其说历史确保了我们的身份，不如说历史是崇高的源泉，是不和谐的经验和激动人心的激情的源泉，没有历史，我们将死无葬身之地。这不是因为历史是日常经验的稳固基础，而是因为它颠覆了日常经验的稳固基础。在伯克看来，潜伏在对历史的革命性攻击之下的真正威胁不是无政府主义或无序，而是它的无足轻重。[Burke, *Reflections on the Revolution in France*, ed. J. C. D. Clark (Stanford, Calif.：Stanford University Press, 2001), 184—185.]

ii 即西奥多·罗斯福，昵称泰迪。

iii 位于希腊中部，古时被认为是太阳神和文艺女神们的灵地。后喻为诗坛。

iv 瘸帮（Crips）是一个主要（但并非完全）由非裔美国人组成的帮派，于1969年在加利福尼亚州的洛杉矶由15岁的雷蒙德·华盛顿（Raymond Washington）和16岁的斯坦利·托基·威廉姆斯（Stanley Tookie Williams）成立。经过多年的发展，这个帮派已经成长为美国最大、最有势力的帮派之一。传统上成员着蓝色服装。血帮（Bloods）成立于1970年的纽约、洛杉矶和芝加哥三地，成员数量超过2.5万人，是美国影响力最大的街头帮派。成员着红色服装。血帮可以追溯到20世纪60年代，当时由于瘸帮势力太大，因此华盛顿的其他几个帮派成员与瘸帮发生了冲突。为了应对势力广大的瘸帮，几个成员联合起来组建了如今的血帮，从此血帮就成为防止瘸帮袭击的组织。所有不想加入瘸帮或者受瘸帮迫害的人都可以加入，并且获得庇护。到1978年，血帮在美国一共发展了15个支部，但瘸帮还是以3∶1的人数比例压制血帮。血帮也变得越来越暴力，直到20世纪80年代，血帮开始参与毒品生意，并且为成员提供毒品以供吸食，从此血帮规模也变得越来越大，这些增长主要是由毒品生意的利润所驱动的。

[1] Jim Sidanius, Michael Mitchell, Hillary Haley, and Carlos David Navarrete, "Support for Harsh Criminal Sanctions and Social Dominance Beliefs," *Social Justice Research* 19 (December 2006), 440; Tom Pyszczynski, Abdolhossein Abdollahi, Sheldon Solomon, Jeff Greenberg, Florette Cohen, and David Weise, "Mortality Salience, Martyrdom, and Military Might: The Great Satan Versus the Axis of Evil," *Personality and Social Psychology Bulletin* 32 (April 2006), 525—537; Frank Newport, "Sixty-Nine Percent of Americans Support Death Penalty," http://www.gallup.com/poll/101863/Sixtynine-Percent-Americans-Support-Death-Penalty.aspx, 访问日期：April 5, 2011; Pew Research Center, "The Torture Debate: A Closer Look," ht-

tp://pewforum.org/Politics-and-Elections/The-Torture-Debate-A-Closer-Look.aspx,访问日期：April 5, 2011; "McCain Amendment No. 1977," http://www.sourcewatch.org/index.php?title=McCain_Amendment_No._1977,访问日期：April 5, 2011; Sean Olson, "Senate Approves Abolishment of Death Penalty," *Albuquerque Journal* (March 13, 2009)。我非常感谢哈尚（Shang Ha）为我提供这些引文。

〔2〕Andrew Sullivan, *The Conservative Soul: Fundamentalism, Freedom, and the Future of the Right* (New York: Harper Perennial, 2006), 276—277.

〔3〕Francis Fukuyama, *The End of History and the Last Man* (New York: Harper Collins, 1992), xxiii, 147, 150—151, 255—256, 318, 329.

〔4〕这句话引自麦克阿瑟1962年在西点军校的演讲,他将其溯源至柏拉图。没有学者在柏拉图著作中发现过这样的说法,但它(以及柏拉图的注释)确实出现在伦敦帝国战争博物馆的墙上和雷德利·斯科特2001年的电影《黑鹰坠落》(*Black Hawk Down*)中。这句话最有可能的来源是乔治·桑塔亚那在《英国独白》(*Solloquies in England*)中的表述(New York: Scribner's, 1924), 102。见伯纳德·苏珊娜(Bernard Suzanne)精彩而深入的讨论。

〔5〕*Selections from Treitschke's Lectures on Politics*, trans. Adam L. Gowans (New York: Frederick A. Stokes, 1914), 24—25.

〔6〕Edmund Burke, *A Philosophical Enquiry into the Origin of Our Ideas of the Sublime and the Beautiful*, ed. David Womersley (New York: Penguin, 1998, 2004), 79.

〔7〕Ibid., 82.

〔8〕Ibid., 88.

〔9〕Ibid., 96.

〔10〕Ibid., 164.

〔11〕Ibid., 177—178.

〔12〕Michael Oakeshott, "On Being Conservative," in *Rationalism in Politics and Other Essays* (Indianapolis: Liberty Press, 1962), 408. 也见 Walter Bagehot, "Intellectual Conservatism," in *The Works and Life of Walter Bagehot*, vol. 9 (London: Longmans, Green, and Co., 1915), 254—258; Russell Kirk, "What Is Conservatism?" in *The Essential Russell Kirk*, ed. George A. Panichas (Wilmington, Del.: ISI Books, 2007), 7; Roger Scruton, *The Meaning of Conservatism* (London: Macmillan, 1980, 1984), 21—22, 40—43; Robert Nisbet, Conservatism (Minneapolis: University of Minnesota Press, 1986), 26—27。

〔13〕Ronald Reagan, First Inaugural Address and address before a Joint Session of the Congress (April 28, 1981), in *Conservatism in America since 1930*, ed. Gregory L. Schneider (New York: New York University Press, 2003), 343, 344, 351, 352.

〔14〕Barry Goldwater, acceptance speech at 1964 Republican National Convention (July 16, 1964), in *Conservatism in America*, 238—239.

〔15〕Hugo Young, *One of Us* (London: Macmillan, 1989, 1991), 224.

〔16〕William Manchester, *The Last Lion: Winston Spencer Churchill: Visions of Glory 1874—1932* (Boston: Little, Brown, 1982), 222—231.

〔17〕Winston Churchill, *My Early Life: 1874—1904* (New York: Scribner, 1996), 77.

〔18〕Burke, *Sublime and the Beautiful*, 177.

〔19〕Ibid., 86.

〔20〕Ibid., 101, 106, 108, 111.

〔21〕Ibid., 96, 123.

〔22〕Ibid., 121.

〔23〕Jean-Jacques Rousseau, *Discourse on the Origin and Foundations of Inequality among Men*, in *Rousseau's Political Writings*, ed. Alan Ritter and Julia Conaway Bondanella (New York: Norton, 1988), 54.

〔24〕John Adams, *Discourses on Davila*, in *The Political Writings of John Adams* (Indianapolis: Hackett, 2003), 176.

〔25〕Ibid., 183—184.

〔26〕Burke, *Sublime and the Beautiful*, 108.

〔27〕Ibid., 109.

〔28〕Ibid.

〔29〕Joseph de Maistre, *Considerations on France*, trans. and ed. Richard A. Lebrun (New York: Cambridge University Press, 1974, 1994), 4, 9—10, 13—14, 16—18, 100.

〔30〕Ibid., 17. 其他例子, 见ean-Louis Darcel, "The Roads of Exile, 1792—1817," and Darcel, "Joseph de Maistre and the House of Savoy: Some Aspects of His Career," in *Joseph de Maistre's Life, Thought, and Influence: Selected Studies*, ed. Richard A. Lebrun (Montreal: McGill-Queen's University Press, 2001), 16, 19—20, 52。

〔31〕参阅 David Bromwich, "Introduction," in Edmund Burke, *On Empire, Liberty, and Reform: Speeches and Letters*, ed. David Bromwich (New Haven, Conn.: Yale University Press, 2000), 10; Jan-Werner Müller, "Comprehending Conservatism: A New Framework for Analysis," *Journal of Political Ideologies* 11 (October 2006), 360.

〔32〕Georges Sorel, *Reflections on Violence*, ed. Jeremy Jennings (New York: Cambridge University Press, 1999), 61—63, 72, 75—76.

〔33〕Carl Schmitt, *The Concept of the Political*, trans. George Schwab (New Brunswick,

第三章 | 暴力之魂

N. J.：Rutgers University Press, 1976), 22, 48, 62—63, 65, 71—72, 74, 78.

〔34〕Schmitt, *Concept of the Political*, 63.

〔35〕Sorel, *Reflections on Violence*, 75.

〔36〕Theodore Roosevelt, address to Naval War College (June, 2, 1897), in *Theodore Roosevelt: An American Mind. Selected Writings*, ed. Mario R. DiNunzio (New York: Penguin, 1994), 175—176, 179.

〔37〕Roosevelt, address to Hamilton Club of Chicago (April 10, 1899), and *An Autobiography*, in *Theodore Roosevelt*, 186, 194.

〔38〕Roosevelt, Naval War College address, 174.

〔39〕John C. Calhoun, "Speech on the Reception of Abolitionist Petitions" (February 6, 1837), in *Union and Liberty: The Political Philosophy of John C. Calhoun*, ed. Ross M. Lence (Indianapolis: Liberty Fund, 1992), 476.

〔40〕Barry Goldwater, *The Conscience of a Conservative* (Princeton, N. J.：Princeton University Press, 1960, 2007), 1.

〔41〕Fukuyama, *End of History*, 315—318, 329；也见第九章。

〔42〕John Milton, *Aeropagitica*, in *Complete Poems and Major Prose*, ed. Merritt Y. Hughes (New York: Macmillan, 1957), 728.

〔43〕Burke, *Sublime and the Beautiful*, 145.

〔44〕Maistre, *Considerations on France*, 77.

〔45〕Sorel, *Reflections on Violence*, 63, 160—161.

〔46〕引自 William Pfaff, *The Bullet's Song: Romantic Violence and Utopia* (New York: Simon and Schuster, 2004), 97。

〔47〕Sorel, *Reflections on Violence*, 76—78, 85.

〔48〕以下是我讨论的简要记录，*Fear: The History of a Political Idea* (New York: Oxford University Press, 2004), 88—94。这里引用的所有引文的来源都可以在那里找到。

〔49〕Fukuyama, *End of History*, 148, 180, 304—305, 312, 314, 328—329.

〔50〕E. M. Forster, *A Passage to India* (New York: Harcourt, 1924), 289.

〔51〕Roosevelt, *The Rough Riders*, in *Theodore Roosevelt*, 30—32, 37. 有人可能还会提到罗斯福在海军战争学院的演讲，在演讲中，数千句赞扬男子汉气概和军事准备的话让气氛达到了高潮，他呼吁美国建立一支可能永远不会使用的现代海军。*Theodore Roosevelt*, 178.

〔52〕Roosevelt, Hamilton Club address, *Theodore Roosevelt*, 185, 188.

〔53〕Roosevelt, Lincoln Club address of February 1899, and Hamilton Club address, ibid., 182, 189.

〔54〕R. J. B. Bosworth, *Mussolini* (New York: Oxford University Press, 2002), 167-169; Robert O. Paxton, *The Anatomy of Fascism* (New York: Knopf, 2004), 87-91.

〔55〕Sam Tanenhaus, *The Death of Conservatism* (New York: Random House, 2009).

〔56〕Seymour Hersh, *Chain of Command: The Road from 9/11 to Abu Ghraib* (New York: Harper Collins, 2004); Jane Mayer, *The Dark Side: The Inside Story of How the War on Terror Turned into a War on American Ideals* (New York: Doubleday, 2008).

〔57〕Mayer, *Dark Side*, 69, 132, 241.

〔58〕Ibid., 55, 120, 150, 167, 231, 301.

〔59〕Ibid., 223.

〔60〕Ibid.

〔61〕Burke, *Sublime and the Beautiful*, 86, 92, 165.

〔62〕Ibid., 104.

〔63〕Ibid., 105.

〔64〕Ibid., 106.

〔65〕Burke, *Reflections*, 232, 239.

第二部分
欧洲旧政

第四章

反革命发端

革命让托马斯·霍布斯流亡，反革命又让他回来。1640年，查理一世的议会反对派谴责任何人"宣扬绝对君主制，国王可以为所欲为"。霍布斯当时刚刚完成了《法律要义》(The Elements of Law)一书的写作，该书正是宣扬绝对君主制。在国王的高级顾问和一位主张无限王权的神学家双双被捕后，霍布斯决定是时候离开了。不等收拾行囊，他就逃离英国，前往法国。[1]

十一年后，法国爆发了一场内战，霍布斯又从法国逃回英国。这一次，他是为了躲避保皇党。同以前一样，霍布斯刚刚写完一本书《利维坦》(Leviathan)。他后来解释说："利维坦为所有国王和所有以任何名义配享王权的人而战。"[2]正是这一主张的后半部分，即似乎对主权者身份的漠不关心，给他带来了麻烦。利维坦证明——不！应该说是要求——人们应该服从任何一个或几个人，只要他们能够保护人们免受外来攻击和内乱袭扰。随着君主制被废除，奥利弗·克伦威尔的军队控制了英格兰，并为人民提供安全保障。《利维坦》似乎建议每个人，包括战败的保皇党人，向英联邦宣誓效忠。这种观点的阐述已经导致英联邦大使安东尼·阿斯查姆被流亡西班牙的保皇党人暗杀。因此，当霍布斯得知法国的神职人员正试图逮捕他时——《利维坦》也极力反对天主教，这触怒了法国王太后——他溜出巴黎，潜回了伦敦。[3]

霍布斯先是逃离了他的敌人，然后又逃离了他的朋友，这绝非偶然。因为他正在创造一种撕毁长期联盟的政治理论。他非但没有拒绝革命观点，反而吸收并改造了它。他从革命理论最深层的范畴和习惯用语中，得出了对最隐蔽的统治形式

托马斯·霍布斯著作——《利维坦》(英文版)

的坚定辩护。他感受到了现代早期欧洲的离心力——所有信徒的司祭团;在古代共和理想旗帜下集结的民主军队;科学和怀疑主义——并试图将它们引向一个单一的中心:一个可怕而仁慈的君主,使任何对这种权威的挑战都显得既不道德又非理性。与意大利未来主义者不同,霍布斯认为瓦解、消亡是为了解决问题。他是第一个反革命哲学家,也是与尼采齐名的最伟大的反革命哲学家,他是文化现代主义和反动政治的先驱,他明白要打败革命,就必须适应革命。

保守主义右派是如何对待他的呢?并不好。艾略特(他本人也是一位精明的调和论者)称霍布斯是"文艺复兴时期那些非凡的后起之秀之一,正是这一时期混乱的运动将其推上了名不副实的显赫地位"。[4] 佩里·安德森(Perry Anderson)将20世纪的四位政治理论家——里奥·施特劳斯、卡尔·施密特、迈克尔·奥克肖特和弗里德里希·哈耶克,称为"不妥协的右派"[5],其中,只有奥克肖特在霍布斯身上看到了相似的精神。[6] 其余的人则认为他是恶毒的自由主义、雅各宾主义,甚至布尔什维克主义的源头。[7]

旧制度的正统守护者常常把反革命分子误认为反对派。他们无法领会反革命分子论点的神秘力量。他们所能感受到的只是存在的东西——一种听起来很危险,又很像革命者的新奇思维方式——以及不存在的东西:权威的传统辩护。在正统派看来,反革命者看起来就像革命者。在他们眼里,反革命分子就是可疑分子,而不是战友。在这一点上,他们并没有完全错误。反革命分子既不是左派,也不是传统意义上的右派——哈耶克最著名的一篇文章就叫《为什么我不是保守派》(Why I am Not a Conservative)[8]——反革命分子是高与低、新与旧、讽刺与信仰等各种不协调因素的混合体。反革命分子的企图不外乎正本清源,让特权深入人心,重塑一个自称原本就不存在的制度(旧制度过去是、现在是、将来也是存在的;它不是被制造出来的)。这些任务是任何其他政治运动都无法承担的。反革命分子并非不喜欢悖论,他只是为了权力而被迫跨越历史矛盾。

但是,为什么要把霍布斯带到保守主义、右派和反革命的审判台前呢?毕竟,这些术语都是在法国大革命或其后才出现的,而且大多数历史学家也不再认为英国内战是一场革命。推翻君主制的力量可能一直在寻找罗马共和国或古代宪法。他们可能希望改革宗教礼仪或限制王权。但革命并不在他们的视野之内。如果没有革命让霍布斯反对,他怎么会是反革命呢?

但霍布斯不这么认为。在《巨兽》(Behemoth)一书中,他对这个问题进行了深思熟虑的处理,他坚定地宣布英国内战是一场革命。[9]虽然他所说的革命与古人的意思差不多——一种周期性的政权更迭过程,更类似于行星的运行,而不是向前的大跃进——但霍布斯在推翻君主制的过程中看到了对民主的狂热(在他看来,这是有毒的)渴望,看到了将权力重新分配给更多人的坚定愿望。在霍布斯看来,这就是革命挑战的本质。从那时起,无论是1917年的俄国、1937年的弗林特,还是1965年的塞尔玛,革命挑战一直如此。这种民主扩张的驱动力来自对过去而非未来的憧憬,这一点与霍布斯——或者本杰明·康斯坦茨(Benjamin Constant)或卡尔·马克思——的看法一样,我们不必再纠结于此,因为他们都看到了法国人在回顾过去时(甚至通过向后看)进行革命是多么容易。[10]

霍布斯明确反对"民主派",他称议会势力及其追随者为"民主派"。[11]他在哲学上的大量精力耗费在这种反对上,他最伟大的创新也源于此。[12]他最终的反对目标是民主派的自由概念,也就是他们的共和观念,即个人自由需要人们集体管理自己。霍布斯试图解除个人自由与拥有政治权力之间的共和主义联系。他开始论证,在绝对君主制下,人是可以自由的,或者至少与共和国或民主国家一样自由。昆廷·斯金纳(Quentin Skinner)说,这是"英语国家政治思想史上划时代的一刻"。其结果是对自由进行了新颖的阐述,我们至今仍对其感激不尽。[13]

每个反革命分子都面临着同样的问题:如何捍卫一个已经或正在被摧毁的旧

政权？第一种冲动——重申政权的古老真理——通常是最糟糕的，因为正是这些真理让政权陷入困境。要么是世界已经发生了巨大变化，这些真理不再能得到认同；要么是这些真理已经变得如此柔弱，以至于变成了革命的论据。无论哪种情况，反革命分子都必须从别处寻找材料，为旧政权辩护。正如霍布斯所意识到的那样，这种需要可能使反革命分子不仅与革命反目，而且正好与他所声称的事业——政权——不和。

17世纪上半叶，君主制的捍卫者们提出了两种论点，霍布斯都无法赞同。第一种是君权神授。该学说是近代的创新——查尔斯的父亲詹姆斯一世是英国的主要倡导者，他认为国王是上帝在人间的代理人（事实上，国王就像上帝在人间），他只对上帝负责，只有他有权治理国家，并且不应受到法律、制度或人民的约束。据说，查尔斯的顾问说过："国王的小手指应该比法律的腰身更粗。"[14]

虽然这种专制主义对霍布斯很有吸引力，但其理论基础并不稳固。大多数神权论者假定霍布斯和他同时代的人，尤其是欧洲大陆上的这些人，所相信的东西已经不复存在：人类末日的目的论，它反映了宇宙的自然等级，并产生了不容置疑的善与恶、正义与非正义的概念。一个世纪以来，围绕神权论这些观点的含义，人们之间产生了流血冲突，人们质疑自然秩序的存在或我们认识自然秩序的能力，并导致为神权辩护似乎既不可信也不可靠。由于神权论的前提令人生疑，因此它们既有可能引发冲突，也有可能解决冲突。

可以说，更令人不安的是，神权论描绘了一个政治剧场，在这个剧场中，只有两个重要的演员——上帝和国王——各自为对方表演。虽然霍布斯认为君主作为主权者不应该与任何人同台演出，但他过于适应那个时代的民主弊病，以至于没有注意到这一理论忽视了第三个参与者：人民。当人民克制而恭顺的时候，一切岁月静好，但在16世纪40年代，上帝与国王之间的"密室剧本杀"已经玩不下去了。人民站上了舞台，并要求扮演主角；他们既不能被忽视，也不能只扮演一个小角色。

简而言之，英国的变化使神权站不住脚了。霍布斯面临的挑战是错综复杂的：如何在抛弃神权论不合时宜的前提的同时，保持该理论的核心要旨（无条件服从绝对、不可分割的权力）。霍布斯找到了解决之道，他提出了同意理论，即个人之间通过契约建立一个对他们拥有绝对权力的主权者；他还提出了代表理论，即主权者是人民的化身，而主权者无须对他们承担义务。

同意理论没有对善恶的概念做出任何假设，也不依赖于宇宙中固有的自然等级制度，其含义必须对所有人都是明白易懂的。恰恰相反，同意理论推定人们在这些事情上是存在分歧的；事实上，他们的分歧是如此激烈，以至于他们追求相互冲突的目标并生存下去的唯一途径，就是将所有权力让渡给国家，并毫无异议地服从国家。国家保护人们免受彼此的伤害，保证了他们继续生活的空间和安全。当与霍布斯的代表论相结合时，同意理论就有了一个额外的优势：虽然它将所有权力赋予主权者，但人民仍然可以想象自己在他的身体里，在他的每一次挥剑中。人民创造了他，他代表了人民；从所有意图和目的来看，人民就是他。但人民不是主权者：人民可能是利维坦的创造者——霍布斯对主权者的恶名，源自《约伯记》——但像任何作者一样，他们无法控制自己的创造之物。这是一个灵感之举，是所有伟大的反革命理论的特点，人民在其中成为没有角色的演员，成为相信自己在舞台上的观众。

支持君主制的第二个观点，即立宪保皇派的立场，在英国思想中根基更深，因此更难反驳。它认为英国是一个自由社会，因为王权受到普通法的限制，或与议会共享。沃尔特·雷利爵士（Sir Walter Raleigh）认为，法治与共享主权的结合是国王的自由臣民与东方专制者的奴隶的区别所在。[15] 正是这一观点及其激进的理论分支，促使霍布斯对自由进行了最深刻、最大胆的思考。[16]

在宪政主义的政治自由概念之下，存在着为理性而行动与为激情而行动的区别。前者是自由行为，后者则不是。斯金纳在论述霍布斯所反对的论点时写道："出于激情而行动，不是作为一个自由人，甚至根本不是作为一个人而行动；这种行为不是真正自由的体现，而仅仅是放纵或动物的野蛮行为。"自由意味着按照我们的意志行事，但意志不应与强烈的欲望或憎恶之情相混淆。正如霍布斯的大敌布拉姆霍尔主教（Bishop Bramhall）所说："自由行为只是理性意志的自由选择。"而"在不考虑也不运用理性的地方，根本就没有自由"。[17] 追求自由意味着按照理性行事，或者用政治术语来说，人们生活在法律之下，而不是专横的权力之下。

与君权神授一样，宪政论也因最新的发展而变得不合时宜了。最明显的事实是，17世纪上半叶没有一位英国君主声称相信宪政论。为了将英国转变为一个现代国家，詹姆斯和查尔斯不得不对其权力的性质提出了比宪政论所接受的更为绝对的主张。

然而，令政权更为头疼的是，宪政论很容易就会变成共和主义者的主张，并被用来反对国王。普通法律师和议会激进派则坚持认为，只要不是共和制或民主制（即人们生活在自己同意的法律之下），都是暴政。在激进派眼中，所有君主制都是专制。

霍布斯认为，后一种观点源于"古希腊和古罗马的历史与哲学"，这些观点在受

马基雅维利（1469—1527 年）
图片来源：澎湃新闻。

过教育的国王反对者中影响深远。[18] 马基雅维利的《论语》（*Discorsi*）在 1636 年被翻译成英文，为这一古老遗产注入了新的活力，这可能是霍布斯告诫人们反对人民政权的最终目标。但正如斯金纳所指出的，共和论的基本前提——自由人与奴隶的区别在于前者服从自己的意志，而后者服从他人的意志——也可以在早在 13 世纪英国普通法对《罗马法文摘》(the Digest of Roman Law)"逐字逐句"的复制中找到。同样，意志与欲望、自由与许可的区别"深深地根植于"中世纪的学术传统和文艺复兴的人文主义文化之中。因此，这种意志哲学不仅体现在布拉姆霍尔及其同僚的保皇立场上，也体现在推翻国王的激进分子和弑君者身上。在保皇派与共和派之间的鸿沟之下，隐藏着对自由本质的深刻而不稳定的共同假设。[19] 霍布斯的天才在于认识到了这一假设；他的野心在于粉碎这一假设。

虽然自由意味着生活在法律之下的观念为立宪保皇派提供了支持（他们在合法君主和专制暴君之间做了很多区分），但这并不一定会导致自由政权必须是共和制或民主制的结论。为了推进这一观点，激进派必须提出两个额外的主张：第一，将专断或无法无天等同于一种不属于自己的意志、一种外在或异己的意志，比如激情；第二，将人民政权的决定等同于一种属于自己的意志，比如理性。服从属于我的意志——共和国或民主国家的法律——就是自由；服从不属于我的意志——国王或外国的法令——就是奴隶。

在提出这些主张时,激进分子得到了一种对奴隶制的特殊理解的帮助,尽管这种理解很流行。在许多人看来,一个人之所以成为奴隶,并不在于他带着锁链,也不在于他的主人阻碍或强迫他的行动;而是他生活和行动在一张网之下,这张网就是其主人的意志千变万化、任意妄为,随时都有可能落在他的身上。即使这张网从未落下——主人从未告诉过他该做什么,也从未因为他不做而惩罚过他,或者他从未想要做与主人告诉他的不同的事情——奴隶仍然是被奴役的。他"完全依赖"他人的意志而"生活",他处于主人的管辖之下,"这一事实本身就足以保证其主人"所要求和鄙视的"卑躬屈膝和奴性"。[20]

> 仅仅是统治和依赖关系的存在……就使我们从……"自由人"的地位沦为奴隶。换句话说,仅仅事实上享有公民权利和自由是不够的;如果我们要算作自由人,就必须以特定的方式享有这些权利和自由。我们绝不能仅仅因为他人的恩惠或善意而拥有这些权利和自由;我们必须始终拥有这些权利和自由,并排除任何人剥夺我们这些权利和自由的专制权力的影响。[21]

在个人层面,自由意味着做自己的主人;在政治层面,自由需要共和制或民主制。只有充分分享公共权力,才能确保我们以自由所要求的"特定方式"享受自由;没有充分的政治参与,自由就会受到致命的削弱。按理说,正是这种个人与政治之间的双重运动,才是人民政权理论中最激进的元素,而在霍布斯看来,这也是最危险的。

霍布斯从根本上摧毁了这一观点。他打破了传统的理解,主张对意志进行唯物主义的解释。他说,意志并非我们对自己的欲望和厌恶进行理性思考后做出的决定;它只是我们在行动前最后感受到的欲望或厌恶,然后促使我们行动。深思熟虑就像节拍器的摆动杆——我们的意愿在欲望与厌恶之间来回反复摆动——但不那么稳定。不论摆动杆停在哪儿,从而产生行动,或者相反,没有行动,都是我们的意志。如果这个概念显得武断和机械化,那么它应该是这样的:意志并不是自由自主地凌驾于我们的欲望和厌恶之上,在它们之间进行判断和选择;意志是我们"最后的欲望或厌恶,紧接着行动或不行动"。[22]

想象一下,一个最喜欢喝酒的人,为了抢救一箱酒,飞奔进一幢着火的大楼;再想象一下,一个最讨厌狗的人,为了躲避一群狗,飞奔进同一幢大楼。霍布斯的反对者会在这些例子中看到非理性的强制力;而霍布斯看到的是行动中的意志。霍布斯承认,这些行为可能不是最明智或最理智的行为,但明智和理智不需要在意志中起任何作用。这两种行为都可能是被迫的,但是,在一艘即将沉没的船上,一个人为了减轻负担和自救而把行李扔到海里,他的行为也是被迫的。艰难的抉择、被迫的行动——这些与我在平静的学习中做出的决定一样,都是我意志的体现。以此类推,霍布斯会说,向拿枪指着我脑袋的人交出钱包也是一种意志行为:我选择了生命而不是钱包。

针对他的反对者,霍布斯提出,不存在违背个人意志的自愿行为;所有自愿行为都是意志的表达。外在的限制,比如被锁在房间里,可以阻止我按照自己的意志行事;成为戴镣铐的苦力囚犯,可以迫使我按照自己不愿意的方式行事(当我的邻近囚犯向前迈出一步或举起工具时,我必须跟着他走,除非我有足够的体力抵抗他和我身后的同伴)。但我不能违背自己的意志而自愿行事。就歹徒而言,霍布斯会说他的枪改变了我的意志:我从想要保护钱包里的钱变成了想要保护自己的生命。

如果我不能违背自己的意志自愿行事,我就不能自愿地按照非我自己的意志行事。如果我服从一个国王,因为我害怕他会杀了我或囚禁我,这并不意味着我的意志不存在、被放弃、背叛或服从;这就是我的意志。我本可以有其他的意志——霍布斯一生中成千上万的人都有过这样的意志——但对我来说,我的生存或自由比任何要求我不服从的东西都更重要。

霍布斯对自由的定义源于他对意志的理解。他说,自由是"没有……外部的运动障碍",而一个自由的人"就是在他的力量和智慧所能做的事情上,不被阻碍地去做他有意志力要做的事情的人"。[23] 霍布斯坚持认为,只有当我的行动受到外部阻碍时,我才会变得不自由。锁链和高墙就是这样的障碍;法律和义务是另一种障碍,尽管是一种更具隐喻性的障碍。如果障碍在于我的内心——我没有能力去做某事,我太害怕去做某事——我就缺乏力量或意志力,而不是自由。霍布斯在给纽卡斯尔伯爵的信中把这些缺陷归咎于"行为主体的本性和内在品质",而不是行为主体所处政治环境的状况。[24]

这就是霍布斯努力的目的:将我们个人自由的状况与公共事务的状态分开。自由取决于政府的存在,但不取决于政府采取的形式;无论我们生活在国王、共和国还是民主政体之下,都不会改变我们所享有的自由的数量或质量。个人自由和政治自由之间的分离产生了巨大的影响,这使自由在国王的统治下既不那么明显存在,又比霍布斯的共和派和保皇派对手所接受的更普遍。

一方面,霍布斯坚持认为,自由与臣民是不可能同时存在的。服从政府意味着绝对失去自由：无论我在哪里受法律约束，我都不能自由行动。霍布斯声称，当共和党人认为公民是自由的，因为他们制定了法律时，他们混淆了主权和自由：公民拥有的是政治权力，而不是自由。他有义务（也许有很大的义务，如卢梭后来建议的）服从法律，因此也与他在君主制下一样是不自由的。当宪政保皇党认为国王的臣民是自由的，因为法律限制了国王的权力时，霍布斯声称他们只是犯糊涂了。

另一方面，霍布斯认为，如果自由是不受阻碍的运动，那么我们在君主，甚至是绝对君主的统治下，比保皇派和共和派意识到或愿意承认的要自由得多，这是理所当然的。[25]首先也是最简单的一点，即使我们出于恐惧而行动，我们也是在自由行动。"恐惧和自由是一致的，"霍布斯说，因为恐惧表达了我们的消极倾向。这些倾向可能是消极的，但这并不能否定它们是我们的倾向这一事实。只要我们不被阻止根据这些倾向采取行动，我们就是自由的。即使当我们最害怕国王的惩罚时，我们也是自由的："因为畏惧法律，所以人们在英联邦中所做的一切行为，都是行为主体有自由不去做的行为。"[26]

更重要的是，无论法律在哪里保持沉默，无论是命令还是禁止，我们都是自由的。霍布斯在《论公民》中说，人们只需要思考"一个人可以促使自己行动的所有方式"，就可以看到他在君主制中实现自由的所有方式。霍布斯在《利维坦》一书中解释说，这些自由包括"买卖和以其他方式相互订立合同；选择自己的住所、饮食、生活方式，并按照自己认为合适的方式养育孩子，等等"。[27]无论主权者能在多大程度上保证我们的行动自由，无论他有多大能力保证我们在不受他人阻碍的情况下开展活动，我们都是自由的。换句话说，服从他的权力会增强我们的自由。我们的服从越绝对，他就越强大，我们就越自由。服从就是解放。

注释：

[1] Noel Malcolm, *Aspects of Hobbes* (New York: Oxford University Press, 2002), 15—16; Richard Tuck, *Hobbes* (New York: Oxford University Press, 1989), 24; Quentin Skinner, *Visions of Politics*, vol. 3, *Hobbes and Civil Sciences* (New York: Cambridge University Press, 2002), 8—9; A. P. Martinich, *Hobbes* (New York: Cambridge University Press, 1999), 161—162.

[2] Skinner, *Visions*, 16.

[3] Malcolm, *Aspects of Hobbes*, 20—21; Skinner, *Visions*, 22—23; Martinich, *Hobbes*,

209—210.

[4] T. S. Eliot, "John Bramhall," in *Selected Essays 1917—1932* (New York: Harcourt Brace, 1932), 302.

[5] Perry Anderson, "The Intransigent Right," in *Spectrum: From Right to Left in the World of Ideas* (New York: Verso, 2005), 3—28.

[6] Michael Oakeshott, "On Being Conservative," in *Rationalism in Politics and Other Essays* (Indianapolis: Liberty Press, 1991), 435. 也见保罗·佛朗哥在迈克尔·奥克肖特所著的《霍布斯论公民结社》(*Hobbes on Civil Association*) 一书前言中的有益论述 (Indianapolis: Liberty Fund, 2000), v—vii; Paul Franco, *Michael Oakeshott: An Introduction* (New Haven, Conn.: Yale University Press, 2004), 10, 103, 106.

[7] Friedrich A. Hayek, *The Constitution of Liberty* (Chicago: University of Chicago Press, 1960), 56; Carl Schmitt, *The Leviathan in the State Theory of Thomas Hobbes: Meaning and Failure of a Political Symbol* (Chicago: University of Chicago Press, 2008), 42, 68—69; Leo Strauss, *Natural Right and History* (Chicago: University of Chicago Press, 1953), 165—202; Leo Strauss, "Comments on Carl Schmitt's Der Begriff des Politischen," in Carl Schmitt, *The Concept of the Political* (New Brunswick, N. J.: Rutgers University Press, 1967), 89.

[8] Hayek, *Constitution of Liberty*, 397—411.

[9] Hobbes, Behemoth, ed. Ferdinand Tönnies (Chicago: University of Chicago Press, 1990), 204.

[10] Benjamin Constant, *The Liberty of the Ancients Compared with That of the Moderns*, in *Political Writings*, ed. Biancamaria Fontana (New York: Cambridge University Press, 1988), 307—328; Karl Marx, *The Eighteenth Brumaire of Louis Bonaparte*, in *The Marx-Engels Reader*, ed. Robert C. Tucker (New York: Norton, 1978), 595.

[11] Hobbes, *Behemoth*, 28.

[12] Quentin Skinner, *Hobbes and Republican Liberty* (New York: Cambridge University Press, 2008).

[13] Skinner, *Hobbes*, xiv.

[14] David Wootton, *Divine Right and Democracy* (New York: Penguin, 1986), 28.

[15] Ibid., 25—26.

[16] Skinner, *Hobbes*, 57ff.

[17] Ibid., 27.

[18] Hobbes, *Leviathan*, ed. Richard Tuck (New York: Cambridge, 1996), 149.

〔19〕Skinner, *Hobbes*, x—xi, 25—33, 68—72.

〔20〕Ibid., xi, 215.

〔21〕Ibid., 211—212.

〔22〕Hobbes, *Leviathan*, 44.

〔23〕Ibid., 145—146.

〔24〕引自 Skinner, *Hobbes*, 130。

〔25〕Ibid., 116—123, 157, 162, 173.

〔26〕Hobbes, *Leviathan*, 146.

〔27〕Hobbes, *DeCive*, in *Man and Citizen*, ed. Bernard Gert (Indianapolis: Hackett, 1991), 216; Hobbes, *Leviathan*, 148.

第五章

市场价值论

  1796年5月1日,改革者兼作家亚瑟·杨(Arthur Young)前往埃德蒙·伯克位于比肯斯菲尔德的庄园,希望从这位退休政治家那里获得他对工资监管的意见。12月,议会提出了农业劳动者的最低工资标准,伯克准备了一份批评性的回应。杨空手而归:伯克写了一些关于工资监管的文章,但直到1800年,也就是他去世三年后,公众才看到。

  杨并未因没有获得意见而感到困扰,他更担心的是伯克的精神状态。伯克已接近生命的终点(他在一年后去世);他的儿子和兄弟不久前去世,他对辉格党人一致反对法国大革命的雄心壮志已化为泡影。"他的谈话非常随意、散漫,"杨写道,"农业观察、法国疯狂、粮食价格、儿子的死亡、劳动监管的荒谬、我们济贫法的危害以及农民养牛的困难等,都混杂在一起。"[1]伯克这头冬天的狮子,像荒野上的李尔王一样,喋喋不休。

  然而,重新审视伯克晚期的三部作品,即《致一位尊贵勋爵的信》(*A Letter to a Noble Lord*)、《关于弑君和平的信》(*Letters on a Regicide Peace*)和《关于稀缺性的思考》(*Thoughts on Scarcity*),表明他的大声抱怨中有更多的设计方案,而不是绝望。这些作品不仅涉及法国的疯狂、他儿子的死亡、劳动监管和糟糕的法律,而且将它们结合在一起,代表着他对价值本质及其决定因素的非凡而统一的看法。在他生命的最后几年,伯克反复回到价值问题上——主要是这一问题,尽管不完全是在经济领域。他努力理解这样一个世界,在这个世界中,一些劳动力可以获得价格,而另一些劳动力仍然是无价的,价值是可衡量的,但也是不可预测和可变的,他为同时具有商业性和骑士精神、超现代性和超教皇至上主义的市场愿景奠定了基础。

长期以来,学者们一直注意到伯克在欣然接受资本主义市场和坚持贵族传统主义之间的紧张关系。[2]虽然在伯克著作中的这些紧张关系可能被过度渲染了,但其字里行间闪现的压力不容忽视。[3]例如,伯克对抽象的平等理想的批判,即每个人都被褫夺了自己的社会身份,并被视为与任何其他人毫无差别,这与他对资本主义劳动抽象的支持格格不入。在《法国大革命反思》中,伯克拒绝纵容"将任何关乎人类行为和人类关切的事物,在形而上学上抽象为赤裸裸的孤独状态"。伯克反对控制法国的革命者,因为这些人试图"将各种各样的市民……混淆成一个同质的群体"。伯克支持"粗鲁的农夫",因为他"有足够的常识,不会将他的羊、马和牛抽象平等化为动物,而不为每种动物提供适当的食物、护理和活计"。[4]然而,五年后,伯克在《关于稀缺性的思考》一书中写到劳动力市场时,他更加注重抽象,建议将天赋和气质截然不同的劳动者视为一个整体:

> 毫无疑问,从力量、灵活性和诚实的应用来看,一个人的劳动价值与另一个人的劳动价值之间存在很大的差异。但是,根据我最佳的观察,我非常确信,在我所说的生命周期内,任意给定的五个人,他们的劳动总量都会相当于任意其他五个人的劳动总量;也就是说,在这五个人中,会有一个具备好工人所有资质的工人,一个差的工人,另外三个介于最好和最差之间的中等工人。所以,在一个只有五个人这么小的组合里,你会发现五个人完全能做到互相取长补短,挣得他们所应得的全部收入。在整个王国任选五个一组这样的人,他们的收入都是一样的。[5]

同样地,伯克在《法国大革命反思》中对社会契约清算历史的哀叹,与他在《关于稀缺性的思考》中对经济契约抹杀历史的冷漠,是无法轻易加以调和的。他在早期著作中提出的劝告既没有注意与过去慢条斯理的知识和智慧保持一致,在后期著作中也没有准备抛弃两个世纪以来的英国《济贫法》和传统。[6]

然而,正是在被法国这场大革命焦金烁石的价值熔炉中,伯克发现,在市场——关键是不受管制的雇佣劳动市场,其目的是为资本积累服务——与贵族秩序之间,存在着一种可能但并不稳定的解决办法。在市场集散地,个人身份不透明,但角色透明,买家的偏好就像国王的判断一样异想天开却至关重要,伯克在其中发现了一种与旧制度古装剧相似的东西。伯克知道那个旧政权的日子屈指可数了。不仅在革命的法国，即使复辟君主制也"在某种程度上是一件新鲜事"，而且在英国，老辉格党人和托利党人的"古老分裂"也"几近绝迹"了。[7]但得益于他的新的价值观，伯克在他生命的最后几年，为一种市场可以复制庄园的统治体系奠定了基础。

最终，他无法完全预见在此基础上建立起来的大厦——而且在他能够预见的范围内，他也会挡住眼睛不瞧它——但这并不如我们想象的那么重要。在接下来的几个世纪里，其他人——尤其是从维也纳颓废末期崛起的所谓奥地利学派的保守派经济学家，我将在下一章中研究他们的著作——将从事他的事业，创造一种对经济的理解，在这种理解中、在这种情况下，资本造物主将作为封建贵族的现代对应物而粉墨登场、阔步前行。正如约瑟夫·熊彼特在谈到这些资本家时所写的那样，"工业和商业上的成功仍然是现代人最接近中世纪贵族地位的方式"。[8]这一愿景最早是在伯克的晚期作品中提出来的。

尽管时间接近，但伯克晚年关于价值的三篇文章所处的情况各不相同。直到最近，《关于稀缺性的思考》被认为是针对斯宾汉姆兰（Speenhamland）制度的一种回应[9]，卡尔·波兰尼（Karl Polanyi）将这种贫困救济模式描述为"反动家长制"的垂死喘息，它促使阻止英国出现全国性的雇佣劳动市场。[10] 18 世纪 90 年代中期，由于连续两年的歉收和战时对欧洲大陆进口的限制，粮食价格上涨，引发了英国的一波粮食骚乱，这种骚乱发生在法国大革命之前，并推动它狂飙突进。英国的统治精英们注意到这种骚乱与法国大革命的相似之处，而当时的流行漫画则加强了这种相似性。正如杨在几年后评论的那样，"以前和现在都应该作为恩惠而祈求的救济，现在经常被要求作为一项权利"。1795 年 5 月，伯克郡¹的地方法官在斯宾汉姆兰的一家酒店开会，以解决这个问题。他们决定，农业工人有权获得生活工资，这取决于他们的家庭规模和面包的价格。如果工作不能提供必要的收入，那么地方政府将弥补短缺。[11]

近年来，伯克的研究学者不再强调斯宾汉姆兰制度，而是将《关于稀缺性的思考》与议会关于如何应对粮食危机的更复杂的磋商联系起来。1795 年秋天的某个时候，皮特向伯克和其他值得信赖的盟友征求意见，询问政府是否以及如何干预粮食市场，或许是通过建立公共粮仓。在给皮特的备忘录中，伯克对任何形式的政府干预都表示强烈的反对。到同年 12 月，议会的辩论转向了惠特布雷德（Whitbread）法案，该法案将授权地方治安官为农业工人设定最低工资（正如伯克郡治安官在斯宾汉姆兰所做的那样）。查尔斯·福克斯（Charles Fox）当时就在幕后游走操控，伯克曾在法国大革命中公开与他决裂。福克斯支持惠特布雷德，这加强了伯克关于国内经济监管与国外革命之间存在联系的观点。伯克起草了关于工资监管的第二份声明，而他从未完稿。但在1800年，他的文学遗稿整理人将部分内容与他写给皮特的备忘录拼凑在一起，作为成果出版了《关于稀缺性的思考》一书。[12]

伯克在生命的最后两年里，断断续续地写下了《关于弑君和平的信》。他于1795年最后几个月开始写其中一封信——最终有四封信——于1797年7月去世时仍在写另一封信。促使他努力写作的动力是皮特努力通过谈判结束与法国的战争，以及伯克担心英国的反革命热情正在减弱。皮特和他的盟友们——表现得小心、谨慎、保守——将热月政变和督政府视为革命行将结束、法国准备好做生意的信号。伯克对此不屑一顾。他呼吁重新发动一场反对雅各宾派的战争，以恢复旧政权为最终目标。（这应该平息马克思对伯克是"英国寡头政治的马屁精"的批评。[13]直到他生命的最后阶段，伯克一直站在反革命十字军的前面，努力拉拢他所认定的盟友。）他呼吁重新划分政治领域：辉格党和托利党的时代已经结束；新的政治区分呼之欲出。从现在开始，人们必须确定自己是雅各宾派还是"旧秩序"的党羽。在这个革命和反革命斗争的新时代，像皮特及其同伙这样的"官僚人"和"恩赐官爵者"将无立足之地。只有信念坚定、带有"唐·吉诃德式的慷慨野性"的思想家才能赢得反对雅各宾派的战争。[14]

正是在这些声明中，伯克深入第三封信——他在1796年12月撰写了这封信——对价值问题进行了冗长的论述。对伯克直接的刺激是在政治宣传册的作者们和议员们中间日益增强的这种意识，即英国再也负担不起与法国的战争，以及公众对政府的批评，因为政府依靠臭名昭著的"效忠"贷款——这种贷款附有对金融家慷慨的条款——来进行战争。[15]伯克不仅捍卫了贷款条款，还抓住这些批评的机会，反思市场和价值的本质，反思有钱人与国家之间的关系，反思"劳苦大众"这一短语中的"哀戚行话"。[16]

伯克在最后几年创作的另一部主要作品——《致一位尊贵勋爵的信》的背景更加个人化。在他的职业生涯中，一直被债务所困扰。据估计，1794年他的债务约为30 000英镑。由于缺乏维持绅士生活的手段——包括两处房产、伦敦的一所房子、儿子的昂贵教育以及随从的仆人和其他雇员——伯克在很大程度上依赖其赞助人罗金厄姆勋爵的贷款，罗金厄姆勋爵去世后，根据他的遗嘱，所有这些贷款都被免除了。但伯克的债主们是苛刻无情的。在他生命的最后阶段，他越来越担心自己会死在债务人的监狱里。他幻想着逃往"美国、葡萄牙或任何其他地方"。他甚至对一位来访者说,他可能去学习意大利语,以便"在意大利安享晚年"。[17]

从1793年开始,大臣圈子里就有为伯克争取贵族地位和养老金的传言。这个话题很敏感。在他职业生涯的早期,伯克曾致力于领导阻止国王利用职位和养老金作为恩赐官爵换取支持的资源;他在1782年发起的一项法案将王室开支的养老金限制在1 200英镑。1790年,他公开反对法国大革命,人们一再指责他,其中最著名的是潘恩和沃斯通克拉夫特(Wollstonecraft),他们指责他为了养老金而背弃改革。伯克对此予以激烈否认。然而,多亏了他的朋友们,他能够获得一笔1 200英镑王室列支的养老金和两笔年金。通过三个来源的政府收入补贴和他的地产租金,他得以努力还清大部分债务,并在没有债权人追债的情况下安度余生。[18]

几乎与此同时,伯克领取养老金遭到了攻击。1795年11月,贝德福德公爵(Duke of Bedford)首先开炮,指责伯克是一个伪君子,因为他接受了先前被自己谴责的皇室补贴。贝德福德进一步暗示,伯克的伪善、对法战争以及英国在这场战争中承担的代价之间存在联系。劳德代尔伯爵(Earl of Laudedale)也附和了贝德福德公爵的指控。两人都是辉格党人,但同情和支持法国大革命,并影响了上议院议员的衣着打扮和发型样式。在回应他们的攻击时,伯克不仅为自己对皇室的贡献以及由此所获的补偿金展开辩护,还将他的贡献和补偿金的价值与贝德福德公爵的进行了比较。他上演了一场悠闲自在的贵族与足智多谋的资产阶级之间的典型对抗,其中,土地贵族的犯罪历史与这位天才人物的当前功用相抗衡。这种剧本可能是罗伯斯庇尔(Robespierre)或德穆兰(Desmoulins)[ii]写的;甚至与潘恩和卢梭的著作相提并论。[19]

尽管背景与环境存在差异,但伯克发现自己一再被价值问题所困扰,这是有原因的。革命和旧政权覆灭的幽灵笼罩着所有具体的争议和辩论。法国大革命不仅推翻了旧制度,而且正如伯克所预言的那样,它还撬开了其他许多制度的大门,使它们受到了严格的审查。1790年2月,伯克警告议会,革命的"真正的目标"是:

> 打破所有这些自然而文明的联系,这些联系通过一系列从属关系来规范和维系社会;是激起士兵对抗其军官、仆人对抗其主人、商人对抗其顾客、技工对抗其雇主、佃户对抗其地主、牧师对抗其主教、孩子对抗其父母。[20]

如此多的传统统治秩序饱受围攻,支撑它们的价值体系也受到最无情的批评,这毫不奇怪。正如尼采后来所说,所有价值体系都建立在基于判断力和地位、品味和排位的等级制度之上。[21]等级意味着奖赏——职位、特权、财富——而奖赏必须与等级相称。要想威胁如此众多的社会阶层，而不提出他们的等级和奖赏问题，以及作为其基础的价值体系问题，这是根本不可能的。在像18世纪90年代中期这样一个自由落体式价值崩坏的紧要关头，当通常的统治理由被剥夺或受到质疑时，如果不对组成这些统治阶层并获得那些奖赏的人的贡献进行调查，又怎么能够解决价值问题呢？这些人中的任何一位做了什么才配得上其职位？什么贡献应该得到这样的地位或奖赏？即便是那些最不愿意提出这些问题的人，如伯克，也发现自己被拖进了关于价值的讨论中——无论是劳动者的工资、金融家的利率，还是政治家的地位和报酬。

法国大革命带来的价值危机在经济领域找到了必然结果，价格管制、粮食征用、面包配给和其他市场规制措施也随即纷纷出台。这些规制措施并不新鲜，但自18世纪70年代以来，在平等与自由放任的冲突日益加剧的背景下，这些规制措施才得以实施。[22]随着法国大革命的到来，这种冲突愈演愈烈。现在，每一项经济选择都通过道德和政治词汇折射出来；每一次经济发展似乎都是人类社会更大变革的预兆。罗伯斯庇尔和国民大会已将用面包安抚巴黎作为首要任务，有时甚至因首都的征用而使各省濒临饥荒。当政府开始放松它们的控制，而排队领取面包的行列也开始变长时，巴黎人记住了这样的场景。正如一位政策间谍在1795年3月所解释的那样，"人们谈论的是热月政权的统治，当时商品并不那么昂贵，货币和纸券[大革命时期的纸币]价值相同"。[23]

现在，在如此多的领域中，价值都是可以争论的，这一事实就意味着，无论这种争论产生了什么样的价值体系——也无论确定什么样的等级和奖赏制度来与这些体系相匹配——都将永远带着它们曾经被争论的污点。人们很难忘记这些价值观曾经被争论、被选择。神学中的天选观念——摩西在西奈山接受耶和华赐予的律法石板——赋予天选者及其价值观以神圣的光环，而世俗的被挑选者并没有产生同样的光辉。在世俗（而非神圣）时代被选择的价值观会在其起源瞬间就受到玷污：它们是被选中的，但它们也可能没有被选中。任何被选择的价值体系，以及随之而来的社会分配（权利、资源、权力和特权），似乎都是偶然的，甚至是任意的。事实上，比其内容更重要的是，这些价值体系是由现实中的人们在不久的过去所主宰并规定的。既然是在时间中产生的，它就必须在整个时间中承受其偶然性的重大影响，承受其不存在的可能性。偶然性和任意性将继续困扰它。

如今，人们认为价值观是创造出来的，而不是给予的，这一事实使人们更普遍地关注创造性活动，并聚焦把事物带入世界的行为。尽管有许多方式来设想那些引进新事物和开创新领域的活动，但当时似乎没有一种典型的创造模式能像商品生产带来财富创造那样具有直接的相关性。18世纪，政治经济学仍处于萌芽阶段，它掌握了这种"无中生有""少中求多"的道理。劳动是这一创造活动的缩影，正如伯克所承认的那样，他将劳动戒律与上帝"仅凭意志而无中生有的创造"联系在一起。[24]因此，劳动及其伴随的价值理论被置于政治经济学的中心。《国富论》(The Wealth of Nationals)不是从地主、商人或市场开始的，而是从针厂工人开始的，他们想方设法简化行动、加快生产速度，从而创造条件来创造价值。[25]

亚当·斯密著作——《国富论》

因此，伯克在生命的最后几年里重新思考价值问题也就不足为奇了。法国大革命扰乱了整个欧洲的等级和奖赏分配体系。无论是面包的价格、工人的工资、有钱人的报酬还是国家元首的级别，价值问题都无法避免，它的偶然性和投入生产的劳动力也是无法回避。

在《关于稀缺性的思考》一书中，伯克认为，除了市场价格，商品没有任何价值。该价格是买卖双方共同协议的产物。买卖双方都对自己签订合同的事项最感兴趣，也最了解，因此双方可以自由达成任何协议。价值就是价格；价格就是市场；市场是欲望与能力之间的交流。

消费与生产之间的平衡决定了价格。市场决定价格，而且只有市场才能决定价格。市场是消费者和生产者的集会商讨之所，他们在这里相互发现彼此的需求。我相信,没有人会反思市场是什么,而不对其正确性、准确性、迅速性和普遍公平性感到惊讶,因为正是这些决定了需求的平衡。[26]

市场之所以是价值的有效决定因素之一,是因为它发挥了一种炼金术的作用,将我们相互冲突的利益扔进一台搅拌机,转化为利益一致的和谐混合体。

> 我不承认,正是在这种情况下,正如在任何其他必要的暗示中,缔约双方原本应该拥有不同的利益。毫无疑问,一开始可能是偶然的;但随后合同具有妥协的性质,而妥协是建立在双方认为通过某种中介达成和解符合各自利益的基础之上的。因此,采用妥协原则的结果是利益不再不同。[27]

在进入市场之前,你和我可能对我的劳动设定了不同的价值观,但一旦进入市场,在我们就价格达成一致后,这些分歧就会被抹平了。事实上,当且仅当这些不同的估值具体化为价格时,也就是说,作为双方同意的服务费用,我们才能说价值是存在的。只有在销售的那一刻,我们才能知道我赋予劳动的价值不仅仅是一种空想或个人奇思异想,我赋予劳动的价值能够得到买家的认可,一个纯粹的想法可以转化为实际的价格。市场不仅决定价值,而且创造价值:"货币的价值必须像其他事物一样,从其市场利率来判断。"[28]

伯克在这里预测,市场将迎来一场庆祝活动。历史学家丹尼尔·罗杰斯(Daniel Rogers)认为,自20世纪70年代以来,这种市场更具有社会思想的特征,而不是斯密和李嘉图的古典经济学属性。与生产者或消费者不同,非人格化的市场是争论的基础和驱动力。市场不仅是个人追求自身利益,它还发挥着从不和谐中创造和谐、从冲突中解决问题的作用。[29]

然而,在论证的更深层次,伯克不再将市场视为价值的处理者或创造者。我们很少听到两种估价物实现一口价成交,而听到更多的是将有钱人视为价值的决定者和占卜者。正如马克思在从市场走向车间时所说的那样,"我们戏剧人物的面貌发生了变化"。("现在,有钱人作为资本家昂首阔步、走在前面,而劳动力的所有者作为工人紧随其后。一个趾高气扬地笑着,一心想做生意;另一个则畏首畏尾、踌躇不前,就像一个把自己的皮拿到市场上去卖的人,现在除了鞣皮,别无所求。")伯克也在改变他的剧中人物。[30] 现在不再是市场决定价格,而是资本家决定价值,无论他是买还是卖,也无论该商品是劳动力还是货币。

在《关于弑君和平的信》一书中,伯克写道:"有钱人应该被允许为他们的资本设定价值。"[31]在《关于稀缺性的思考》一书中,他坚持认为"劳动力是一种商品,同其他商品一样,会根据劳动力买家的需求而涨跌"。工人的工资不需要为工人维持生计;然而,它必须为雇主提供利润:"在任何职业的劳动者和他的雇主之间,都存在一种隐含的契约,它比任何文书或协议条款都强得多——就劳动力而言,劳动者应足以向雇主支付其资本的利润,并补偿其风险。"无论有钱人是资本的卖方,正如他是《关于弑君和平的信》中的卖方一样,还是劳动力的买方,正如他是《关于稀缺性的思考》中的买方一样,他的需求、风险和忧虑才是关键。

> 有钱人是有权指望从他们的财产投资中获得利益的。他们要增加财产,就得承担风险,而这种风险应该包括在价格之中。如果他们蒙受损失,那将是对这种特殊财产的征税。[32]实际上,这将是所有事情中最不公平、最不明智的事情,即不平等的征税。[33]

劳工的需求、风险和担忧都不在考虑之列。

> 正如我已经暗示的那样,我假设劳动是一种商品,因此是一种交易物品……当任何商品被运到市场上时,抬升商品价格的并不是卖家的需求,而是买家的需求……如果市场上的商品供过于求,它们的价值就会下降;如果供不应求,它们的价值就会上升。从这个角度来看,一个把自己的劳动力带到市场上进行交易的人不能维持生计,完全不是问题的关键所在。唯一的问题是,对买家来说,劳动力值多少钱。[34]

在《关于弑君和平的信》中,伯克曾考虑在制定价格时劳工的需求和利益。在被问到为什么吸引男人放弃日常劳动成为士兵如此困难之后,伯克承认男人在农场和村庄能找到"丰富的职业"及"增加的津贴";这些人必须得到足够的激励才会离开。"人们为新的、未曾尝试的生活方式所付出的价格,必须与这种生活方式从被购买时所获的利润成比例。"[35]令人瞩目的是,这一论述只出现过一次——在长篇大论的《关于稀缺性的思考》或篇幅浩繁的《关于弑君和平的信》中,这是唯一出现这种观点的例子,而《关于稀缺性的思考》和《关于弑君和平的信》在伯克作品集的最早版本中占据了一卷以上的篇幅,而且这一论述与伯克的大多数经济构想背道而驰。与斯密不同,斯密将此类考虑因素同时应用于资本和劳动力——正如资本家必须确保特定的利润率,因为利润是"他维持像样生计的资金",工人也必须确保特定的工资,因为这是他的"生计"[36]——伯克几乎只关注资本的需求。当涉及确定商品价值时,市场逐渐退居幕后,劳动力移步挪向舞台边缘,有钱人则阔步走向舞台中央。[37]

在这些著作中,伯克所追求实现的愿景——这取决于我们考虑的争论时机——将界定一个多世纪后新古典经济学的共识(市场是价值的决定者),或卡尔·门格尔、路德维希·冯·米塞斯和弗里德里希·哈耶克的奥地利学派的经济学,其中,价值的主观性和资本的偏好塑造都发挥了巨大作用。[38]

伯克本应该站稳这些立场——更不用说他在何时以及如何做到这一点——这比我们想象的要更令人惊讶。无论人们认为伯克是在论证市场决定价格,价格就是价值,还是在证明有钱人决定价格,从而决定商品的价值,他的立场都与亚当·斯密的论点大相径庭,亚当·斯密的著作已经主导了这个时代,伯克认为亚当·斯密的思想与他自己的思想是一致的。[39] 在这方面,就像在其他许多方面一样,伯克与其说是作为传统主义者,不如说是作为争议主义者来写这些东西的,他是仍处于先锋派萌芽阶段的重要引领者。尽管斯密显然意识到供给和需求的作用,但他并不认为供需可以单独决定商品的价格或价值,尤其是劳动力的价格或价值。虽然他意识到有钱人可以决定劳动力的价格,但他并不认为这是市场的内在特征;相反,他认为市场的巨大影响力是由于他们的财富、权力以及法律的偏袒。

斯密关于市场和市场价格的著作的基本观点是,虽然商品的价格是其价值的一种表现形式——实际上是其价值的一种近似值,但这本身并不是那种商品的价值所在。在斯密看来,一种商品在市场上的真正价值,是我们为了得到它而愿意放弃的价值。虽然价格可以衡量价值,但它并非一个可靠或一致的衡量标准,因为货币的价值会因时而变。今天的美元与昨天或明天的美元不同。因此,必须有一个更可靠的价值衡量标准,一个固定的"我们可以随时随地比较不同的商品价值的标准"。这个标准就是劳动。劳动不仅是"最初的价格,最初为所有东西支付的购买货币",即我们最初为自己购买所有必需品的手段,而且它仍然是"唯一普遍的,也是唯一准确的价值尺度"。[40] 劳动提供了一个跨历史的价值尺度,因为它反映了人体努力的结果,以及人体在其能力范围内做出这种努力的情况。

> 每样东西的真正价格,即对想要获得这些东西的人来说的真正代价,是为获得它所付出的艰难困苦。每一件东西的真正价值,对于获得它并

想处置它或用它换取其他东西的人来说,就是它能为自己省下的和它能给别人带来的艰难困苦。用金钱或物品买来的东西是用劳动换来的,就像我们用自己的辛苦劳作换来的东西一样。金钱或商品确实为我们省去了这种辛苦劳作。它们包含了一定量的劳动价值,我们用这些劳动来交换当时被认为包含等量劳动价值的东西。[41]

假设人的身体、能力以及本性不会随着时间的推移而发生根本性的改变,那么劳动就提供了一个可靠的价值标准,因为身体和居住在身体中的自我付出的代价在不同时期是不变的。[42]

虽然劳动是价值的尺度,但对斯密来说,劳动并非价值的决定因素。并不是因为一件物品为了成为商品而需要 x 个劳动单位,我们才说这件商品的价值是 x。劳动是商品成本的一个因素,但地租和利润也是一个因素。正如剑桥大学历史学家菲利斯·迪恩(Phyllis Deane)所解释的,当斯密说劳动是价值的衡量标准时,他指的不是"商品所体现的劳动,而是商品所要求的劳动"。[43] 商品可以换取多少单位的劳动、为我们节省了多少劳动,或使我们能够购买多少劳动,这才是决定商品价值的因素。

尽管商品的价值与价格之间有明显的区别,但斯密关于劳动力价格的论述最有启发性的是,他坚持认为工资反映的不仅仅是市场的承受能力。斯密认为,所有的工资,"即便是最低级的劳动力",都有一个底线,一个不能被突破的最低限度。他认为,最低工资要么是维持工人生存的生活工资,要么是使一个家庭不仅能够维持和繁衍后代,而且能够自我发展的家庭工资。[44] 工资不仅必须提供"生活必需品和便利条件",而且这些必需品和便利条件的构成是什么取决于一个社会的总体财富。随着社会财富的增长,生活必需品和便利条件也必须增加——工资也是如此。[45] 除了生存、维持和便利生活之外,工资还必须反映工人对社会的贡献。从事繁重且必要的劳动的工人至少应享有与这些劳动付出相当量的物品。此外,为全体人民提供食物、衣服和住所的人,应该从他们自己的劳动成果中分得一定的份额,使他们自己也能得到相当好的食物、衣服和住所,这才是公平的。[46] 最后,利润率和劳动工资之间必须始终保持一定的"比例"。[47]

斯密承认,工资往往不符合这些关于生存、维持生计与社会贡献等方面的严格要求。这种差距有一部分与市场不平衡有关,即供求变化之间不可避免的滞后性。但斯密还指出了另外两个因素:雇主的权力和法律的偏袒。如果劳动与资本之间不存在这种经济力量的差异,如果法律在劳动与资本之间保持中立,或者对劳动更加有利,那么市场就会以这样一种方式结算,即工资会反映这些原则。换句话说,市场的自然力量并非完全不确定的,它允许资本从劳动中榨取一切可以榨取的东西。(事实上,斯密为资本主义辩护的核心理由之一就是它改善了劳动者和"下层人民"的命运。[48])

斯密对劳动力与资本之间的力量失衡非常敏感。雇主人数少于雇员人数,因此雇主更容易联合起来。即使他们不协调行动,非正式的规范和潜规则也能确保他们不会相互拆台。因此,资本很容易达成协调一致。但比协调一致更重要的是,资本拥有资本。巨额财富使雇主们摆脱了必然性的束缚。尽管他们最终需要劳动力来实现资本的价值,但"最终"还是长路漫漫;在任何争议中,资本都承担得起等待劳动力退出的后果。[49]

资本还有法律的加持。

> 每当立法机关试图调节雇主与工人之间的分歧时,其顾问总是雇主。因此,当规定对工人有利时,它总是公平公正的;但当规定对雇主有利时,情况有时并非如此。[50]

资本控制着立法机关,因此,允许调节工资的最好法律是那些为工资设定上限而不是下限的法律。劳动者被禁止采取一致行动,而资本则全然不受此限。如果工人鼓起勇气反抗雇主,雇主就会"大声疾呼,要求治安官协助,要求严格执行那些严厉打击仆人、工人和技工等组成联合体的法律"。结果,工人们的集体努力"一般都一事无成,而挑事头目则会丢掉工作,受到惩罚甚至摧残"。[51]

斯密关于劳动作为价值尺度的具体主张,以及与之相伴的关于资本权力和立法机关操控所扭曲的所有权主张,最终都是以劳动作为世界主要推动者的观点为基础的。既然劳动是衡量价值的普遍标准,那么它也是我们共同人性的标志;作为人类,我们必须在这个世界上有所作为,才能从这个世界上得偿所愿。这是我们在这个世界上的生存之道。

> 富可敌国的商人,除了指点江山之外,什么也不做,但他的生活状态、奢侈程度、舒适度以及生活中享受的各种便利和珍馐美味,都远远超过了他那些做各种具体业务的职员。富商们的生活都是如此,除了被监禁之外,他们生活的舒适和富足远胜于那些靠自身劳动获得这些商品的工匠。

这种工匠的劳动也是可以收费的；他在有遮盖的地方工作，免受恶劣天气的影响，如果我们把他与贫穷的劳动者相比，他的生活并不窘迫。但他要与土壤和季节的种种不便作斗争，要不断地经受恶劣天气的考验，同时还要从事最艰苦的劳动。因此，这种支撑着整个社会结构并为其他人提供便利和安逸的人，自己所拥有的份额却非常小，而且被埋没在昏暗的角落。他重任在肩，负担着全人类，却因无力支撑而被重担埋葬，并被打入十八层地狱，再从那里涅槃重生，又竭尽全力，撑持起其余的一切。[52]

这幅图景及其细节与伯克的图景不同。斯密坚持区分价值和价格，而伯克则将二者混为一谈。斯密认为劳动是价值的尺度，而伯克则认为市场是价值的尺度。斯密认为劳动力的需求和贡献是劳动力价格的决定因素，而伯克却对劳动力的需求和贡献不感兴趣。伯克说，劳动力价格是资本对劳动力需求的函数；除此之外的任何考虑都"不属于商业和正义的范畴"，而"属于仁慈和基督教慈善的管辖范畴"。[53] 在斯密看来，资本利用其经济和法律力量从劳动中攫取最具破坏性的合同，而伯克则认为这是自由市场在起作用。斯密似乎支持那些有利于劳工的立法干预——并指出立法机关已经采取的所有有利于资本的方式——而伯克却坚持认为，"政府一出现在市场上，市场的所有原则就会被颠覆"，而对政府已经代表资本出现在市场上的所有方式保持沉默。[54] 斯密认为劳动是世界的动力，而伯克对此则认为是资本贡献了"驱动整个机器的全部思想"。[55]

在价值与劳动的具体问题上，伯克的观点更接近于马萨诸塞湾殖民地总督、后来的国会议员托马斯·波纳尔（Thomas Pownall）的观点。他给斯密写了一篇关于《国富论》的长篇评论。在《波纳尔总督致亚当·斯密的信》（Letter from Governor Pownall to Adam Smith）中，波纳尔宣称："那么，什么才是衡量[价值]的真正标准呢？不是劳动本身。每个人对自己劳动的评价是什么？……价值不能根据劳动的性质来确定；它将取决于评价劳动的人的感情和活动的性质。"[56] 与斯密相反，伯克似乎与波纳尔一样，持有我们现在所说的主观经济价值理论。商品不可能有共同的价值尺度，即便是以劳动为基础的价值尺度，因为不存在普遍的人性，不存在对经济世界事实的普遍反映，甚至不存在对劳动事实的普遍反映。在经济世界中，我们所拥有的只是不同个体对这个世界所提供的各种可能性的不同反应。在没有普遍价值标准的情况下，我们只剩下市场上买卖双方的主观偏好。

然而，伯克还没有准备好将经济体系完全消解为一个支离破碎的市场。在价值创造方面，市场上有两个连接贯通的集团：资本和劳动。作为一个阶级，资本的作用是在市场上为其商品"设定价值"；而作为一个阶级，劳动的作用是成为资本估价的对象："唯一的问题是，它[劳动]对买方来说值多少钱？"[57]资本是价值的创造者，而劳动则是它的烙印。

不仅存在两个连接贯通的集团——一个设定价值，另一个的价值被设定——而且每个集团都拥有一种超越市场主观估计的价值。正是这种超越的或客观的价值使资本成为估价者，使劳动成为被估价者。这种价值蕴含在每个阶级成员的个人才能中。就劳动而言，这种价值是可以被衡量的——不是通过关注每个工人的独特能力和才能来衡量的，而是通过从一群工人中抽象出一个代表整体的综合典型来衡量的。再次引用伯克《关于稀缺性的思考》中的这段话：

> 毫无疑问，从力量、灵活性和诚实的应用来看，一个人的劳动价值与另一个人的劳动价值之间存在很大的差异。但是，根据我最佳的观察，我非常确信，在我所说的生命周期内，任意给定的五个人，他们的劳动总量都相当于其他五个人的劳动总量；也就是说，在这五个人中，会有一个具备好工人所有资质的工人，一个差的工人，另外三个介于最好和最差之间的中等工人。所以，在一个只有五个人这么小的组合里，你会发现五个人完全能做到互相取长补短，挣得他们所应得的全部收入。在整个王国任选五个一组这样的人，他们的收入都是一样的。因此，至少像农场主雇用劳动力那样，那些雇用五名工人的雇主平摊雇工工资的做法，都不会有太大的差错。[58]

在这方面，劳动价值可以超越其在市场上的价格来衡量。它是同质的，只要不包括老弱妇孺，它就可以被量化和抽象化。正是因为劳动可以在市场之外以这种方式进行衡量，所以才能在市场上进行估价。

在政治经济方面，资本也具有区别于劳动的共同特征。在就业领域，资本是"劳工的思想和指导原则"。就像劳工"对野兽来说是理性的"一样，雇主也是雇员的理性。在古代，劳工"被称为会说话的工具"；它属于工具的大类，包括"准工具"（农畜）和"工具"（车、犁、锤和锄）。劳工需要一种理性原则来指导，而这种原则就可以在资本中找到。因此，维持资本与劳动之间的等级制度至关重要，"试图在任何环节切断这种从属关系的链条同样也是荒谬的"。[59]

在更广泛的政治经济中，资本为人民和国家的生存提供资金。它的"积累欲望"和"对利润的热爱",无论这些激情的过度表现有多么恶毒和愚蠢,都是"促进所有国家繁荣的伟大事业"。资本还为国家提供更直接的服务,尤其是在战争时期。只要他们是"上层阶级"的成员,有钱人就能"提供"战争的"手段"——财富、资源和装备,并"贡献出驱动整个国家机器的全部思想"。资本为劳动提供了理性;同样地,资产阶级也将"沉着冷静、深思熟虑的原则"用于指导"普通士兵或普通水手,让他们不假思索的欣然接受这种指导"。这样,他们的理性融合了心灵和头脑,平衡了脾气和节制、刚毅和忍耐。[60]

由于这些不同贡献的独特功效,资本的价值——不是人们作为贷款或投资的资金的价值,而是人类等级中拔得头筹的人的价值——无法像劳动价值那样被衡量。资本的贡献是巨大的——肯定大于劳动的贡献——但它们无法被抽象化或量化。当然,资本价值也不能用衡量劳动价值的计算器来计算。它们的价值是每个个体所特有的。这是独一无二、自成一体的。

因此,我们在伯克这里看到两种价值观:一方面,价值是主观的,取决于资本家的智慧和奇思妙想;另一方面,价值是有等级之分的,它将富人和穷人、资本和劳动区分开来,这种价值是客观的。就劳动而言,它是可以量化和衡量的;就资本而言,它是无法衡量的。因此,资本的任务就是在市场上确定其出售和购买的任何物品的价值。伯克的终极暗示是存在一个等级和奖赏的客观秩序,这种暗示从未得到发展或实现,但屡屡被透露并作为建议提出来。在这一客观秩序中,较好的人占据较高的等级,而较差的人则占据较低的等级。

在伯克看来,市场中的主观主义和社会秩序中的客观主义的融合会产生两种结果:第一,不是质疑社会等级制度本身的合法性,而是质疑上层社会的构成,并提出谁有资格成为贵族的问题;第二,人们越来越意识到,社会等级制度的角力场——不仅在经济领域,而且在整个社会中决定价值的高低——就在市场中。

在《致一位尊贵勋爵的信》中,伯克就玩弄了这两种手法:首先是对贝德福德和劳德代尔贵族的历史渊源及其对整个社会的贡献提出疑问;其次是将这些贡献与他自己的贡献进行比较。这是一篇引人入胜的散文,伯克充分调动了自己成就的洪荒之力,以及自己蒙羞受辱的愤怒,以便将自己的权益索取主张、自己所有的地位等级和奖赏都建立在自己的功绩之上。"无论它们是什么,"伯克在谈到他的功绩时说,"它们都是开拓创新的,也是自己亲力亲为的。"抱着对贝德福德的轻蔑之意,伯克说:"他的那点货色都是邯郸学步、东施效颦而已。"[61]

我并不像贝德福德阁下那样,一出生就被襁褓裹护、从小就被百般呵护、稍长被颠颠逗逗,之后就顺顺当当地成了议员,"我在逆境中奋斗"是像我这样的人的座右铭。我不具备任何一种品质,也没有修炼过任何一种技艺,从而使我能被举荐得到伟大君主的青睐和庇护……在我人生前进的每一步(因为在每一步,我都频遭横阻和反对),在我遇到的每一个关卡,我都必须出示我的通行证,一而再、再而三地证明我有资格获得专属的荣誉头衔,因为我乃于祖国有用之人,还得证实我并非完全不了解国家的法律,以及国家在国内外整个利益格局中的方位;否则,我就没有地位,甚至得不到宽容。我没有技艺等身,但有男子汉气概。凭这种气概,我就能顶天立地。[62]

在著作全文中,伯克都在使用劳动、紧张和努力的语言来证明自己独特的、非模仿他人而得来的功绩。"我曾在数百个场合为他人付出了非凡的热情。"在谈到他在印度的努力时,他说:"这些努力是我自己最看重的,最看重其重要性,最看重其判断力,最看重其追求的恒心和毅力。"在谈到他对欧洲贵族秩序的维护时,他说:"我用尽了所有的勇气,让贝德福德公爵保持这种优越状态,正是这种状态才能使他对我有明显的优越感。"[63]伯克全力利用这一功劳簿,不仅为自己获得奖赏的正当性辩护,而且质疑贝德福德这位"穷富翁"的业绩。贝德福德是最早享受豪华轿车待遇的自由主义者,他在上议院的安乐窝中为法国大革命辩护,同时质疑英国政府卑微仆人的微薄养老金。像贝德福德这样继承了一切的人,"很难了解公共事业的艰辛,也无法估算完成这些事业后的报酬"。贝德福德当然不能:他一出生就被襁褓裹护、从小就被百般呵护、稍长被颠颠逗逗,之后就顺顺当当地成了议员。他什么也没生产,却天生什么都有。[64]

在伯克的笔下,出身和血统不仅令人怀疑,而且成为侵占罪的现场证据。伯克在讲述贝德福德的祖先是如何获得土地和爵位的故事之前——从根本上说,它们是亨利八世非法、粗暴地剥夺老贵族财产的奖赏——向贝德福德提出了两个选择:他可以让贝德福德的故事由"温文尔雅的历史学家"讲述,这些考古学究只会"用恻隐之心,粉饰一切";或者,他也可以将公爵的祖传遗产经受真实历史冲刷,祛污除垢。伯克几乎是兴高采烈地选择了后者:"让我们把目光转向历史。"[65]除了在雅各宾派的历史记录外,对过去的调查听起来从未如此具有威胁性。

针对贝德福德的过去和现在,伯克详细列数了他自己的过去和现在、他的所作所为以及斩获的奖赏。他的目的是将二者进行比较:"这样,就能证明王室给我拨付补助金是比较值得的,这笔拨款可以略微平衡贝德福德应得财富与我的财富之间的差距"。但他意识到,这种比较是无法进行的。伯克的劳作与王室的补偿金之间没有任何关系。他的劳作不仅如此巨大,以至于任何奖赏都不可能涵盖这些功劳,而且二者——劳作和奖赏——是针对动物不同种类的行为:"它们在数量上是无法计量、相比的,金钱是为了动物生活的舒适和便利而创造的,它不能作为对动物生活的奖赏,动物生活确实必须维持,但永远无法激发其灵感。"[66] 还有一个事实是,王室的任何奖金都只是一种奖励。它既不是应得的,也不是无缘无故就给的。它应该被接受,并被视为来自更上层人士的礼物。[67] "因此,几乎不可能将伯克的养老金与贝德福德的头衔和财产相提并论,因为伯克获得养老金的努力与养老金本身之间没有任何关系。"

伯克似乎陷入了困境。一方面,他声称自己的劳作明显优于贝德福德,而且贝德福德的头衔既邪恶又毫无价值,它源于一个"横行霸道的暴君"对"无恶不作的人"的"掠夺",取自"合法所有者自愿交出的财产,但他们的门前就摆放着绞刑架"。[68] 这就是这个世界巨大而严重的错位,其中,贝德福德是贵族,而伯克只是一个养老金领取者。另一方面,伯克坚持认为,他的劳作既无法衡量,也无法量化;它们是独一无二的,抵制一切衡量和比较的可能。更令人深思的是,这是他自己制造的夹钳。伯克坚信人的客观价值存在于世袭的等级制度中,但他也知道,他的价值远远高于世袭贵族的价值,他的价值必须在一个奖优罚劣的制度中才能体现出来,这个制度实际上是贵族社会的市场部门。

但是,伯克无法达到市场决定价值的最终意识。他过于相信规定的、世袭的等级社会了。他在《法国大革命反思》中,以最狂热的方式为这个建立在等级和特权基础上的社会辩护;他毕生都在"捍卫崇高和杰出的人"。[69] 而这正是一个革命的时代。因此,他献身于"捍卫一种秩序,这种秩序就像天上的太阳,既照耀有用的人,也照耀无用的人"。[70] 这是一个奇怪的结尾,不仅因为它对贵族的客观价值漠不关心,甚至持不可知论的态度,而且因为这听起来很容易让人联想到市场主观主义,而市场主观主义的等级秩序应该是围绕着市场主观主义的,但又不是屈从于市场主观主义的。伯克的价值话语不仅没有在贵族社会和市场社会之间形成鲜明的对照,反而暗示了两者之间的交汇融通,即使竭尽全力,他自己也无法完全避免这种交汇融通。

从某种意义上说,至少从 17 世纪 70 年代起,伯克就一直在纠结贵族优选模式与市场选择模式之间的冲突。正是从那时起,他第一次开始表达对东印度公司的疑虑,震惊地注意到私人及不负责任的经济权力和理性模式的作用日益增强,留意到现代商业形式正在取代贵族政治权力和理性模式的方式。[71]伯克晚期著作与这些早期著作的不同之处,不仅在于他对这些经济理性和权力模式("开动整个国家机器的所有思想")的态度缓慢好转,还在于这些经济理性和权力模式在多大程度上(至少是潜在地)取代了失落的政治艺术。这种转变是从伯克早期关于印度的著作开始的,但在他自己看来,这一转变可能是由人员变动引起的。伯克认为,印度政治与经济之间的对抗,是品行低劣但地位相对较高的人对英国统治阶级核心集团的旁敲侧击。"他们嫁入你们的家庭,"伯克在谈到黑斯廷斯一伙时说,"他们进入你们的元老院;他们通过贷款减轻你们的财产负担。"[72]现在,这场斗争的背景是劳动阶级前所未有地宣称,正是他们支撑着"整个社会结构",正是他们"肩负着全人类"。[73]在这种情况下,将市场作为新统治阶级的角力场,也许是更为明智的选择。

正如我所说,伯克还不能走到诉诸市场这一步。他有过这样的想法,但最终不得不放弃。他不信任新资本,就像不信任新权力一样。他自己是一个既充满好奇又风格独特的人——他的政治和经济奖赏建立在这样一个价值体系之上,这个体系更接近他所拒绝的、即将到来的社会,而不是他所哀悼的正在解体的社会——这只是他永远无法完全解决的众多矛盾之一。后来的理论家,尤其是奥地利学派经济学家,将负责处理这些矛盾,并找出它们的症结和影响。

注释:

i 英格兰东南部的一个县,毗邻伯克所在的白金汉郡。

ii 德穆兰,1760—1794年,18世纪法国资产阶级革命时期的活动家、新闻记者。

[1] *The Autobiography of Arthur Young*, ed. M. Betham-Edwards (London: Smith, Elder, & Co., 1898), 256—261; F. P. Lock, *Edmund Burke*, Volume Ⅱ: *1784—1797* (New York: Oxford University Press, 2006), 513—514, 561; Donald Winch, *Riches and Poverty: An Intellectual History of Political Economy in Britain*, *1750—1834* (New York: Cambridge University Press, 1996), 198—199.

[2] C. B. Macpherson, *Burke* (New York: Hill and Wang, 1980), 51—70; Isaac Kram-

nick, *The Rage of Edmund Burke: The Conscience of an Ambivalent Conservative* (New York: Basic, 1977); Gertrude Himmelfarb, *The Idea of Poverty: England in the Early Industrial Age* (New York: Vintage, 1985), 66—73.

〔3〕正如 J. G. A. 波科克和 J. C. D. 克拉克所指出的那样，伯克和其他 18 世纪的学者非常关心有土地的宪政和商业资产阶级之间的区别。辉格党的秩序被认为是一种专制的商业制度，其中市场、货币和土地的价值相结合。在各个方面，麦克弗森似乎也承认了这一点。J. G. A. Pocock, "The Political Economy of Burke's Analysis of the French Revolution," in *Virtue, Commerce, and History* (New York: Cambridge University Press, 1985), 194—195, 198, 200, 209—210; J. C. D. Clark, *English Society 1660—1832* (New York: Cambridge University Press, 2000); Macpherson, *Burke*, 63—69.

〔4〕Edmund Burke, *Reflections on the Revolution in France*, ed. J. C. D. Clark (Stanford: Stanford University Press, 2001), 151, 358.

〔5〕Edmund Burke, *Thoughts and Details on Scarcity*, in *Miscellaneous Writings* (Indianapolis: Liberty Fund, 1990), 70.

〔6〕Burke, *Reflections*, 260—261, 344—346, 353; Burke, *Scarcity*, 66, 70; Himmelfarb, *Idea of Poverty*, 70.

〔7〕Introduction to Burke, *Reflections*, 104; Edmund Burke, *Letters on Regicide Peace* (Indianapolis: Liberty Fund, 1999), 232—233.

〔8〕Joseph Schumpeter, *The Theory of Economic Development* (New Brunswick: Transaction, 1983), 93.

〔9〕Francis Canavan, *The Political Economy of Edmund Burke: The Role of Property in His Thought* (New York Fordham University Press, 1995), 129; Macpherson, *Burke*, 52; Himmelfarb, *Idea of Poverty*, 67, 69.

〔10〕Karl Polanyi, *The Great Transformation: The Political and Economic Origins of Our Time* (Boston: Beacon, 1944), 102.

〔11〕Fred Block and Margaret Somers, "In the Shadow of Speenhamland: Social Policy and the Old Poor Law," *Politics & Society* 31 (June 2003), 301—302; Polanyi, 78; Lynn Hollen Lees, *The Solidarities of Strangers: The English Poor Laws and the People, 1700—1948* (New York: Cambridge University Press, 1998), 94—95; Samuel Fleischacker, *A Short History of Distributive Justice* (Cambridge: Harvard University Press, 2004), 80—81.

〔12〕Lock, *Burke: Volume II*, 513—514; Winch, *Riches and Poverty*, 200—201; Himmelfarb, *Idea of Poverty*, 73—75.

〔13〕Marx, *Capital, Volume I* (New York: Vintage, 1977), 925.

〔14〕Burke, *Regicide Peace*, 157, 167, 176, 184, 232—233.

〔15〕Lock, *Burke: Volume* II, 561—565.

〔16〕Burke, *Regicide Peace*, 256—270.

〔17〕Lock, *Burke: Volume* II, 498, 502, 503—506.

〔18〕Ibid., 339, 498, 500, 502—503, 522.

〔19〕Ibid., 522, 529.

〔20〕Burke, Speech on the Army Estimates (February 9, 1790), in *The Portable Edmund Burke*, ed. Isaac Kramnick (New York: Penguin, 1999), 413—414.

〔21〕Friedrich Nietzsche, *Beyond Good and Evil* (New York: Vintage, 1989), 27, 149, 201.

〔22〕Jonathan Israel, *A Revolution of the Mind: Radical Enlightenment and the Intellectual Origins of Modern Democracy* (Princeton: Princeton University Press, 2010), 114—123.

〔23〕William Doyle, *The Oxford History of the French Revolution* (New York: Oxford University Press, 1989), 290.

〔24〕Burke, *Regicide Peace*, 268.

〔25〕Adam Smith, *An Inquiry into the Nature and Causes of the Wealth of Nations* (Indianapolis: Liberty Fund, 1981), 14—15, 20; Daniel Rodgers, *Age of Fracture* (Cambridge: Harvard University Press, 2011), 44.

〔26〕Burke, *Scarcity*, 77.

〔27〕Ibid., 66.

〔28〕Burke, *Regicide Peace*, 257. Emphasis added.

〔29〕Rodgers, *Age of Fracture*, 41.

〔30〕Marx, *Capital*, Vol. I, 280.

〔31〕Burke, *Regicide Peace*, 258.

〔32〕Burke, *Scarcity*, 64.

〔33〕Burke, *Regicide Peace*, 257.

〔34〕Burke, *Scarcity*, 68—69.

〔35〕Burke, *Regicide Peace*, 265.

〔36〕Smith, *Wealth of Nations*, 73.

〔37〕鉴于伯克这些晚期著作在低工资、资本积累和国家之间游刃有余(*Regicide Peace*, 258, 260, 268—270; *Scarcity*, 64), 波科克坚持认为伯克只是关心传统保守主义的"金钱利益", 而不是"商业或工业资产阶级", 这需要加以限定。Pocock, "Political Economy," 200—201.

〔38〕论经济主观主义与边际革命, 见 Mark Blaug, *Economic Theory in Retrospect*, 5th edition (New York: Cambridge University Press, 1996), chs. 8—9; Maurice Dobb, *Theories of Value and Distribution since Adam Smith* (New York: Cambridge University Press, 1973), ch. 7; Phyllis Deane, *The Evolution of Economic Ideas* (New York: Cambridge University Press, 1978), chs. 7—8; Donald Winch, *Wealth and Life: Essays on the Intellectual History of Political Economy in Britain, 1848—1914* (New York: Cambridge University Press, 2009), chs. 6, 9—10; Philip Mirowski, *More Heat than Light: Economics as Social Physics, Physics as Nature's Economics* (New York: Cambridge University Press, 1989), 217—241, 254—265, 280—327。

[39]论伯克与史密斯，见 F. P. Lock, *Edmund Burke, Volume* Ⅰ: *1730—1784* (New York: Oxford University Press, 1998), 186—187, 537—538; Lock, *Burke: Volume* Ⅱ, 52—54; Winch, *Riches and Poverty*, ch. 8; Emma Rothschild, *Economic Sentiments: Adam Smith, Condorcet, and the Enlightenment* (Cambridge: Harvard University Press, 2001), ch. 2; Himmelfarb, *Idea of Poverty*, 66—67; Canavan, *Political Economy*, 116—117。

[40]Smith, *Wealth of Nations*, 48, 54.

[41]Ibid., 47.

[42]Ibid., 50—51; Samuel Fleischacker, *On Adam Smith's Wealth of Nations: A Philosophical Companion* (Princeton: Princeton University Press, 2004), 127.

[43]Deane, *Evolution of Economic Ideas*, 26; 也见 Dobb, *Theories of Value*, 45—56。

[44]Smith, *Wealth of Nations*, 85—86;也见 98。

[45]Ibid., 103.

[46]Ibid., 96.

[47]Ibid., 80, 159.

[48]Ibid., 96. 论斯密作为平等主义者和现代分配正义理论的先驱，见 Fleischacker, *A Short History*, 62—68; Elizabeth Anderson, "Adam Smith and Equality," in *The Princeton Guide to Adam Smith*, ed. Ryan Patrick Hanley (Princeton: Princeton University Press, 2016), 157—172。

[49]Smith, *Wealth of Nations*, 83—85.

[50]Ibid., 157—158.

[51]Ibid., 85, 147.

[52]Smith, *Lectures on Jurisprudence*, ed. R. L. Meek et al. (Indianapolis: Liberty Fund, 1982), 341. Emphasis added.

[53]Burke, *Scarcity*, 72.

[54]Burke, *Scarcity*, 79;也见 71, 81, 90—92。

[55] Burke, *Regicide Peace*, 269.

[56] Smith, *Wealth of Nations*, 48n.

[57] Burke, *Regicide Peace*, 258; *Scarcity*, 69.

[58] Burke, *Scarcity*, 70.

[59] Ibid., 66—67.

[60] Burke, *Regicide Peace*, 258, 269.

[61] Burke, *Letter to a Noble Lord*, in *On Empire, Liberty, and Reform: Speeches and Letters of Edmund Burke*, ed. David Bromwich (New Haven: Yale University Press, 2000), 484.

[62] Ibid., 484—485.

[63] Ibid., 483, 485, 487.

[64] Ibid., 473.

[65] Ibid., 491.

[66] Ibid., 473.

[67] Ibid., 473.

[68] Ibid., 492.

[69] Ibid., 492.

[70] Ibid., 493.

[71] Burke, letter to the Earl of Hillsborough and Viscount Stormont, and speech on Fox's East India Bill, in *Empire, Liberty, and Reform*, 259—261, 282—283, 291, 295, 310—311, 317, 324, 326, 340.

[72] Speech on Fox's East India Bill, in *On Empire, Liberty, and Reform*, 311.

[73] Smith, *Lectures on Jurisprudence*, 341.

第六章

边际尼采

"有一天,"弗里德里希·尼采(Friedrich Nietzsche)在《看哪这人》(*Ecce Homo*)一书中写道,"我的名字将与一些可怕的重大事件的记忆联系在一起,那将是一场世间无法堪比的严重危机,是良知最深邃彻底的冲突。"[1]这是思想史上的巨大讽刺之一,从一场轰轰烈烈的、尼采极有可能嗤之以鼻的运动中,这场冲突的条件及其表达方式完全可以一目了然。

诺贝尔经济学奖得主弗里德里希·哈耶克是这场运动的先锋理论家,这场运动通常被称为新自由主义,也可以被理解为右派设法提出的最正宗的资本主义政治理论。该理论并不像保守派经常宣称的那样,想象着从政府到个人的转变;也不像左派经常宣称的那样,想象着从国家到市场或从社会到原子化个人的转变。相反,该理论重塑了我们对政治的理解,以及政治的存在方式。它采用了尼采所谓的"伟大政治"(grosse politik)的观念——一种将政治生活视为古代贵族理想化的完美行动、艺术创作的美学观念以及曲高和寡的斗士愿景的体现——并将这种观念定位于资本主义经济的运行和人事中,而不是高高在上的国家事务中。其结果是一种锦标赛式的市场浪漫主义,因此,经济活动被理解为激动人心而非高效率的活动,是贵族美德、审美价值和战争行动的体现,而非资产阶级自负的寄托。

哈耶克理论的萌芽期,是介于19世纪下半叶改变经济学领域的边际革命与1918年哈布斯堡君主制崩溃之间的半个世纪。垂死的奥匈帝国孕育了现代主义、精神分析和法西斯主义,这在欧洲文化史上已是老生常谈了。然而,从维也纳的旋涡中走出的不仅有维特根斯坦、弗洛伊德和希特勒,还有在这座城市出生和接受教

第六章 | 边际尼采

育的哈耶克,以及奥地利经济学派。

尼采作为一个重要角色也出现在这个叙事中,与其说他是一个影响者,不如说他是一个诊断者,这让一些人觉得不可思议:尼采不是蔑视资本家、资本主义和经济学吗?是的,他蔑视。尼采虽然读过很多政治经济学方面的书,但他从未写过政治或经济方面的论文。[2]尽管他给 19 世纪维也纳先锋派投下了长长的阴影,但奥地利学派的经济学家几乎从未援引过他的观点。

然而,没有人比尼采更了解塑造奥地利人的社会和文化力量:古老统治阶级的消亡;工会和社会主义政党提出的劳工问题;上升的资产阶级无力粉碎或遏制街头民主;大众政治时代需要一个新的统治阶级。因此,尼采与自由市场右派之间的关系——自 19 世纪以来,右派一直试图阻止劳工运动却劳而无功,如今在新自由主义左派的帮助下,它取得了成功——因此是一种选择性亲和力而非直接影响力的关系,是一种习语表达风格层面而非政策方针层面的关系。[3]

1869 年,尼采被任命为巴塞尔大学古典语言学教授。同大多数初级教员一样,他也被微薄的工资和重大的责任所困扰,比如每周从周一到周五早上 7 点开始,每周授课 14 个小时。他还参加了多个委员会,并为无法上课的老资格同事代课。他代表大学向公众发表演讲。他拖着疲惫的身躯参加晚宴。然而,他还是在三年内完成了《悲剧的诞生》(The Birth of Tragedy)这部现代文学中颇有分量的著作,并将其献给了他的挚友和"崇高的前辈"理查德·瓦格纳(Richard Wagner)。[4]

不过,有一章他没有发表。1872 年,尼采受邀与瓦格纳及其妻子科西玛共度圣诞假期,但他感觉到与作曲家之间可能存在裂痕,于是婉言谢绝,转而送去了一份礼物。他将《希腊国》(The Greek State)与其他四篇散文捆绑在一起,在封面上写了一个标题《五本未成书的五篇序言》(Five Prefaces to Five Unwritten Books),然后将皮面装订的文本作为生日礼物邮寄给科西玛。瓦格纳感到很生气,科西玛也不以为然。她在日记中抱怨道:"尼采教授的手稿并没有恢复我们的兴致和情谊。"[5]虽然所赠送的《希腊国》是对破裂友谊的一种安慰,但它反映了更广泛的欧洲战争和革命危机,这场危机始于 1789 年,直到 1945 年才结束。更直接地说,它带有 1870 年爆发的普法战争和次年策动的巴黎公社起义的印记。

尼采最初对战争持矛盾态度,但很快就成了德国事业的拥护者。他在给母亲的信中写道:"这事关我们的文化!""为了这一点,任何牺牲都不过分!这只该死的法国老虎。"他报名参加了医疗勤务;科西玛试图说服他留在巴塞尔,建议他只要把香烟送到前线即可。但尼采坚持己见。1870 年 8 月,他和妹妹伊丽莎白一起去了趟巴伐利亚，一边坐火车一边唱歌。之后，他接受了训练，奔赴战场，但很快患上了痢疾和白喉。他只坚持了一个月。[6]

战争持续了6年，50万士兵和无数平民伤亡。1871年2月签署的初步和约有利于德国人，却惩罚了法国人，尤其是巴黎市民，他们被迫承担向普鲁士人支付巨额赔款的负担。巴黎的工人和激进分子被德国的强征赔款和25年来酝酿的不满所激怒，于当年3月起义并占领了巴黎。尼采被激怒了，他对起义的恐惧与他对战争的赞美形成反比。他担心公社成员摧毁卢浮宫（其实并没有），于是写道：

> 过去几天的报道太可怕了，我的精神状态完全无法忍受。面对这样的文化巨震，作为一名学者意味着什么！……这是我一生中最糟糕的一天。[7]

从国家之间的常规战争迅速转变为阶级之间的内战中，尼采看到了未来可怕的炼金术："在国家之间争斗之上，我们恐惧的对象是那条国际性的九头蛇怪，它突然如此可怕地出现，预示着未来截然不同的斗争。"[8]

到5月，以数万人的生命为代价，巴黎公社被镇压下来——这让巴黎的唯美主义贵族埃德蒙·龚古尔（Edmond Goncourt）欣喜若狂。

> 一切顺利。既没有妥协，也没有和解。解决办法是残酷的，是用纯粹的武力强加的。这一解决方案使所有人免于懦弱妥协的危险。这个解决方案让军队恢复了自信，因为军队从公社社员的鲜血中认识到，它仍然有能力战斗……这样的流血，通过杀死族群中的反叛者，通过全面征兵推迟了下一场革命。[9]

对于写下这些文字的人及其所处的文坛氛围，尼采后来说："我对这些先生们了如指掌，他们早就让我受够了。我们必须更加激进：从根本上说，他们缺乏最主要的东西——即'暴力'。"[10]

战争与工作这两个相互竞争的世界之间的冲突在"希腊城邦"随处可见、反复出现。尼采一开始就宣布，现代致力于"工作的尊严"，致力于"人人权利平等"的民主制度提升了工人和奴隶的地位。他们对正义的要求有可能"淹没所有其他思想""推倒文化之墙"。现代性在工人阶级中制造了一个怪物：作为一个被创造的造物主（玛丽·雪莱等人的影子），它竟敢冒失地把自己和自己的劳动视为艺术品。更糟糕的是，它还试图获得认可和公开承认。[11]

相比之下，希腊人认为工作是一种"耻辱"，因为它所服务的存在——我们每个人有限的生命——"并没有内在的价值"。只有艺术才能救赎存在，但艺术也是以劳动为前提的。艺术是创造出来的，它的创造者依赖于他人的劳动；他人照顾他和他的家庭，把他从日常琐碎生活的重担中解放出来。不可避免的是，他的艺术也会被他们生活的必然性所玷污。无论多么美丽，艺术都无法摆脱创作的阴影。它让人感到羞耻，因为在羞耻中"潜藏着一种无意识的认知"，即这些工作"条件"是实现"艺术的实际目标所必需的"。因此，希腊人得体地将劳动和劳动者隐藏起来。[12]

在尼采的整个写作生涯中，他一直被工人们集结在公共舞台上的景象所困扰——无论是工会、社会主义政党还是共产主义联盟。几乎就在他抵达巴塞尔的同时，第一国际（First International）来到这座小城召开第四次代表大会。尼采被吓坏了。他在《悲剧的诞生》中写道："没有什么比一群野蛮的奴隶更可怕的了，他们已经学会把自己的存在视为不公正，现在不仅准备为自己复仇，而且准备为所有世世代代的人复仇。"国际组织离开巴塞尔数年后，尼采确信国际组织正悄悄地向拜罗伊特[i]进发，以破坏瓦格纳在那里举办的音乐节。就在他于1888年发疯并永远迷失自我的几周前，他写道："当今一切愚蠢的原因……就在于劳动问题的存在。对于某些事情，人们不会质疑。"[13]

在《希腊城邦》的开篇，我们不仅能听到欧洲工人游行抗议行进中的隆隆踏步声，还能听到黑人奴隶起义时的嘹亮号角声。黑格尔在《精神现象学》中阐述主奴辩证法时，曾对海地革命耿耿于怀。尽管几代学者都告诉我们事情并非如此，但是尼采可能也有类似的思想斗争，他忧心忡忡地写道："即使希腊人真的因为蓄奴而毁灭，相反的情况也更加确定，我们将因为没有蓄奴而毁灭。"毕竟，有哪位理论家曾如此迫切地强调过——不仅在这篇文章中，而且在后来的作品中——"奴隶制是文化的精髓"。[14]什么样的理论家非得不断地做出这样的声明呢？在18世纪之前，债务劳役是一个公认的事实。现在，它已成为沸沸扬扬的辩论主题，在世界各地引发了革命和解放。俄国在十年前就废除了农奴制——德国的一些州也在尼采1844年出生前一代就废除了农奴制——而巴西很快将成为美洲最后一个废除奴隶制的国家。仅仅一个世纪的震动就摧毁了一座时代的大厦。尼采敏锐地捕捉到了衰败的趋向和速度，他停下来记录这场地震，并坚持要全面评价其影响，这难道是不可思议的吗？

尼采在《希腊城邦》一书中继续说道，如果说奴隶制是伟大艺术的一个条件，那么战争和高尚的政治则是另一个条件。"政治家是卓越、崇高的"，希腊人将他们的好斗冲动转化为城市之间的血腥冲突和城市内部不那么血腥的冲突。兴旺发达的国家是基于压抑和释放这些冲动。这种制度所创造的冲突舞台让"社会有时间生长发芽,继续绿茵遍地",让"天才之花"有可能周期性地"萌发新芽"。这些花朵不仅是艺术的,也是政治的。战争将社会划分为高低不同等级,并在这个等级制度中产生了"军事天才",其艺术造诣就是国家本身。尼采坚持认为,人的真正尊严不在于卑微的自我,而是在于他效力终生直至奉献生命的艺术天资和政治才能。[15]

弗里德里希·尼采(1844—1900 年)
图片来源:百度百科。

然而,欧洲有了资产阶级国家,而不是希腊城邦;国家不再是令人心驰神往的艺术作品,而是费尽心思地盘算着市场运作。尼采抱怨说,政治已成为"股票交易的工具",而不是英雄主义和至尊荣耀的舞台。由于欧洲的"特定政治冲动"已经如强弩之末——即便是他所钟爱的普法战争也未能如其所愿地重振神勇之气——尼采只能"眼睁睁地看着政治领域萎靡不振的危险迹象,对于艺术和社会,这也同样令人忧心忡忡"。[16]贵族文化和高尚政治的时代已经落下帷幕。剩下的只有下层社会的腐朽残渣:部分劳动者的厚颜无耻、资产阶级的纸醉金迷、滚滚而来的社会主义。尼采后来在他的笔记本中写道:"与即将发生的事情相比,巴黎公社也许只不过是小小的消化不良而已。"[17]

对于不论是资本主义的还是社会主义的民主,尼采的反击都徒劳无益。尽管他欣赏政治冲动,并对德国的政治事件——从 19 世纪 60 年代初石勒苏益格-荷尔斯泰因州的危机到 19 世纪 80 年代末的帝国主义冒险——给予了认真的关注,但他仍然对纲领、运动和政纲都心存戒备。[18]他最多只能提出一个模糊的原则：社会是"那些崇高的文明人持续而痛苦的分娩进程，其他一切都必须为服务他们而杀身成仁、舍身取义"，国家则是"启动"这一"社会进程并保证其不受阻碍地持续运转下去的手段"。[19]至于这在实践中意味着什么——它可能通向何方，则留给后人去探索。一条道路可能通往法西斯主义，另一条道路则奔向自由市场。

就在尼采发起形而上学和道德哲学革命的前后——几乎是同一年——三位经济学家在三个国家分别开展工作，开始了他们自己的革命。1871年，卡尔·门格尔(Carl Menger)的《经济学原理》(*Principles of Economics*)和斯坦利·杰文斯(Stanley Jevons)的《政治经济学理论》(*Theory of Political Economy*)相继出版。与三年后出版的莱昂·瓦尔拉斯(Léon Walras)的《纯粹经济学要素》(*Elements of Pure Economics*)一起，他们用德语、英语和法语发出了后来被称为边际革命的欧洲之声。

边际主义者关注的不是生产，而是汹涌澎湃的消费需求。主角不是土地所有者，也不是在农场、工厂或公司里辛勤劳作的劳动者，而是市场上的普通人，他们的标志性行为就是消费。这就是市场消费者增加效用的方式：通过消费某种东西，直到他达到这样的地步，即消费再多一点同样的东西给他带来的额外效用是如此之少，以至于他最好还是消费别的东西。经济活动就是围绕对我们的资产进行这种微观计算而产生的。

虽然早期的边际主义者帮助经济学从道德科学的人文分支转变为社会科学的技术学科，但他们仍然能够拥有当代经济学中罕见的读者和影响力。杰文斯在曼彻斯特和伦敦担任自食其力的学者和教授期间，可能一直在为缺乏读者而发愁——"我很沮丧，因为我的论文《黄金》(Gold)已经发表了，但除了我姐姐之外，还没有人说过一句对它有利的话"——但格莱斯顿邀请他去讨论其作品，密尔在议会上也称赞了他的作品。凯恩斯告诉我们："在长达半个世纪的时间里，英国、印度和多米尼加几乎所有逻辑学和政治经济学的小学生都是在杰文斯的教育下长大的。"[20]

哈耶克认为，门格尔原理的"立即受到欢迎""很难说是令人鼓舞的"。评论家们似乎并不理解它。然而，维也纳大学的两名学生却理解了它。一位是弗里德里希·冯·维塞尔(Friedrich von Wieser)，另一位是欧根·伯姆-巴沃克(Eugen Böhm-Bawerk)，他们之后都成了传奇的教育家和理论家。[21]他们的学生包括哈耶克、路德维希·冯·米塞斯(他在美国和其他地方吸引了少量但忠实的追随者)以及约瑟夫·熊彼特（称资本主义为"创造性破坏"力量的忧郁诗人）。[22]通过伯姆-巴沃克和威塞尔，门格尔的著作成为奥地利学派的基础，而奥地利学派的影响力如今已遍布全球，这在一定程度上要归功于米塞斯和哈耶克的努力。

杰文斯和门格尔的贡献是多方面的，但他们每个人都瞄准了从亚当·斯密到社会主义左派都认同的一个经济学核心假设：劳动即使不是价值的源泉，也是其原始材料。虽然劳动价值论是以价格和交换的方式提出的，但它表现出对经济领域形而上学客观性的近乎原始的信仰——而自文艺复兴以来，社会生活其他领域（政治、宗教和道德）的客观性受到了越来越多的审视，这种信仰就更加令人惊讶了。许多人认为，商品可能是用市场的纸醉金迷包装起来的，但其内在是自然界的残酷事实：来自地球的原材料和将这些材料转化为商品的体力劳动。因为只有通过劳动，这些材料才变得有用、才变得有价值，所以劳动是价值的源泉。这一点，以及劳动可以用某种方式（通常是时间）来衡量的事实，使劳动生活获得了一种本体论的地位和政治权威——而这种地位和权威越来越被宫廷与国王、土地与领主、教区与牧师的所否定。当世界的其他部分融化为空气时，劳动正在结晶为一种真正的固体。

当边际主义者出现时，最具政治威胁的劳动价值论版本与左派有关。虽然马克思在其成熟的著作中无条件地拒绝了这一理论，但劳动产生价值这一简单的概念仍然与马克思的名字联系在一起——甚至与他的竞争对手费迪南德·拉萨尔（Ferdinard Lassalle）的名字联系在一起（尼采读过不少关于拉萨尔的文章）——并与他所参与的更广泛的社会主义运动和工会运动联系在一起。[23]这种联系为边际主义者的批判创设了舞台。

诚然，边际主义与反社会主义之间的关系是复杂的。一方面，几乎没有证据表明第一代边际主义者听说过马克思，更不用说读过马克思的著作，至少在他们职业生涯的早期阶段没有。[24]边际主义经济学的诞生远不止是由于社会主义的出现，它既驳斥对市场的传统辩护，也不赞成对市场的批评。此外，到了20世纪，许多边际主义者都是左派，他们利用自己的思想帮助构建社会民主制度；甚至瓦尔拉斯和另一位早期边际主义者阿尔弗雷德·马歇尔（Alfred Marshall）也同情左派的主张。

另一方面，杰文斯是一位不知疲倦的反对工会的论战家，他认为工会是民主时代"罪恶和灾难的极坏典型……"杰文斯将边际主义视为工人运动的重要解药，并坚持将边际主义的教义广泛传播给工人阶级。他辩称，"为了避免这样的灾难，我们必须向工人传播知识"——因为投票和罢工赋予他们权力——"而其所需的知识主要是政治经济学领域的"。[25]门格尔打断了他对价值的抽象思考，他指出，虽然"对于一个热爱人类的人来说，拥有资本或一块土地往往比劳动者获得更高的收入……这似乎令人愤慨"，但"其原因并非不道德"。"只是因为满足人类更重要的需求取决于一定数量的资本或土地的开发利用，而不是劳动者的服务。"他警告说，任何回避这一事实的企图，"无疑都需要彻底改变我们的社会秩序"。[26]最后，毫无疑问，奥地利学派的边际主义者（他们后来被证明对美国右派影响巨大）认为他们的计划主要是对社会主义的反动。维塞尔在1891年宣称："我认为，这一理论最重要的后果，社会主义者把全部生产收益归咎于劳动本身是值得商榷的。"[27]

现代学术界的知识分工往往将经济学与伦理学和哲学割裂开来。更早期的经济学家和哲学家并没有这样做。甚至尼采也承认，经济学建立在真正的道德和哲学前提之上，而他认为其中许多前提是可疑的；经济学具有巨大的道德和政治影响，而他对所有这些影响都深恶痛绝。在《浪游者及其影子》(*The Wanderer and His Shadow*)中，尼采批评道："我们的经济学家还没有厌倦在'价值'一词中寻找类似的统一性，还在不厌其烦地寻找这个词最初词根的概念。"在他希望发表的关于"权力意志"的总结的初步提纲中，他总结指出了"政治经济学思维方式的虚无主义后果"。[28]因此，尼采在劳动的表象中看到的不仅仅是一种关于商品的经济理论：他看到了对善良意志的可怕贬损。他在《超越善恶》(*Beyond Good and Evil*)中写道，道德必须"被理解为最高权力关系的学说"；每一种道德"都必须被迫……在等级秩序面前低头"。[29]但是，就像他们之前的许多人，包括基督徒奴隶、英国功利主义者、经济学家等，都宣扬低劣的人种以及低劣的价值观是世界的驱动力。在这种蒸蒸日上的发展中，尼采所看到的不仅是价值观的转变，而且是价值的丧失，甚至可能是价值的烟消云散。从埃德蒙·伯克到帕特里克·德夫林(Patrick Devlin)，保守主义者都将价值观的转变与价值的终结混为一谈。尼采有时也是如此："虚无主义意味着什么？"他在1887年自问道。"最高的价值观会让自己贬值。"正在吞噬欧洲的虚无主义最好被理解为一种民主主义的"对等级秩序的仇恨"。[30]

尼采的忧思部分是哲学上的：在一个无神的世界里，从自然主义的角度来看，怎么可能认为任何东西都是有价值的呢？但他的忧虑也是文化和政治方面的。由于"基督教"使民主制度"正常化"，贵族制度从而失去了"天赋性"，即丧失对其权力的传统辩护。[31]那么，在审美上和政治上如何才能重新建立维护精英分子的等级制度，以抵御大众，尤其是工人大众，并统治大众呢？尼采在19世纪80年代末写道：

我们需要一个反向运动——产生一个综合、全面且能自证正当性的人，而将人类变为机器是他存在的先决条件，他可以在此基础上创造出更高的存在形式。

他需要大众——即"被整齐划一的"底层大众——的反对，需要一种与大众保持距离的感觉。他将底层大众踩在脚下，并靠他们养活。这种更高级的贵族统治形式就是未来的统治形式。从道义上讲，整台机器的齿轮环环相扣，代表了对人类的最大限度的剥削；但它的先决假定条件是，这种剥削对他们来说是有意义的。[32]

尼采对这一挑战的回应，不是恢复或诉诸更客观的价值观，这既不可能，也不可取。相反，他部分接受了对价值的现代理解——其捏造的本质——并将其与民主的和斯密式的前提对立起来。尼采承认，价值的确是人类的创造物，因此，它也可以很容易地被视为一种礼物，一种由一个人赐予另一个人的荣誉。尼采让查拉图斯特拉宣称："只有透过尊重才能看到价值""尊重就是创造"。[33] 价值不是用粗糙笨拙的双手制造出来的，而是一种赞许的目光，点头表示的无与伦比的丰富精致品位。简而言之，价值是贵族气质的。

虽然奴隶曾经以基督教的形式创造价值，但他们不是通过劳动，而是通过谴责和赞扬来实现这一壮举。他们也是在不知不觉中做了这件事，是基于一种深刻而无意识的冲动：自卑感，对自己无能为力的愤怒，以及对上司的复仇欲望。这种明显的无能为力和隐蔽的强烈欲望的杂合使他们不适合创造卓越的价值观。相比之下，尼采在《超越善恶》中写道："高尚之人将自己视为决定价值的人。"这种自觉行使和享受权力的行为，使高尚之人成为在现代世界创造价值的更好人选，因为这些价值必须与千百年来占统治地位的奴隶道德分道扬镳。当且仅当"确认自己首先是厚德载物之辈"时，高尚之人才能真正"创造价值"。[34]

劳动属于大自然，而大自然无法创造价值。只有与自然对立的人——艺术家、将军、政治家——才能宣称是价值创造者。只有他才具备必要的修养，这种修养是由"因阶层之间的差异而产生的距离感"而形成的，他能够欣赏人、习俗和信仰并赋予其价值。[35] 价值不是无产者的产物，而是精妙绝伦的品位所赋予的。用《欢愉之奥秘》(*The Gay Science*)的话说：

在我们现在的世界上，凡是有价值的东西，根据其本质，其本身并不具有价值——本质总是没有价值的，但在某一时刻被作为礼物而赋予了价值——而正是我们赠与和赐予了价值。"[36]

那是在1882年。也就是在十年前,门格尔写道:"因此,价值不是商品固有的东西,也不是商品的属性,而仅仅是我们首先赋予满足我们的需求——即我们的生活和幸福——的重要性。"[37] 杰文斯的立场与此相同,与尼采一样,门格尔和杰文斯也认为价值其实是人对生活中的事物的一种或高或低的评价。但是,为了避免有抱负的自我退化为简单需求的哺乳动物,门格尔和杰文斯注意将他们的立场与传统的效用理论区分开来。

例如,杰文斯准备效仿杰里米·边沁(Jeremy Bentham),将效用定义为"物体的属性,即它能产生利益、好处、快乐、善行或幸福"。他认为这"完美地表达了'经济'一词的含义"。[38] 但杰文斯也坚持一个关键的附加条件,"只要当事人的意愿或倾向在当时被认为是确定其取舍的唯一标准"。[39] 我们所表达的欲望和厌恶并不能衡量我们的客观善行或基本善行,根本不存在这样的东西。我们也不能保证这些欲望或厌恶会给我们带来快乐或痛苦。我们所欲或所恶之物只是一种表象,是我们意志运动的简要写照——那个偏好和偏袒的黑匣子——之所以让尼采如此着迷,正是因为它看起来如此无形无相,却又如此具有生产力和生成性。每个人的心灵本身都是不可捉摸的:杰文斯说"我们缺乏直接测量人类心灵感受的手段"。我们的观察无法触及人内心的生活;我们所能知道的只是它的影响、它所力驱的意志和它所驱策的行动。杰文斯说:"意志是我们的钟摆",它代表了一种看不见但能感受到其影响的力量,"它的摆动在市场的所有价目表上都有详细的记录"。[40]

门格尔认为,任何物品的价值都与我们的需求有关,但他对这种关系的复杂性以及偶然性有着非凡的洞察力。门格尔写道,需求"至少就其起源而言,取决于我们的意志或习惯"。需求不仅是我们生物学或心理学上的假设事实,它们还是我们的意志和实践的需要,而我们的意志和实践是特立独行和随心所欲的。只有当我们的需求最终"出现"时,也就是说,只有当我们意识到这些需求时,我们才能真正地说,在价值形成的过程中"不再有任意武断的因素"。[41]

即便如此,需求在进入价值领域之前还必须经过一系列检查。门格尔说,对需求的认识要求我们全面了解如何通过某种特定物品来满足这种需求,这种物品如何改善我们的生活,以及了解这种物品对于满足这种需求是多么必要(以及是否必要)。最后一点,即关于这种必要性的了解,要求我们审视外部世界:询问我们可以获得多少这种物品,考虑我们必须做出多少牺牲——我们愿意放弃多少满足感——才能获得这种物品。只有回答了这些问题,我们才能谈论价值,门格尔提醒我们,价值是"我们赋予满足我们需求的重要性"。因此,价值是"厉行节约的人对他们所支配的物品在维持生活和福祉方面的重要性所做出的判断"。它"不存在于人的意识之外"。尽管以前的经济学家坚持"商品价值的客观化",但与杰文斯和尼采一样,门格尔得出结论认为,价值"在本质上完全是主观的"。[42]

在反对社会主义的战争中,资本主义哲学家们面临着两个挑战。首先,到20世纪初,传统社会主义已经在道德上将市场逼入绝境。正如米塞斯在1932年为《社会主义》(Socialism)第二版所作的序言中抱怨的那样:"任何社会主义措施的倡导者都被视为善良、高尚和道德的朋友,被视为必要改革的无私先驱,简而言之,被视为无私地为自己的人民和全人类服务的人。"[43]事实上,在"社会正义"等类似概念的帮助下,社会主义似乎正好就是道德的定义。尼采对这种影射早已洞若观火。他对宗教不满的一个根源是,他认为宗教给现代性留下了对道德内涵的理解(无私、普遍性、平等),只有社会主义和民主才能实现这种理解。然而,尼采对社会主义与道德等同的回应就是质疑道德的价值,至少是质疑人们对道德的习惯性理解,而像米塞斯和哈耶克等经济学家则探寻了一条不同的道路,一条尼采永远也不敢走的道路:他们将市场作为道德的表现形式。

传统上,道德家认为对金钱和商品的追求是消极的或中性的;而奥地利学派则认为它体现了我们最深刻的价值观和承诺。米塞斯宣称:"物质财富的提供,不仅服务于通常所说的经济目的,而且服务于许多其他目的。"我们每个人在生活中都有自己的目的或终极目标:培养友谊、欣赏美景、享受音乐、陪伴爱侣。我们进入市场就是为了这些目的。因此,经济活动"首先是对目的的评价,然后是对实现这些目的的手段的评价。然而,一切经济活动都取决于目的的存在。目的主宰经济,只有目的才能赋予经济意义"。[44]哈耶克在《通往奴役之路》(The Road to Serfdom)中写道,我们根本无法谈论"与生活的其他目的相分离的纯粹经济目的"。[45]

然而,这种说法也可以很容易地成为社会主义的论据。社会主义国家为其人民提供生活资料——住房、食物、医疗保健——使他们能够自由地追求生活的目的:美丽、知识、智慧。奥地利学派则更进一步,他们坚持认为,决定什么是手段和目的本身就是一种价值判断。任何经济状况都会让我们面临选择的必要性,都会让我们不得不为了某种目的而配置我们有限的资源,无论是时间、金钱还是精力。在做出选择的过程中,我们会发现哪一个目的对我们来说最重要、哪一个更高、哪一个更低。米塞斯说:"每个人在经济活动过程中,在满足两种需求(只能满足其中一种)之间做出选择时,都会做出价值判断。"[46]

为了使这些选择能够显示我们的目的,我们的资源必须是有限的。例如,无限的时间将使我们没有选择的必要,而且我们对目的的选择不受外部干扰的限制。保证这种情况的最佳方法,实际上也是唯一的方法,就是金钱(或其等价物)成为选择的货币——不仅是经济选择的货币,而且是我们所有选择的货币。哈耶克在《通往奴役之路》中写道:

> 只要我们能够自由支配我们的收入和所有财产,经济损失就永远只会剥夺我们所能满足的并被认为最不重要的欲望。因此,"单纯的"经济损失是指我们仍然可以使其影响落在我们不那么重要的需求上……换句话说,经济变化通常只影响我们需求的边缘,即"边际"。对我们来说,有许多东西比经济损益可能影响到的东西更重要,它们高于生活福利设施,甚至高于受经济起伏影响的许多生活必需品。[47]

如果由政府来决定我们的哪些需求是"单纯经济性的",我们就没有机会决定这些需求是高级商品还是低级商品,是我们繁荣的边际商品还是必备商品。每个灵魂之间的鸿沟是如此巨大,我们是如此不同和不平等,因此,不可能对人类幸福的来源和条件做出任何普遍性的假设,尼采和杰文斯——"因此,每个心灵对其他心灵来说都是不可捉摸的,不可能有共同的感受标准"——都会认为这一点是合乎情理的。[48]什么是手段?什么是目的?必须由自我来判断。哈耶克又说道:

> 经济控制不仅仅是对人类生活的部分控制,这部分生活是可以与其他部分相分离的;而是对我们实现所有目的的手段的控制。谁能独揽手段,谁就能决定哪些目的应得到实现,哪些价值应得到更高或更低的评价。简而言之,即人应该信仰什么、应该为什么而奋斗?[49]

哈耶克欣然承认,从某种意义上讲,尽管经济是我们低级需求的领域,但从另一个更为重要的意义上讲,经济是锻造我们判断这个世界上事物优劣高下的认知能力和我们道德修养的砥石。他写道:"对我们来说,经济价值不如许多事物重要,这正是因为在经济问题上,我们可以自由决定什么对我们更重要、什么不那么重要。"[50]但是,只有当这些选择留给我们自己做时,我们才能自由地做出这些选择;而矛盾的是,如果我们被迫做出这些选择,或者如果我们不必做出选择,我们就永远不必珍惜任何东西。

弗里德里希·奥古斯特·冯·哈耶克（1899—1992年）
图片来源：百度百科。

　　通过施加这种选择的戏剧性，经济成了自我展演的剧场，成了我们发现和揭示我们最终目的的舞台。我们不是在研讨会的闲聊中，也不是在教堂的长椅上决定自己的价值观；而是在我们生活的压力和考验中，在那些我们不仅可以自由选择，而且被迫必须选择的时刻。哈耶克写道："在物质环境迫使我们做出选择的领域中，我们可以自由安排自己的行为"，"这不仅仅是道德意识成长的空气，也是道德价值观每天都在重塑的空气"。[51]

　　进步人士通常将这种选择的论述视为廉价的道德或捏造的稀缺性，而奥地利学派则将经济视为所有道德行动的约束者，看作道德艺术修炼的关键时刻——也是机会。弗洛伊德认为，梦境的压迫使每个人都成为艺术家；而其他奥地利学派的学者则认为，经济的压迫使每个人都成为卫道士。只有当我们在其狭窄的通道中穿梭时——每一个耗费精力的决定都要求我们对其假定目的的可实现性进行计算——我们才会面对自己，并被迫回答这些问题：我相信什么？我在此世何所欲？我在此生何所求？

　　虽然这个论点在门格尔的价值理论中已有先例（门格尔说，满足我们需求的机会越少，我们的选择就越能揭示我们最看重哪种需求），但我们最好还是联系尼采的观点来理解这一论点的真正内涵。[52]尽管尼采抨击法律和道德对最高尚的人的压制作用，但他也意识到，"人世间的自由、精巧、大胆、舞姿和高超的把握"有多少要归功于这些限制。面对一系列的社会束缚,自我的多样性和驱动力被迫利用未知和未开发的创造力,要么克服这些障碍,要么以最小的牺牲适应这些障碍。结果最终是新颖的、有创造价值的。[53]

尼采的观点主要是审美式的。与浪漫主义的艺术观念是通过"放任自流"的过程而产生的相反,尼采坚持认为,艺术家应该"严格而巧妙地……遵守成千上万的法则"。创造性的语言——无论是诗歌、音乐还是语言本身——都受到"韵律和节奏的格律限制"。[54]这些法则在起源上是变化无常的,在效果上是专制暴戾的。这就是问题所在:从这片锱铢必较的权力控制和奇思妙想的土壤中,生长出最神奇的增长。不仅在艺术领域,比如歌德或贝多芬,在政治和道德领域也是如此,比如拿破仑、恺撒、尼采本人。("真正的哲学家……是统帅和立法者,他们都常说:'就这样吧!'"[55])

其中一个流派在法西斯主义中找到了这些思想的表现。恩斯特·荣格和卡尔·施米特等作家想象了具有伟大新颖性和独创性的政治艺术家,他们强行突破或超越日常生活中不断变化的限制。作为第三帝国的主要法学理论家,施米特关注政治中那些非同寻常的事例——战争、"决定"、"例外"——当"现实生活的力量",正如他在《政治神学》(*Political Theology*)一书中所说的那样,"冲破了因重蹈覆辙而变得冥顽不化的机制的外壳"。在机制与现实生活的对峙中,例外之人将找到或创造他的时机:做出未经授权的决定、颁布新的法律制度或建立政治秩序。在每一种情况下,事物都是"无中生有、凭空捏造的"。[56]

不在政治领域而在市场中寻找这些关键时刻和经验,这是奥地利学派的独特之处——从长远来看,也是更重要的天才之处。哈耶克逐渐认识到,资本主义经济中的货币可以用尼采的术语来进行最好的理解和辩护:货币作为"一种力量的媒介"——自我"渴望漫无目的的权力"——"让其感觉到自身的存在"。[57]

资本主义哲学家面临的第二个挑战更令人生畏。虽然尼采对价值观的重新评估赋予最高尚的人类以自豪感——价值观是一种天赋,哲学家是其最大的来源——但边际主义的政治含义在意识形态上左右逢源。如果从一种解读来看,是资本家给工人评定了价值,那么从另一种解读来说,是工人——以消费者的身份——赋予资本价值。社会民主主义者以极大的热情追求后一种论点。其结果就是福利国家,它强调高工资和良好的福利以及工会化,作为大众需求和经济繁荣的驱动力。社会民主(或美国所称的自由主义)不仅仅是一种宏观经济政策,它还反映了公民—工人—消费者作为经济创造者和经济中心的道德观。在经济学家放弃劳动价值理论很久之后,福利国家仍然被其余晖所照亮。福利国家的政治经济学可能是边际主义的,但其伦理经济学是工人主义的。

20世纪中叶的右派迫切需要一种回应,即与尼采的圈子打成一片,为资本主义市场中的贵族行为扫清道路。它不仅需要一种替代经济学,还需要一种适配的社会愿景。熊彼特提供了一种,哈耶克提供了另一种。

熊彼特笔下的企业家是现代社会理论中比较神秘莫测的人物之一。他没有创造力,没有英雄气概,也没有魅力。熊彼特在《资本主义、社会主义和民主》(Capitalism, Socialism and Democracy)一书中写道:"他身上肯定没有任何神秘的魅力。"他的直觉和冲动仅限于办公室和计票台。在这些环境之外,他胆小怕事,"对一只鹅也不敢嘘一声"。然而,正是这一无所有、巨大而神秘的空白,将"使一个国家屈从于他的意愿"——这与曼(Mann)或穆西尔(Musil)小说中的父亲形象并无不同。[58]

企业家所拥有的——或者更好的——是力量和意志。正如熊彼特在1927年的一篇文章中所解释的那样,企业家拥有"非凡的体力和精力"。这种能量给了他专注力(疯狂、近乎残忍的能力,排除干扰的决断能力,可以把无关紧要的东西拒之门外)和耐力。在那些凡夫俗子"精疲力竭"的深夜,他保留了"全部的力量能量和创新创意"。熊彼特所说的创新创意意味着某种特殊的东西:"即对新事实的接受能力。"[59]正是企业家能够辨识出其不意和可乘之机的最佳点位(一种未经试验的技术、一种新的生产方法、一种不同的营销或分销产品的方式),使他能够彻底改变商业运作方式。熊彼特在《资本主义、社会主义和民主》中指出,企业家既是机会主义者,又是狂热之徒,是"一个领军人物"。他克服一切阻力,创造新的日常生活模式和秩序。[60]

熊彼特谨慎地将企业家精神与政治区分开来,正如人们通常理解的那样:企业家的权力"不容易扩展到……国家的领导层","他想独处、不被打扰,更不谈政治"。[61]即便如此,企业家最好被理解为既不逃脱政治,也不回避政治,而是政治的升华,是政治在经济领域的重新定位。

熊彼特拒绝接受其他经济学家的静态模型——他说均衡就是死亡——他将经济描述为帝国(公司)兴衰之间的戏剧性对抗。[62]就像马基雅维利在《王子》(The Prince)一书中所描述的那样,尼采将其愿景描述为"尽善尽美的政治",熊彼特确定了两种在瞬息巨变中为地位及其持久性而斗争的绅士:一种是王朝的合法绅士,另一种是暴发户的智慧绅士。两者都在跳死亡之舞,前者可能处于弱势,除非它能够

约瑟夫·熊彼特（1883—1950 年）
图片来源：百度百科。

创新并打破常规。[63]

熊彼特经常用政治和军事隐喻来描述这种舞蹈。生产活动就是"革命斗争史"。竞争对手"指挥"部队、挥舞"盔甲"，不断挑衅。竞争"打击"了企业的"基础"，并让企业"命悬一线"；处于平衡状态的企业家"发现自己的处境与将军们在一个完全永葆和平的社会中的处境非常相似"。[64]正如施密特将和平视为政治的终结一样，熊彼特将均衡视为经济的终结。

在这种激烈甚至生死攸关的竞争背景下，企业家成为价值观和新生存方式的立法者。企业家展现出打破"常人都理解的常规任务"的嗜好。他克服了世界上的多重阻力——"从简单地拒绝融资或购买新东西，到对发明家和创新者的人身攻击"。

> 要在熟悉环境之外充满信心地采取行动，并克服这种阻力，就需要只有一小部分人所具有的才能，这些才能定义了创业方式。

换句话说，企业家就是创始人。正如熊彼特在《经济发展理论》(*The Theory of Economic Development*)中所描述的那样：

> 有梦想和意愿去建立一个私人王国，通常（尽管不一定）也是一个王朝。现代世界的人真的不知道还有这样的社会地位，但工业和商业上的

成功仍然是现代人最接近中世纪贵族地位的方法。[65]

这也许就是为什么企业家的内心生活让人想起马基雅维利式的王子——那个另类的新奇艺术大师。他所有的能量和意志，他的全部力量和存在，都集中在创造新秩序的事业上。

然而，就在他勾勒出企业家的大致轮廓时，熊彼特感觉到这位价值立法者的日子屈指可数了。创新越来越多地成为各部门、委员会和专家的工作。现代公司"使资产阶级的思想社会化"。就像现代军团摧毁了中世纪战斗中的"真正自我武装的骑士"一样，公司也不再需要"亲力亲为、功成在我的个性化领导了"。"早期商业冒险的浪漫"也正在"销声匿迹"。[66] 随着创业功能的日薄西山，熊彼特将经济学视为伟大政治的实验似乎万事大吉了。

哈耶克提供了另一种解释，将市场作为贵族行为的实验场。熊彼特已经在《资本主义、社会主义和民主》一书的字里行间暗示了这一点。针对理性选择者而言，他知道自己想要什么，知道要什么是最好的（至少对他来说），并且志在必得，熊彼特援引了半个世纪的社会思想——勒庞、帕累托和弗洛伊德——不仅强调"我们行为中超理性和非理性因素的重要性"，而且强调资本塑造消费者偏好的力量。

> 消费者并没有完全按照经济教科书所传达的理念行事。一方面，他们的愿望没有那么明确，他们对这些愿望的行动也没有那么理性和迅速；另一方面，他们非常容易受到广告和其他说服方式的影响，以至于生产者似乎经常对他们发号施令，而不是由他们指导。[67]

在《自由宪章》（*The Constitution of Liberty*）中，哈耶克将这一概念发展成一个完全成熟的理论，将富人和天生善良的人视为审美品位的先锋，他们是新价值观的创造者，而其他人则从中受益。资本将决定消费市场，而不是消费者的市场行为决定资本的行为——除此之外的决定因素是一个民族最坚定的信仰和志向。

哈耶克对大众和精英的区分并没有得到他的批评者或捍卫者的太多关注，他们对他一再呼吁自由感到困惑不解。然而，仔细阅读哈耶克的论述就会发现，自由对他来说既不是最高的良善，也不是内在的良善。这只是一种偶然的和工具性的好处（我们无知的结果和我们进步的条件），其目的是使英勇的价值立法者有可能横空出世。

哈耶克认为，文明和进步有赖于我们每个人运用我们可以使用而我们的理性却无法获取的知识。我正在打字的电脑是几个世纪以来数学、科学和工程学知识宝库的产物。我知道如何使用它，但我不懂它。我们的大部分知识是这样的。我们知道事物的"使用方式"——如何打开计算机调用我们的文字处理程序，以及打字——而不知道事物的这一点：电是电子流，电路通过二进制选择运行等。其他人拥有后一种知识，而不是我们。我们的技术诀窍与他们的知识的结合推动了文明事业的发展。因为他们已经思考过如何优化设计计算机，我们可以自由地忽略它的晶体管和微芯片；相反，我们可以在网上订购衣服，像住在隔壁那样与老朋友保持联系，深入以前无法访问的图书馆和档案，以便对克里米亚战争进行新颖的描述。

我们永远不知道知识和技术诀窍怎样的机缘巧合会产生最好的结果，哪种天才与无知的结合会产生最大的进步。因此，个人——所有个人——必须自由地追求自己的目的，为自己的目的利用他人的智慧。这一点须考虑到：进步的不确定性是取得进展的最大保证。哈耶克关于自由的观点，与其说是基于我们的所知所想，不如说是基于我们的无知，与其说是基于我们作为个人在道德上有权得到什么，不如说是基于个人自由对整个社会的有益后果。

事实上，哈耶克继续说道，这并不是我真正应该关心的自由，我考虑的也不是我的朋友和邻居的自由，而正是那个未开发的未知发明者的自由，我和我的朋友们日后的幸福和繁荣，都要归功于他们的想象力和聪明才智："重要的不是我个人想行使什么自由，而是一些人可能需要什么自由来做有益于社会的事情。只有把这种自由给予所有人，我们才能保证给不特定的人这种自由。"[68]

因此，在哈耶克对自由的深刻理解中，有一种观点认为，一些人的自由比其他人的自由更有价值："百万分之一的人将使用的自由可能比我们所有人使用的任何自由对社会更重要、对大多数人更有益。"哈耶克赞许地引用了一位19世纪哲学家的话："有些人应该享有自由，这可能是极其重要的……尽管这种自由对绝大多数人来说既不可能也不可取。"我们没有只给那个人自由，这完全是因为我们的无知：我们无法提前知道他可能是谁。"如果有无所不知的人，如果我们不仅能知道影响我们现在愿望实现的所有因素，还能知道我们未来的愿望和欲望，那么自由就没有什么理由了。"[69]

正如"未来的需求和欲望"这一提法所暗示的那样，哈耶克所考虑的远不止是生产者对已有的需求市场做出反应；他所谈论的是创造新市场的人——不仅是需求或欲望的市场，而且是基本品味和信仰的市场。哈耶克最关心的自由是那些塑造和决定我们目标的价值立法者的自由。哈耶克说,绝大多数男男女女根本无法打破既定的思维和实践模式;如果有选择,他们永远不会选择任何新的东西,永远不会做比现在更好的事情。

> 基于集体同意的行动仅限于以下情况:以前的努力已经形成了共同的观点,关于什么是理想的意见已经得到解决,问题是在已经普遍认可的可能性之间做出选择,而不是发现新的可能性。[70]

有人可能说,哈耶克此处的观点与其说是出于对政治的厌恶,不如说是出于对普通男男女女的鄙夷,但他明确地将"某些统治精英的决定"排除在他的怀疑论的严峻批判之外。[71] 他也毫不掩饰自己对占绝大多数的雇佣劳动者个人能力的疑虑。普通上班族是一个视野有限的人。与雇主或"独立人士"都致力于"塑造和重塑生活规划"不同,工人的取向"在很大程度上是一个让自己融入特定框架的问题",他缺乏责任感、主动性、好奇心和雄心壮志。尽管其中有一些是必要的——工作场所不支持"无法规定的或非常规的行为"——但哈耶克坚持认为,这"不仅是大多数人的实际立场,也是大多数人的首选立场"。绝大多数人喜欢服从工作场所的制度,因为它"给了他们想要的东西:可维持日常支出并有保障的固定收入、或多或少自动加薪,以及养老保障。因此,他们免除了经济生活中的一些责任"。简而言之,对这些人来说,接受上级的命令不仅是一种受欢迎的解脱,也是他们实现目标的先决条件:"听从他人的命令是受雇者实现目标的条件。"[72]

因此,哈耶克相信前卫的品位制造者也就不足为奇了,他们的力量和地位使他们不仅可以超越现有的视野,还可以瞥见新的视野。

> 只有站在更高的位置上,才能看到接下来一系列愿望和可能性的范围,因此,选择新的目标并为实现这些目标而努力,早在大多数人能够为之奋斗之前就已经开始了。[73]

这些视野包括一切,从"我们认为美好的东西"到我们日常生活中追求的抱负、目标和目的,再到"政治、道德和宗教中新思想的传播"。[74] 在所有这些方面,先锋派引领潮流并设定我们的行为边界。

更有趣的是,哈耶克是多么明确而坚决地将新价值观的立法与拥有大量财富和资本,甚至——尤其是——与继承的财富联系起来。哈耶克说,通常只有非常富有的人才买得起新产品或品尝得起新口味。他们在这些精品上大肆花钱,让生产商有机会尝试更好的设计和更高效的生产方法。由于他们的赞助,生产商将找到更便宜的方式来制造和交付这些产品——足够便宜;也就是说,让大多数人能享受它们。以前是游手好闲的富人的奢侈品——袜子、汽车、钢琴课、大学——现在成了大众消费。

然而,巨额财富最重要的贡献是,它使持有者摆脱了对金钱的追求,从而可以追求非物质目标。从工作场所和激烈的竞争中解放出来的"游手好闲的富人"——哈耶克试图将其重新定义为一种积极的良善之人——可以致力于资助艺术,资助有价值的事业,如废除死刑或刑罚改革,建立新的慈善机构和文化机构。那些天生富有的人尤其重要。他们不仅是代代相传的更高级的文化和更高尚的价值观的受益者——哈耶克坚持认为,如果我们允许父母将财富传给孩子,我们将拥有一个更好的精英;要求统治阶级每一代人都要重新开始,这会导致经济停滞,人类不得不重新发明轮子——但他们不受金钱的微小诱惑。"对于那些继承了财富的人来说,新贵们经常所沉溺的更为粗俗的快乐通常没有吸引力。"[75](哈耶克如何将这一立场与他在《通往奴役之路》中表达的关于价值的不可知论相调和,目前尚不清楚。)

换言之,资本家最好不要被理解为经济巨头,而是被理解为文化立法者:"无论独立的财产所有者对自由社会的经济秩序多么重要,他在思想和观点、品味和信仰领域的重要性可能更大。"虽然这对哈耶克来说似乎是一个普遍的真理,但在以雇佣劳动为规则的社会中尤其如此。有偿就业的主导地位对想象力产生了可怕的影响,想象力的生产者最为强烈地感受到了这一点:"在一个所有知识、道德和艺术先锋都属于就业阶层的社会中,严重缺乏一些东西……然而,我们正朝着这样的处境前进。"[76]当劳动成为规范和常态时,从这个词的两种意义上来说,文化都没有机会。

佩里·安德森在对他所称的"顽固右派"的精湛分析中,确定了20世纪保守派精英中的四位人物:施密特、哈耶克、迈克尔·奥克肖特和利奥·施特劳斯。施特劳斯和施密特在安德森的分析中表现最好(最敏锐、最深刻、最有远见),奥克肖特表现最差,哈耶克则介于两者之间。这种等级判断并不完全令人惊讶。安德森从来没有认真对待过一个店小二式民族的政治理论,因此,英国人对奥克肖特和哈耶克(哈耶克于1938年成为英国人)的接受程度,使他们几乎成为他不可抗拒的批评对象。安德森对盎格鲁资产阶级放荡不羁的魅力漠不关心,这种世界主义的态度通常使他成为最稳健的向导,但在哈耶克身上,这种态度却使他误入歧途。对施特劳斯和施密特自封的现实主义的傲慢和残暴,安德森如此着迷,以至于他无法理解哈耶克在商业政治经济理论中更大胆、更深刻的东西——他试图在资本主义的经济关系中重新塑造伟大的政治。

安德森声称,右派理论人士与其左派同行的区别在于,他们的声音"在总理府里被听到了"。[77]然而,历经几十年、横跨各大洲,谁的声音比哈耶克的声音更能被倾听呢?施米特和施特劳斯作为令人眼花缭乱但又令人不安的天才作家,吸引了来自各个政治领域的读者。然而,与他们联系最紧密的两个研究专题——欧洲法西斯主义和美国新保守主义——从未像新自由主义那样在全球范围内聚集巨大的能量,并产生广泛的影响力,而新自由主义的这种影响现已持续了四十多年。

如果把尼采的边际子孙划分得太清楚,把政治人和经济人划分在家族树的一个分支上,那就大错特错了。哈耶克有时能发出最像施密特的音符。奥古斯托·皮诺切特在智利的权力达到鼎盛时期,哈耶克告诉一位智利采访者,当任何"政府处于爆裂的境地,而且没有公认的规则时,就必须制定规则"。[78]他心目中的情景不是无政府状态或内战,而是阿连德式的社会民主,政府通过行政和越来越多的自由裁量手段追求"社会正义的幻影"。即使在《自由宪章》一书中——该书是对随着时间的推移而慢慢演变的"自发秩序"概念的一首持续不断的赞歌——我们也能简要地了解一下"立法者",他的"任务"是"创造条件,使有序的安排能够建立并不断更新"(哈耶克在书中还说,在现代德国关于法治的著作中,施密特的著作"仍然是最有学问和洞察力的")。[79]当前的事件似乎为哈耶克提供了源源不断的候选人队伍。1961年,《自由宪章》出版一年后,他将《自由宪章》寄给了葡萄牙强人安东尼奥·萨拉查(António Salazar),并附上一封信,表示希望这本书能帮助独裁者"努力设计一部能防止民主被滥用的宪法"。[80]皮诺切特1980年的宪法就是以1961年出版的这本书来命名的。[81]

尽管如此,我们还是难以回避这样一个结论:虽然尼采式政治可能打过仗,但尼采式经济赢得了战争。毕竟,柏林的德特勒夫-罗威德宅邸在第二次世界大战期间曾是德国空军的驻地,现在则是德国财政部总部。

注释:

i 在西德巴伐利亚州,每年在此举行瓦格纳歌剧节。

[1] Friedrich Nietzsche, *Ecce Homo* (New York: Vintage, 1967), "Why I Am a Destiny,"

第六章 | 边际尼采

§1, p. 326.

〔2〕Thomas H. Brobjer, "Nietzsche's Knowledge, Reading, and Critique of Political Economy," *Journal of Nietzsche Studies* 18 (Fall 1999), 56—70; Thomas H. Brobjer, "Nietzsche's Knowledge of Marx and Marxism," *Nietzsche Studien* 31 (November 2003), 301—332.

〔3〕当这一章首次作为一篇文章出现在《国家》杂志上时,它在整个政治领域引发了一场争议风暴。自由主义者和左派都对我声称尼采与奥地利学派之间的选举亲和力、我对价值的理解、我对哈耶克精英主义的论点以及我对哈耶克和皮诺切特之间关系的看法感到困扰。我为我的批评者写了两篇长文回应,我没有将其纳入这篇文章的修订版中,但读者可能在这里发现这两篇回应文章是作为一份声明收集的。"Nietzsche, Hayek, and the Meaning of Conservatism," *Jacobin* (June 26, 2013), https://www.jacobinmag.com/2013/06/nietzsche-hayek-and-the-meaning-of-conservatism.

〔4〕Julian Young, *Friedrich Nietzsche: A Philosophical Biography* (New York: Cambridge University Press, 2010), 99, 101—102; Friedrich Nietzsche, *The Birth of Tragedy* (New York: Vintage, 1967), 32.

〔5〕Young, *Nietzsche*, 139, 158—159.

〔6〕Ibid., 135—138.

〔7〕Rüdiger Safranski, *Nietzsche: A Philosophical Biography* (New York: Norton, 2002), 72.

〔8〕*Political Writings of Friedrich Nietzsche*, ed. Frank Cameron and Don Dombowsky (London: Palgrave, 2008), 11.

〔9〕这些内容选自 *Goncourt Journals* (New York: NYRB: 2007), 194。

〔10〕Letter of November 10, 1887, 引自 Friedrich Nietzsche, *Twilight of the Idols* (Penguin, 2003), 204.

〔11〕Friedrich Nietzsche, "The Greek State," in *The Nietzsche Reader*, ed. Keith Ansell Pearson and Duncan Large (Oxford: Blackwell, 2006), 88—90.

〔12〕Ibid., 88—89.

〔13〕Brobjer, "Nietzsche's Knowledge of Marx and Marxism," 301—332; Safranski, 72; Nietzsche, *Birth of Tragedy*, 111; http://www.marxists.org/archive/marx/iwma/documents/1869/basle-report.htm; Nietzsche, *Twilight of the Idols*, 106.

〔14〕Nietzsche, "Greek State," 90.

〔15〕Ibid., 93—94.

〔16〕Ibid., 92—93.

〔17〕Friedrich Nietzsche, *The Will to Power*, trans. Walter Kaufmann (New York: Vintage, 1967), 77.

［18］*Political Writings of Friedrich Nietzsche*, 6—9, 16—18.

［19］Nietzsche, "Greek State," 90—91.

［20］John Maynard Keynes, "William Stanley Jevons," in *Essays in Biography* (New York: Norton, 1963), 255—58, 263, 265, 274, 299.

［21］Friedrich von Hayek, "Introduction," in Carl Menger, *Principles of Economics* (New York: New York University Press, 1976), 15—16, 21.

［22］John Medearis, *Joseph A. Schumpeter* (New York: Continuum, 2009), 7—8.

［23］Brobjer, "Nietzsche's Knowledge of Marx," 301, 304; Brobjer, "Nietzsche's Knowledge, Reading, and Critique of Political Economy," 57. On Marx's rejection of the labor theory of value,见 William Clare Roberts, *Marx's Inferno: The Political Theory of Capital* (Princeton: Princeton University Press, 2016), 74—81; Moishe Postone, *Time, Labor, and Social Domination: A Reinterpretation of Marx' Scritical Theory* (New York: Cambridge University Press, 1993), 123—157.

［24］Mark Blaug, *Economic Theory in Retrospect* (Cambridge: Cambridge University Press, 1996), 5th edition, 286.

［25］William Stanley Jevons, "The Importance of Diffusing a Knowledge of Political Economy," in *Papers and Correspondence of William Stanley Jevons, Vol. VII: Papers on Political Economy* (London: MacMillan Press, 1981).

［26］Menger, *Principles of Economics*, 174.

［27］Bruce Caldwell, *Hayek's Challenge: An Intellectual Biography of F. A. Hayek* (Chicago: University of Chicago, 2004), 101;也见 338。

［28］*The Wanderer and His Shadow*,引自 Brobje, "Nietzsche's Knowledge, Reading, and Critique of Political Economy," 63; Nietzsche, *Will to Power*, 8.

［29］Friedrich Nietzsche, *Beyond Good and Evil*, trans. Walter Kaufmann (New York: Vintage, 1966), 27, 149.

［30］Nietzsche, *Will to Power*, 9, 24.

［31］Ibid. , 126.

［32］Ibid. , 464.

［33］Friedrich Nietzsche, *Thus Spake Zarathustra*, trans. Walter Kaufmann (New York: Viking, 1954), 59.

［34］Nietzsche, *Beyond Good and Evil*, 205.

［35］Ibid. , 201.

第六章 | 边际尼采

[36] Friedrich Nietzsche, *The Gay Science*, trans. Walter Kaufmann (New York: Vintage, 1974), 242.

[37] Menger, *Principles of Economics*, 116.

[38] Jeremy Bentham, *The Principles of Morals and Legislation* (New York: Hafner, 1948), 2; William Stanley Jevons, *The Theory of Political Economy* (London: Macmillan, 1871), 46.

[39] Jevons, *Theory of Political Economy*, 46.

[40] Ibid., 13—14.

[41] Menger, *Principles of Economics*, 119.

[42] Ibid., 116, 121.

[43] Ludwig von Mises, *Socialism* (Indianapolis: Liberty Fund, 1981), preface to 2nd German edition, 9.

[44] Ibid., 96, 107.

[45] Friedrich von Hayek, *The Road to Serfdom*, in *The Collected Works of F. A. Hayek*, vol. 2, ed. Bruce Caldwell (Chicago: University of Chicago Press, 2007), 125.

[46] Mises, *Socialism*, 97—98.

[47] Hayek, *Road to Serfdom*, 126.

[48] Jevons, *Theory of Political Economy*, 21.

[49] Hayek, *Road to Serfdom*, 127.

[50] Ibid., 126.

[51] Ibid., 217.

[52] Menger, *Principles of Economics*, ch. 3.

[53] Nietzsche, *Beyond Good and Evil*, 100.

[54] Ibid., 100.

[55] Ibid., 136.

[56] Carl Schmitt, *Political Theology*, trans. George Schwab (Chicago: University of Chicago Press, 2005), 15, 66.

[57] Hayek, *Road to Serfdom*, 125.

[58] Joseph Schumpeter, *Capitalism, Socialism and Democracy* (New York: Harper Perennial, 1942), 137.

[59] Joseph Schumpeter, "Social Classes in an Ethnically Homogenous Environment," in *Conservatism: An Anthology of Social and Political Thought from David Hume to the Present*, ed. Jerry Z. Muller (Princeton: Princeton University Press, 1997), 227—228.

〔60〕Schumpeter, *Capitalism, Socialism, and Democracy*, 132—133.

〔61〕Ibid., 138.

〔62〕Ibid., 131.

〔63〕Nietzsche, *Will to Power*, 170; Schumpeter, "Social Classes," 226, 227.

〔64〕Schumpeter, *Capitalism, Socialism, and Democracy*, 83—85, 89, 131.

〔65〕Joseph Schumpeter, *The Theory of Economic Development* (New Brunswick: Transaction, 1983), 93.

〔66〕Schumpeter, *Capitalism, Socialism, and Democracy*, 132—134.

〔67〕Ibid., 256—257.

〔68〕Friedrich von Hayek, *The Constitution of Liberty*, ed. Ronald Hamowy (Chicago: University of Chicago Press, 2011), 84.

〔69〕Ibid., 81, 83.

〔70〕Ibid., 192. 也见 79—80, 83, 104, 176。

〔71〕Ibid., 104.

〔72〕Ibid., 186—189.

〔73〕Ibid., 97—98.

〔74〕Ibid., 78, 96—98, 191.

〔75〕Ibid., 152—154, 190, 192—193.

〔76〕Ibid., 193.

〔77〕Perry Anderson, "The Intransigent Right," *Spectrum: From Right to Left in the World of Ideas* (London: Verso, 2005), 28.

〔78〕Andrew Farrant, Edward McPhail, and Sebastian Berger, "Preventing the 'Abuses' of Democracy: Hayek, the 'Military Usurper' and Transitional Dictatorship in Chile?" *American Journal of Economics and Sociology* 71 (July 2012), 522.

〔79〕Hayek, *Constitution of Liberty*, 220, 309.

〔80〕Farrant et al., "Preventing the 'Abuses' of Democracy," 521.

〔81〕Karin Fischer, "The Influence of Neoliberals in Chile before, during, and after Pinochet," in *The Road From Mont Pèlerin: The Making of the Neoliberal Thought Collective*, ed. Philip Mirowski and Dieter Plehwe (Cambridge: Harvard University Press, 2009), 327.

第三部分
美国远景

第七章

炫酷玄学

圣彼得堡起义给我们带来了弗拉基米尔·纳博科夫（Vladimir Nabokov）、以赛亚·柏林（Isaiah Berlin）和安·兰德。第一位是小说家，第二位是哲学家，而第三位两者都不是，但她自认为两者都是。许多其他人也是这样认为的。1998年，参与《现代图书馆》民意调查的读者认为，《阿特拉斯耸耸肩》（*Atlas Shrugged*）和《源泉》（*The Fountainhead*）是20世纪最伟大的两部英文小说，超过了《尤利西斯》（*Ulysses*）、《到灯塔去》（*To the Lighthouse*）和《看不见的人》（*Invisible Man*）。1991年，美国国会图书馆和"每月一书俱乐部"（Book-of-the-Month Club）的调查发现，除了《圣经》之外，没有一本书比《阿特拉斯耸耸肩》对美国读者的影响更大。[1]

其中一位读者很可能就是法拉·福赛特（Farrah Fawcett）。在去世前不久，这位女演员称兰德为"文学天才"，她拒绝将自己的艺术做成"千篇一律、人云亦云"的东西，这启发了福赛特在绘画和雕塑方面的尝试。这种钦佩似乎是相互的。兰德每周都会观看《霹雳娇娃》（*Charlie's Angels*），据福赛特说，她在这部剧中"看到了"一些"评论家们没有看到的东西"。

她形容该剧是"概念和选角的胜利"。安说，虽然《霹雳娇娃》是独一无二的美国节目，但它也是美国电视的一个例外，因为它是唯一捕捉到真正的"浪漫主义"的节目——它有意描绘的世界不是它的本来面目，而是它应该有的样子。亚伦·斯派林（Aaron Spelling）可能是唯一这样看待《霹雳娇娃》的人，尽管他将其称为"安慰节目"。

兰德对福赛特如此喜爱，以至于她希望这位女演员［如果不是她，那就是拉奎

安·兰德著作——《阿特拉斯耸耸肩》
图片来源:百度百科。

尔·韦尔奇(Raquel Welch)]能在 NBC 电视版《阿特拉斯耸耸肩》中扮演戴格妮·塔格特一角。遗憾的是,1978 年,电视网负责人弗雷德·西尔弗曼(Fred Silverman)扼杀了这个项目。福赛特说:"我一直认为'戴格妮·塔格特'是我本应出演却从未出演的最佳角色。"[2]

兰德在好莱坞的追随者一直很强大。芭芭拉·斯坦威克(Barbara Stanwyck)和维罗妮卡·莱克(Veronica Lake)争相出演电影版《源泉》中的多米尼克·弗兰肯(Dominique Francon)这一角色。琼·克劳馥(Joan Crawford)也不甘示弱,为兰德举办了一场晚宴,她身着点缀着海蓝宝石的白色长裙,装扮成弗兰肯。[3] 最近,《自私的美德》和声称"如果文明要生存下去,人类就必须摒弃利他主义道德"的作者在好莱坞人道主义团体中找到了一对不太可能的粉丝。[4] 安吉丽娜·朱莉(Angelina Jolie)说:"兰德的哲学非常有趣。""你会重新评估自己的生活,以及什么对你最重要。"布拉德·皮特(Brad Pitt)惊叹道:"《源泉》是如此绵密复杂,它必须是一部长达六个小时的电影"。(1949 年的电影版已经长达两个小时。)克里斯蒂娜·里奇(Christina Ricci)称《源泉》是她最喜欢的一本书,因为这本书告诉她"如果你不爱每一个人,你就不是一个坏人"。罗伯·洛(Rob Lowe)自诩《阿特拉斯耸耸肩》是"一项伟大的成就,我非常喜欢它"。伊娃·门德斯(Eva Mendes)声称其男友"必须是安·兰德的粉丝"。[5]

第七章 | 炫酷玄学

但至少从兰德的小说来看，她根本不应该吸引任何粉丝。她小说的核心情节是富有创造力的个人与充满敌意的大众之间的冲突。个人的成就越大，大众的抵抗就越强。正如《源泉》的主人公建筑师霍华德·罗克所说：

> 伟大的创造者——思想家、艺术家、科学家、发明家——独自对抗着他们时代的人们。每一个伟大的新思想都遭到反对。每一项伟大的新发明都受到谴责。第一台马达被认为是愚蠢的，飞机被认为是不可能的，动力织布机被认为是邪恶的，麻醉被认为是罪恶的。但是，有远见卓识的人勇往直前。他们战斗，他们受苦，他们付出代价。[6]

兰德显然将自己视为这些创造者之一。在接受迈克·华莱士的采访时，她宣称自己是"在世的最具创造力的思想家"。那是在 1957 年，当时阿伦特、奎因、萨特、加缪、卢卡奇、阿多诺、默多克、海德格尔、波伏娃、罗尔斯、安斯科姆和波普尔都还在工作。也是在这一年，《终局》(Endgame)首次公演，《普宁》(Pnin)、《日瓦戈医生》(Doctor Zhivago)和《帽子里的猫》(The Cat in the Hat)等书相继出版。两年后，兰德告诉华莱士，"唯一影响过我的哲学家"是亚里士多德。除此之外，一切都是"我自己的想法"。她向朋友和兰登书屋的出版商本尼特·瑟夫（Benett Cerf）夸口说，她在"挑战人类两千五百年的文化传统"。她像看待罗克一样看待自己，罗克说："我什么也没有继承。我没有继承任何传统。也许，我站在了一个传统的开端。"然而，数以万计的歌迷已经和她站在了一起。1945 年，《源泉》出版仅两年，就售出了 10 万册。1957 年，也就是《阿特拉斯耸耸肩》出版的那一年，它在《纽约时报》畅销书排行榜上蝉联了 21 周。[7]

兰德可能对她的知名度给她的世界观带来的挑战感到不安，因为她在晚年的大部分时间里在编造关于她和她的作品受到冷遇的故事。她谎称，在《源泉》找到归宿之前，就有 12 家出版商拒绝了它。她称自己是可怕但必要的孤独的受害者，声称"所有的成就和进步都是通过人与人之间的斗争完成的，而不仅仅是通过有能力的人，当然也不是通过一群人"。但是，有多少孤独的作家从书房走出来，刚刚在小说的最后一页写下"结束"二字，就迎来一圈等待的粉丝的祝贺？[8]

如果兰德能更仔细地阅读自己的作品，她也许会看到这种讽刺扑面而来。无论她多么喜欢将天才与大众对立起来，她的小说总是透露出两者之间的秘密共鸣。在她最著名的两部小说中，每一部都给了主人公一个机会，让他在不学无术的人面前发表长篇大论，为自己辩护。罗克在一个由"最冷酷无情的面孔"组成的陪审团面前发表演说,陪审团包括"一名卡车司机、一名砖瓦匠、一名电工、一名园丁和三名工厂工人"。在《阿特拉斯耸耸肩》中,约翰·高尔特在无线电波中连续数小时向数百万听众发表演说。每一次,主人公都得到了理解,他的天才得到了赞誉,他的异化得到了解决。正如高尔特解释的那样,这是因为"理性人之间没有利益冲突"——这只是兰迪的一种说法,即每个故事的结局都皆大欢喜。[9]

因此,兰德小说中的主要矛盾不是个人与大众之间的矛盾,而是半神式的创造者与挡在他与大众之间的所有非生产性因素——知识分子、官僚和中间人——之间的矛盾。这在美学上是一种媚俗,在政治上则是一种法西斯主义。诚然,法西斯主义与媚俗之间存在联系的论点多年来饱受质疑。然而,兰德的例子无疑具有足够的启发性,从而将它们之间的联系问题重新摆上桌面。

兰德出生于1905年2月2日,也就是1905年革命失败三周后。她的父母是犹太人。他们住在圣彼得堡,这座城市长期以来被对犹太人的仇恨所统治。到1914年,圣彼得堡的反犹限制登记簿已长达近1 000页,其中一项法规规定犹太人不得超过人口的2%。他们给她取名艾丽莎·季诺维也夫娜·罗森鲍姆。[10]

在她四五岁的时候,她问妈妈能不能给她一件像表姐们穿的那样的上衣,妈妈说不可以;她要一杯像大人喝的茶,妈妈说没有。她想知道为什么她不能得到她想要的东西。她发誓,总有一天她会得到的。在后来的生活中,兰德对这段经历津津乐道。她的传记作者也是如此:"她在四五十岁时创建的精心设计且颇具争议的哲学体系,其核心就是对这个问题的回答。"[11]

这个故事是纯粹的兰德故事。它将焦点集中在一个事件上,将其视为戏剧性命运的预兆或先兆。她把童年的一件平常事上升为伟大的哲理。尽管兰德似乎把年少时的自私发挥到了极致——小时候她不喜欢罗宾汉;十几岁时,她眼睁睁地看着家人挨饿,而自己却在剧院里犒劳自己——但她的孤芳自赏既不罕见,也不珍贵,以至于需要比一般的青春期自我陶醉更多的东西。[12]最后,她无意中发现自己的世界观不过是发育停滞的情况而已。马克斯·霍克海默(Max Horkheimer)曾在谈到大众文化时写道:"不是口香糖破坏了形而上学,而是它就是形而上学——这是必须说清楚的。"[13]兰德说得非常清楚。

但这则轶事也暗示了兰德的一些特立独行之处。不是她的观点或品味,而是她的中庸和传统。兰德称维克多·雨果(Victor Hugo)是她小说创作的主要灵感来源;埃德蒙德·罗斯坦德(Edmond Rostand)的《西拉诺·德·贝热拉克》(*Cyrano de Bergerac*)是她的另一块试金石。她认为拉赫玛尼诺夫优于巴赫、莫扎特和贝多芬。一位评论家将《源泉》与《魔山》(*The Magic Mountain*)相提并论，这无疑是愚蠢的，她对此也颇感不快。兰德认为，曼恩是一个低级作家，索尔仁尼琴也是如此。[14]

兰德与众不同的地方还在于她的自我意识。诚然，她倾向于自我卡通化，并将自己说得冠冕堂皇。她告诉纳撒尼尔·布兰登（Nathaniel Branden）——她年轻得多的爱人和多年的弟子——即使她80岁还坐在轮椅上，他也应该渴望得到她。她的文章经常引用盖尔的演讲，仿佛这个人物是一个真实的人，一个类似柏拉图或康德的哲学家。她声称自己是在无人帮助的情况下创造了自己，尽管她终生受益于社会民主的慷慨救济。俄国革命向妇女和犹太人开放大学，布尔什维克夺取政权后，大学学费全免，她也因此接受了大学教育。布尔什维克为大众提供戏剧补贴，也让兰德每周都能看到低俗的歌剧。1936年4月，兰德的第一部话剧在纽约闭幕后，公共事业振兴署将其带到全国各地的剧院演出，在整个20世纪30年代后期，兰德每场演出都能获得10美元的丰厚收入。纽约公共图书馆的图书管理员协助她完成了《源泉》的研究工作。[15]尽管如此，她的自恋可能并不比一般的奋斗作家更强烈，当然也不比他们更持久。

不！真正让兰德超凡脱俗的是她将自我意识转化为现实的能力，是她利用意志力将她想象的本体变成客观事实的能力。她不是通过自己的伟大，而是通过说服他人，甚至是精明的传记作者，让他们相信她是伟大的。例如，《安·兰德和她创造的世界》(*Ayn Rand and the World She Made*)一书的作者安妮·海勒（Anne Heller）就一再称赞兰德"独创、锐利的头脑"和"快如闪电的逻辑"，让人不禁怀疑她是否仔细阅读过兰德的作品。她声称兰德能够"从男性视角出发，写出比乔治·艾略特以来任何女作家都更有说服力的作品"。[16]海勒真的认为罗克或高尔特会比劳伦斯·塞尔登或纽兰·阿切尔更可信或更有说服力吗？还有小詹姆斯·拉姆塞，他在六年时间里获得的心灵深度似乎比兰德笔下的任何一位男女主人公们终其一生所表现出来的要深刻？詹妮弗·伯恩斯（Jennifer Burns）是一位学识卓越的历史学家，也是《市场女神：安·兰德和美国右派》(*Goddess of the Market: Ayn Rand and the American Right*)一书的作者，她说：兰德是"最早发现现代国家往往令人恐惧的力量并使其成为公众关注的问题的人之一"。但只有抛开孟德斯鸠、戈德温、康斯坦丁、托克维尔、普鲁东、巴枯宁、斯宾塞、克鲁泡特金、马拉泰斯塔和艾玛·戈德曼不谈，这一点才成立。伯恩斯声称，兰德不喜欢20世纪60年代"波希米亚学生抗议者的混乱"，因为她是"在欧洲上流社会传统中被抚养长大的"。但什么样的欧洲上流社会传统包括歌剧和拉赫玛尼诺夫、情节剧和电影呢？伯恩斯的结论是，兰德身上"仍然"具有永恒价值的是她"忠于自我"的箴言。然而，兰德并没有教给我们这些；事实上，在兰德出生前大约五个世纪写的一出关于丹麦王子的戏剧中，就出现了同样的概念。[17]

要了解艾丽莎·罗森鲍姆是如何创造出安·兰德的，我们需要追溯她的成长历程，不是她的传记作者错误地设想的革命前沙俄，而是她1926年离开苏联后的目的地：好莱坞。因为除了在梦工厂，兰德还能在哪里学会如何实现梦想——关于美国、资本主义和她自己的梦想呢？

甚至在来到好莱坞之前，兰德就已经是好莱坞的一员了。仅在1925年，她就看了117部电影。伯恩斯说，正是在电影中，兰德"瞥见了美国"——我们还可以补充说，培养了她对叙事形式的持久感觉。一到那里，她就成了自己好莱坞故事的主角。她被塞西尔·B. 德米利（Cecil B. DeMille）发现，德米利看到她在他的工作室里闲逛，寻找工作。他被她专注的目光所吸引，便让她搭乘自己的车，并给了她一份临时演员的工作，之后她很快就成为一名电影编剧。几年后，她的剧本就引起了主要演员的注意，促使一家报纸以大字标题头条刊登了一篇报道：《俄罗斯女孩圆梦好莱坞》（Russian Girl Finds End of Rainbow in Hollywood）。[18]

当然，兰德并不是两次世界大战期间唯一来到好莱坞的欧洲人。但与弗里茨·朗（Fritz Lang）、汉斯·艾斯勒（Hanns Eisler）以及其他所有流亡到美国的人不同，兰德不是逃到好莱坞的，她是心甘情愿、迫不及待地赶到好莱坞的。比利·怀尔德（Billy Wilder）到了好莱坞，耸耸肩就走了；而兰德则是屈膝前来。她的任务是学习梦工厂的艺术，而不是来改进或完善的；如何把好故事变成悬念迭起的情节、把一个普通人变成大英雄（或大反派）——所有这些情节剧叙事的技巧，都是为了说服数百万观众，让他们相信生活真的是在热火朝天中度过的。最重要的是，她学会了如何对自己施展这种炼金术。安·兰德是诺玛·德斯蒙德（Norma Desmond）的反面：她是小人物；电影剧照才是重要的。

在扮演哲学家的角色时，兰德喜欢称亚里士多德为她的导师。"从来没有这么多人"——她一反常态地把自己也包括在内——"欠一个人这么多"。[19] 不清楚兰德到底读过多少亚里士多德的著作：当她没有引用高尔特的话时，她总是习惯于把一些并没有出现在这位希腊哲学家著作中的言论和思想归功于他。兰德喜欢引用的一个所谓的亚里士多德思想，确实出现在新政时期一位颇具影响力的自由主义者阿尔伯特·杰伊·诺克的自传中，这完全是搞错了出处。伯恩斯在尾注中指出，在兰德所阅读的诺克自传文本中,这段话得到重点关注而被"划了六条线"。[20]

兰德还喜欢引用亚里士多德的同一律或矛盾律——万事万物都与自身相同,简写为"A 是 A"——作为她为自私自利、自由市场和有限国家辩护的基础。这一特殊的逻辑表达方式让兰德的崇拜者们如痴如醉,也让她的批评者们,甚至是最友好的批评者们不胜其烦。20 世纪最精于分析的自由主义者、哈佛大学哲学家罗伯特·诺齐克(Robert Nozick)在 2002 年去世前几个月曾说:"在我看来,兰德传统中的人们对逻辑……这一原则的利用是完全没有道理的,它是不合逻辑的"。[21] 1961 年,西德尼·胡克(Sidney Hook)在《纽约时报》上写道:

> 自从亚里士多德在中世纪接受洗礼以来,他已经达到了许多奇怪的目的。最奇特的莫过于亚里士多德与亚当·斯密的神圣联盟。兰德小姐在"A 是 A"这一定律中发现的非凡美德表明,她没有意识到逻辑原则本身只能检验一致性。它们不能确立真理……兰德小姐假借对亚里士多德的忠诚,声称不仅能从逻辑中推导出事实问题,而且能推导出伦理规则和经济真理,但没有多少根据。按照她的理解,逻辑法则允许她宣称"存在是存在的",这就好比说,万有引力定律是重的,糖的公式是甜的。[22]

无论兰德是否读过亚里士多德,他给她留下的印象显然不深,尤其是在伦理学方面。亚里士多德的道德观与众不同,与现代人的感性认识格格不入;虽然兰德对其独特性有一定的认识,但她似乎对其实质内容一无所知。亚里士多德就像会客厅书架上的一套仿皮经典著作,只是为了给宾客留下深刻印象,而对兰德来说,则是为了分散对手头真正工作的注意力。

康德是现代人的典型代表,他声称我们行为的正确性完全由理性决定,不受需求、欲望或利益的影响。与康德不同,亚里士多德将他的伦理学植根于人性、习惯和实践、性格和偏好,这些能让我们幸福快乐、能使我们繁荣昌盛。康德认为,道德由严格的规则组成,将无条件的义务强加给我们,要求我们做出最艰苦的牺牲;而亚里士多德则将伦理生活定位于美德,这些品质或状态介于理性和情感之间,但又结合了二者的要素,它们以最温和、最微妙的方式将我们带到善行的山丘边缘。一旦到达那里,我们就会受到启发,具备攀登低处山峰的能力,进而到达高处。一个行善的人,其天性是希望能够行善,并在善行中找到快乐。这种思想与情感、理性与欲望的契合,是在一生的善行中实现的。换句话说,美德与其说是在面对自我最激烈的反抗时必须遵守的规则法典,不如说是一个正常运作的灵魂的食物和纤维、油脂和汽油。

如果说康德是道德生活的运动员,那么亚里士多德就是道德生活的演奏家。相比之下,兰德是道德生活的戏剧家。她在好莱坞而非雅典当学徒,对亚里士多德伦理学所要求的、在美德中修身养性没有什么耐心。相反,她又回到了她所钟爱的英雄个人面对困难道路的形象。困难从来不是混乱或模糊的结果;兰德厌恶"灰色的道德崇拜",坚持认为道德首先是"黑白分明的准则"。[23]使道路变得险峻的——不是为英雄准备的,他似乎天生就为此做好了充分的准备,而是为我们其他人准备的——是沿途的障碍。做正确的事会带来困苦、贫穷和流放,而做错误的事则会带来财富、地位和赞誉。因为拒绝屈从于建筑惯例,罗克最终在采石场劈岩砸石。罗克的替身彼得·基廷背叛了所有人,包括他自己,而他却是全城的宠儿。当然,最终奖惩的分配会发生逆转:罗克快乐,基廷痛苦。但最终的结果总是遥遥无期。

在兰德的文章中,她试图对这一意象进行肤浅的亚里士多德式的润色。她的伦理学也植根于人性,拒绝区分自我利益和善,拒绝区分道德行为和欲望或需求。但兰德衡量善与恶、美德与罪恶的标准不是幸福或繁荣,而是生与死的严酷要求。正如她在《唯物主义伦理学》(The Objectivist Ethics)中所写的那样:

> 我引用高尔特的演讲"宇宙中只有一种基本的选择:存在或不存在——而且只涉及一类实体:生物体。无生命物质的存在是无条件的,而生命的存在则不是:它取决于特定的行动过程。物质是不可毁灭的,它可以改变其形式,但它不能停止存在。只有生物体才面临着一个持续的选择:生或死的问题。生命是一个自我维持和自我产生的过程。如果一个生物体在这个过程中失败了,它就会死亡;它的化学元素依然存在,但它的生命不复存在。只有'生命'的概念才使'价值'的概念成为可能,只有对有生命的实体而言,事物才有善恶之分"。[24]

兰德的辩护者喜欢声称,兰德心目中的"生命"不是简单的生物保存,而是亚里士多德伟大灵魂之人的美好生活,即兰德所说的"人之生存"。[25]的确,兰德并不热衷于单纯的生命或为生命而活。那样就太肤浅了。但兰德的自然主义与亚里士多德的自然主义相去甚远。对亚里士多德来说,生命是一个事实;而对兰德来说,生命是一个问题,正是这个问题使得生命本身成为思考的对象和源泉。

赋予生命价值的是它可能(有朝一日会)终结的永恒可能性。兰德从不把生命说成是假定事实,或者有充分理由的存在,生命是有条件的,是一种我们必须做出的选择,不是一次性的,而是一而再、再而三的。死亡给我们蒙上了一层阴影,使我们的日子变得紧张而沉重,如果没有死亡,我们的日子就会变得黯淡无光。它要求我们保持清醒,警惕每时每刻的命运。兰德嘱咐道:"我们绝不能像行尸走肉般行事。"[26] 简而言之,死亡让生活充满戏剧性。它让我们的选择变得重要——不仅是重大的选择,还有我们每天、每秒所做的微小选择。在兰德的宇宙中,时时刻刻都是正午。至少对兰德和她笔下的人物来说,这样的生活不仅不会让人精疲力竭或疲惫不堪,反而是生机勃勃、令人兴奋的。

如果这种思想有任何道德共鸣,那么它既不会出现在亚里士多德的著作中,也不会出现在表面相似的萨特的存在主义中,而是会出现在法西斯主义踢正步的行军演练中。生命是与死亡的抗争,每一刻都充满毁灭,每一次选择都蕴含命运,每一次行动都会受毁灭的影响,其致命的压力产生了道德意义——这些都是欧洲之夜的标语。戈培尔在 1943 年 2 月柏林体育馆的演讲中宣称:"凡是有利于它及其生存斗争的,都是好的,都必须加以维持和培育。凡是对它及其生存斗争有害的,都是邪恶的,必须清除和消灭。"[27] 这里所说的"它"是指德意志民族,而不是兰德式的个人。但是,如果我们剥离代词的前置词,倾听"无论是现在还是未来"的背景嗡嗡声,那么兰德主义和法西斯主义在道德语法上的相似之处就会变得一目了然。善是用生命来衡量的,生命是一场与死亡的斗争,只有我们每天保持警惕,才能确保其中一个不会战胜另一个。

毫无疑问,兰德反对这种比较。毕竟,个人与集体是有区别的。兰德认为前者是存在的根本,而后者——无论是以阶级、种族还是国家的形式——都是道德的怪胎。戈培尔谈论的是暴力和战争,而兰德谈论的是商业和贸易、生产和经济。但法西斯主义并不敌视英勇的个人。而且,这种个人往往能在经济活动中找到最深切的召唤。兰德的经济学著作非但没有显示出与法西斯主义的分歧,反而不可磨灭地记录了法西斯主义的存在。

这是希特勒 1932 年在杜塞尔多夫对一群工业家发表的演讲中的话:

> 先生们,你们坚持认为,德国经济必须建立在私有财产的基础上。现在,这种私有财产的概念只有在某种程度上看起来具有逻辑基础,才能在实践中得到坚持。这种观念的伦理依据必须来自这样一种洞察力,即这是大自然的要求。[28]

兰德也认为,资本主义之所以容易受到攻击,是因为它缺乏"哲学基础"。资本主义要想生存,就必须有合理的辩护理由。我们必须"从头开始",从自然本身开始。"为了维持生命,每个生物物种都必须遵循其本性所要求的某种行动。"因为理性是人类的"生存手段",所以自然决定了"人类的繁荣或失败、生存或灭亡,与其理性的程度成正比"(注意成败与生死之间的游移)。资本主义是承认并吸收了这一自然规律的制度。"资本主义承认并保护的正是人类本性中最基本的、形而上学的事实——人类的生存与人类对理性的运用之间的联系。"[29]与希特勒一样,兰德在大自然中、在人类的生存斗争中,找到了资本主义的"逻辑基础"。

希特勒不仅没有将集体置于个人之上,也没有将个人置于前者之下,他认为正是"个人人格的力量和影响力"决定了种族和国家的经济(和文化)命运。[30] 1933年,他在这里向另一组实业家发表讲话:

> 当今世界在经济和文化领域所取得的一切积极、美好和有价值的成就,都完全归功于人格的重要性……我们所拥有的一切世俗物品都归功于少数优选之人的奋斗。[31]

这是兰德在《资本主义:未知的理想》(*Capitalism: The Unknow Ideal*, 1967)中所写的:

> 杰出人士、创新者、知识巨匠……正是这一特殊少数群体的成员将整个自由社会提升到了他们自己成就的水平,同时不断进步、提升。[32]

如果说希特勒经济观的第一部分是为了颂扬个体实业家的浪漫天才,那么第二部分则详细阐述了第一部分中不平等的内涵。希特勒在杜塞尔多夫说,一旦我们认识到"个人的杰出成就",我们就必须得出结论,"人的价值或重要性并不相等"。只有[我们]承认人的成就不同,私有财产"才能在道德和伦理上得到证明"。对自然的理解会培养对英雄个人的尊重,从而培养对最恶毒的不平等现象的理解。"一个民族中创造力和腐化力总是在相互斗争。"[33]

兰德对不平等的理解也同样尖锐。我引用高尔特的讲话:

> 处于智力金字塔顶端的人对他下面的人贡献最大,但除了物质上的报酬,他什么也得不到,也没有从其他人那里获得智力上的奖励,从而增加他的时代价值。底层的人,如果放任自流,会因为他绝望无能而饿死,他对上层人士毫无益处,但会得到他们所有智慧的红利。这就是智力强

弱之间"竞争"的本质。这就是你所诅咒强者的"剥削"模式。[34]

兰德从自然到个人主义,再到不平等,一路走来,其终点也是一个被"创造力和腐化力"所分割的世界。罗克说,在每个社会中,都有一个"创造者"和一个寄生的"二传手",每个人都有自己的本性和密码。第一种是"适者生存",第二种是"无法生存"。[35]一种产生生命,另一种导致死亡。在《阿特拉斯耸耸肩》中,这场战斗发生在制片人与"抢劫者"和"驼鹿"之间。这场战斗也必然是生死鏖战。

兰德与这样的人在一起并不奇怪,因为她和纳粹在粗俗的尼采主义中有着共同的遗产,自20世纪初以来,尼采主义一直在追随激进的右派,无论是自由意志主义还是法西斯主义的变种。正如她的两位传记作者所展示的那样,尼采早期对兰德的控制从未真正放松过。她的堂姐调侃兰德说,尼采"把你所有的想法都打回了原形"。当兰德到达美国时,《查拉图斯特拉如是说》是她买的第一本英文书。尼采一直萦绕在兰德的脑际,在尼采的启发下,她在日记中写道,"生命的秘密"是"你必须什么都不是,只有意志。知道自己想要什么,并付诸行动。每一天中的分分秒秒,都要知道你在做什么、为什么要做。所有都是意志和操控,让其他一切都见鬼去吧!"她的表达词语经常包括"尼采和我想""正如尼采所说"等。[36]

兰德非常赞同将暴力罪犯视为道德英雄,是对所有价值观的一种尼采式重新评价;根据伯恩斯的说法,她"发现犯罪是个人主义的一个不可抗拒的隐喻"。兰德以文学手法创作了利奥波德与勒布谋杀案,她根据一个杀人犯勒死一名12岁女孩的实际案例策划了一部中篇小说。兰德说,凶手"天生就有一种奇妙的、自由的、光明的意识——这源于绝对缺乏社会本能或群体感。他不理解其他人,因为他没有理解他人的必要性、意义或重要性的器官"。[37]这是对在尼采的《道德谱系》一书中主人阶级不那么糟糕的描述。

尽管兰德的辩护者声称她后来放弃了对尼采的迷恋,但有太多证据表明她对尼采的执迷持续不断。这是罗克本人的形象,"当她写下罗克的人格笔记时,"伯恩斯写道,"她告诉自己,'看看尼采如何谈论笑'。"这本书著名的第一句话表明了这种联系的核心:"霍华德·罗克笑了。"[38]然后是《阿特拉斯耸耸肩》,自由主义经济学的杰出人物之一路德维希·冯·米塞斯这样称赞道:

> 你要有勇气告诉群众那些政治家们不会告诉他们的事情:你是低劣的,你所有的生活条件改善,你认为只是理所当然,其实这些都归功于比你更好的人的努力。[39]

路德维希·海因里希·艾德勒·冯·米塞斯（1881—1973年）

图片来源：百度百科。

但尼采的影响以一种更深层的方式影响着兰德的写作，这种方式象征着自右派在法国大革命的熔炉中诞生以来的总体轨迹。兰德是一位终身无神论者，对基督教怀有特殊的敌意，她称之为"可能最好的共产主义幼稚园"。[40]兰德的论述非但没有代表保守主义中的异端倾向，反而传递了右派对宗教的怀疑传统，尤其是关于基督教对现代世界的阴险影响疑虑重重。自1789年以来，许多保守派人士团结起来支持基督教和宗教，将其视为18世纪和19世纪民主革命的解药，其中一小部分人将宗教，或至少宗教的某些方面视为革命的参谋。

约瑟夫·德·梅斯特尔是第一批这样做的保守分子。作为一名虔诚的天主教徒，他将法国大革命追溯到宗教改革的强大消解力。新教颂扬对《圣经》的"私人解读"，这为一个世纪又一个世纪源于下层阶级的弑君和叛乱铺平了道路。[41]

正是在修道院的阴影下，出现了人类最大的祸害之一。路德出现了，加尔文跟着他。农民起义、三十年战争、法国内战……亨利二世、亨利四世、玛丽·斯图亚特和查理一世的谋杀案；最后，在我们的时代，同一个来源，则是法国大革命。[42]

尼采，一个路德会牧师的孩子，将这一观点激进化，将所有基督教——实际上是所有西方宗教，追溯到犹太教——描绘成奴隶的道德，即下层阶级对上层阶级的心理反抗。在有宗教甚至道德之前，就有主人阶级的理智与情感。主人看着他的身体——它的力量和美丽，它展现出的卓越和耐力——看到后说它完美无瑕。事后，他看了看那奴隶，看到后说它一无是处。奴隶从不自视甚高：他被主人的嫉妒和怨恨所吞噬。他太虚弱了，无法对自己的愤怒采取行动并进行报复，于是发动了一场平静但致命的心灵反抗。他把主人的所有特质——权力、对痛苦的漠不关心、轻率的残忍——都称为邪恶。他把自己的特点——温顺、谦逊、宽容——都说成善良。他设计了一种宗教，将自私和自我关怀作为一种罪恶，将同情和关心他人作为救赎之路。他设想了一个普遍的信徒兄弟会，在上帝面前人人平等，并谴责了主人按卓越程度建立的不平等秩序。[43] 尼采明确表示，奴隶反抗的现代残余并不存在于基督教甚至宗教中，而是存在于19世纪的民主和社会主义运动中：

> 另一个同样疯狂的基督教概念，已经更深入地渗透到现代性的组织中，即"上帝面前灵魂平等"的概念。这个概念提供了所有平等权利理论的原型，人类最初被教导在宗教背景下结结巴巴地提出平等的主张，直到后来才被纳入道德：难怪人类最终会认真对待它，实事求是地对待它；也就是说，在政治上、民主上、社会上。[44]

当兰德猛烈抨击基督教是社会主义的前身，当她谴责利他主义和牺牲是真正价值等级制的颠倒时，她正在保守主义内部培养一种压力，认为宗教不是左派的补救手段，而是左派的助手。当她向亚里士多德寻求另一种道德时，无论多么笨拙，她都在重述尼采回到古代的旅程，他希望在那里找到一种不受下层平等主义价值观污染的主人阶级的道德。

尽管兰德为资本主义所做的反宗教辩护似乎与当今的政治环境格格不入，但我们不妨回顾一下最近人们对她的著作重新燃起的兴趣。仅在2008年，她的小说就卖出了80多万册；正如伯恩斯指出的那样，"在美国文化中，兰德现在比她生前更活跃"。事实上，兰德经常被认为对新一代共和党领导人有持续而重大的影响；伯恩斯称她是"通往右派生活最终闯关的兴奋剂"。[45] 无论是否提到她的名字，兰德的存在都是显而易见的，而且据闻这种忧虑越来越重。右派越来越担心基督教的制度和教义中正在酝酿着一些险恶的东西。

> 我恳求你，在你的教会网站上寻找"社会正义"或"经济正义"这两个词。如果你找到了，就能跑多快跑多快。社会正义和经济正义，它们都是暗语。现在，我是在建议人们离开他们的教堂吗？是的！

这是格伦·贝克（Glenn Beck）在他2010年3月2日的广播节目中的呼吁，他几乎强烈反对持基督教信仰的每一个教会：天主教、圣公会、卫理公会、浸礼会——甚至是他自己的耶稣基督后期圣徒教会。[46]

就其本身而言，兰德的意义并不大。只有她在美国文化中的共鸣——以及她的共鸣所引起的令人生厌的联想——才让她感兴趣。她与罗克所描述的"二传手"并无不同："他们的现实不在他们体内，而是在将一个人体与另一个人体分开的空间中的某个地方。不是一个实体，而是一种关系……"二传手"的行为，但他的行动资源分散在其他所有活着的人身上。"[47]这一次，他似乎知道自己是在哪里说话了。

但对尼采介绍了这么多，也介绍完了亚里士多德之后，我们仍然对兰德感到困惑：这样一个平庸的人，不仅是一个"二传手"，而且是一个"二流货"，怎么会对整个文化产生如此持续的影响？

从梅尔维尔到马梅特，我们拥有一整套关于骗子和骗子的文学作品，人们很容易将兰德视为周期性照亮美国版图的众多赝品和骗子之一。但这种诱惑应该予以抵制。兰德代表了一种不同的、更令人不安的东西。骗子就是骗子，但他能确定事情的真相，在这方面通常比我们其他人都做得好。他必须做到：如果他要诈骗他的目标对象，他必须知道该目标对象是谁、目标对象想成为什么样的人。在这个介于事实和幻想之间的地狱里工作，骗子只有看到百合花的本质，才能为百合花镀金。但兰德不想为任何事情镀金。镀金的百合花是现实。还有什么要补充的吗？为了表明这一点，她甚至戴了一个翻领别针：它是由黄金制成的，形状像一个美元符号，这是最名副其实的金光闪闪的饰品。

自19世纪以来，左派的任务一直是为自由文明树立一面映照其最高价值观的镜子，并认为："你看起来不像这样。"你声称相信人的权利，但你维护的只是财产权。你声称代表自由，但只是强者支配弱者的自由。如果你想遵守你的原则，你必须屈服于这些原则的造物主。让被剥夺者掌权，理想终将成真，隐喻就会成为现实。

兰德认为，这场天地风云际会可以通过其他方式来安排。她不是以天堂的形象重塑世界，而是以世界的形象寻找天堂，政治变革是不必要的。变体就足够了。说几句话，挥挥手，理想就是真实的，隐喻就是现实了。兰德是最原始的理想主义者，她经历了社会主义一个世纪的巨大差别，并将其夷为平地。难怪有这么多人指责她不宽容：当天地如此紧密地结合在一起时，哪里还有异议的空间？

她的成功无须解释，而是不言自明的。兰德——与理查德·尼克松和罗纳德·里根、史蒂夫·班农和格伦·贝克等人一起——在那个典型的美国实验场工作,在那里,垃圾获得了庄严、废话得到了祝福。在那里,她明白了梦想不会成真。这些梦想就是真实的。把你的形而上学变成口香糖,你的口香糖就是形而上学。A 就是 A。

注释:

〔1〕Anne C. Heller, *Ayn Rand and the World She Made*（New York: Knopf, 2009）, xii; http://www.randomhouse.com/modernlibrary/100bestnovels.html, accessed April 8, 2011.

〔2〕Amy Wallace, "Farrah's Brainy Side," *The Daily Beast*（June 25, 2009）, http://www.thedailybeast.com/blogs-and-stories/2009-06-25/farrahs-brainy-side, 访问日期:April 8, 2011; Heller, *Ayn Rand*, 401。

〔3〕Heller, *Ayn Rand*, 167.

〔4〕Ayn Rand, "The Objectivist Ethics," in Rand, *The Virtue of Selfishness*（New York: Penguin, 1961, 1964）, 39.

〔5〕Elizabeth Gettelman, "I'm With the Rand," *Mother Jones*（July 20, 2009）, http://motherjones.com/media/2009/07/im-rand, 访问日期:April 8, 2011。

〔6〕Ayn Rand, *The Fountainhead*（New York: Signet, 1996）, 678.

〔7〕Heller, *Ayn Rand*, 155, 275, 292; Rand, *Fountainhead*, 24—25; http://en.wikipedia.org/wiki/1957_in_literature, 访问日期:April 8, 2011; http://atlasshrugged.com/book/history.html#publication, 访问日期:May 1, 2010。

〔8〕Heller, *Ayn Rand*, 88, 186, 278.

〔9〕Rand, *Fountainhead*, 675; Ayn Rand, *Atlas Shrugged*（New York: Plume, 1957, 1992）, 1022.

〔10〕Heller, *Ayn Rand*, 1—3.

〔11〕Ibid., 5.

〔12〕Ibid., 29; Jennifer Burns, *Goddess of the Market: Ayn Rand and the American Right*（New York: Oxford University Press, 2009）, 14—15.

〔13〕引自 Theodor Adorno, *Prisms*（Cambridge: MIT Press, 1967）, 109。

〔14〕Heller, *Ayn Rand*, 32, 35, 69, 159, 299, 395—396.

〔15〕Ibid., 38—39, 44, 82—83, 114, 336, 371.

〔16〕Ibid., 9, 11, 15.

〔17〕Burns, *Goddess of the Market*, 3, 229, 285.

〔18〕Ibid., 16—17, 21, 27.

〔19〕Ayn Rand, *For the New Intellectual* (New York: Signet, 1961), 18.

〔20〕Burns, *Goddess of the Market*, 307.

〔21〕Julian Sanchez, "An Interview with Robert Nozick" (July 26, 2001), http://www.trinity.edu/rjensen/NozickInterview.htm,访问日期:April 8, 2011。

〔22〕Sidney Hook, "Each Man for Himself," *New York Times*, April 9, 1961, BR3.

〔23〕Rand, "The Cult of Moral Grayness," in *The Virtue of Selfishness*, 92.

〔24〕Rand, "Objectivist Ethics," 16.

〔25〕Tara Smith, *Ayn Rand's Normative Ethics: The Virtuous Egoist* (New York: Cambridge University Press, 2006), 28—29; Rand, "Objectivist Ethics," 25.

〔26〕Rand, "Objectivist Ethics," 28.

〔27〕*The Nazi Germany Sourcebook*, ed. Roderick Stackelberg and Sally Winkle (London: Routledge, 2002), 302—303.

〔28〕Ibid., 105.

〔29〕Rand, *Capitalism: The Unknown Ideal* (New York: Signet, 1967), 2, 6, 8, 11, 24.

〔30〕*Nazi Germany Sourcebook*, 131.

〔31〕Ibid., 130.

〔32〕Rand, *Capitalism*, 18.

〔33〕*Nazi Germany Sourcebook*, 105, 131.

〔34〕Rand, *Atlas Shrugged*, 1065.

〔35〕Rand, *Fountainhead*, 681.

〔36〕Burns, *Goddess of the Market*, 16, 22, 25; Heller, *Ayn Rand*, 57.

〔37〕Burns, *Goddess of the Market*, 28, 70.

〔38〕Ibid., 42.

〔39〕Ibid., 177.

〔40〕Ibid., 43.

〔41〕Joseph de Maistre, *St. Petersburg Dialogues*, trans. and ed. Richard Lebrun (Montreal: McGill-Queen's University Press, 1993), 335. 伯克还将法国大革命追溯到宗教改革时期。见 Conor Cruise O'Brien, *The Great Melody: A Thematic Biography and Commented Anthology of Edmund Burke* (Chicago: University of Chicago Press, 1992), 452—453。

〔42〕Joseph de Maistre, *Considerations on France*, ed. Richard Lebrun (New York: Cambridge University Press, 1974, 1994), 27.

〔43〕Friedrich Nietzsche, *On the Genealogy of Morals*, trans. Walter Kaufmann (New York: Random House, 1967), 24—56.

〔44〕Friedrich Nietzsche，*The Will to Power*，trans. Walter Kaufmann and R. J. Hollingdale（New York：Random House，1967），401. 也见 Nietzsche，*Genealogy*，36，54；Friedrich Nietzsche，*Beyond Good and Evil*（New York：Vintage，1989），116.

〔45〕Burns，*Goddess of the Market*，2，4.

〔46〕Matthew Yglesias，"Beck vs Social Justice，"https://thinkprogress. org/beck-vs-social-justice-f720faddafc4，访问日期：April 8，2011；Matthew Yglesias，"LDS Scholars Confirm Mormon Commitment to Social Justice，"https:// thinkprogress. org/lds-scholars-confirm-mormon-commitment-to-social-justice-50b707359fcf，访问日期：April 8，2011。

〔47〕Rand，*Fountainhead*，606.

第八章

贱民王子

乔治·威尔(George Will)在巴里·戈德华特的《一个保守派的良知》再版前言中写道:"20世纪60年代是文化异见和政治动荡的年代,人们对此的记忆是正确的。如果它被认为只是由左派激起波澜的年代,那么人们这样的记忆就搞错了。"[1]几十年前,如果不是嘘声和嘲笑,这样的说法会引来困惑的目光。但在此后的几年里,一系列书籍的出版,每一本都提及过去半个世纪的大部分政治创新来自右派的观点,促使历史学家修正了关于战后美国的传统观点,包括20世纪60年代。新的共识反映在罗纳德·斯托里(Ronald Story)和布鲁斯·劳里(Bruce Laurie)的《1945—2000年美国保守主义的兴起》(*The Rise of Conservatism in American, 1945—2000*)的开篇:"自第二次世界大战以来,美国政治的中心叙事就是保守主义运动的出现。"[2]然而,出于某种原因,乔治·威尔仍然觉得他的同胞们对这种运动没有给予足够的重视和认可。

威尔并不是第一个认为自己流亡在自己国家的保守派。排斥感从一开始就困扰着这场运动,当时移民逃离了法国大革命,埃德蒙·伯克和约瑟夫·德·梅斯特尔开始了他们的事业。在失落的阴影下——失去财产、地位、记忆、遗产、阳光下的一席之地——保守派黯然登场,它仍然是逃亡者的聚集巢穴。即使得到了职位的保证,保守派也会临阵脱逃。无论是工具性的还是真诚的,这种贱民与权力的融合是他吸引力的来源之一。正如威廉·F.巴克利在《国家评论》的创始声明中所写,保守派的排外标志使他"几乎是城里最炙手可热的东西"。[3]

虽然约翰·洛克、大卫·休谟和亚当·斯密经常被保守主义的优雅捍卫者们推颂为运动的领军人物,但他们的著作无法解释保守主义的真正怪异之处:一个统治阶级将其权力诉求建立在受害者的意识之上,这可以说是历史上的第一次。柏拉图的监护人是睿智的;阿奎那的国王是善良的;霍布斯的君主也是完全有主权的。但是,梅斯特尔为君主制所做的最好辩护是,他所渴望的国王上过"可怕的厄运学校",在"艰难的逆境磨炼"中受苦受难。[4] 梅斯特尔有充分的理由为自己辩护:我们现在知道,玩弄平民是保守派武器库中的重要武器。尽管如此,这种辩护还是匪夷所思。毕竟,如果王子带来的主要好处是他其实是一个穷光蛋,那么,为什么不直接让穷光蛋坐上这个位置呢?

保守派要求我们不要服从他们,而是要为他们感到难过,或者因为我们为他们感到难过而服从他们。卢梭是第一个提出怜悯政治理论的人,因此他被称为"失败者的荷马"。[5] 但伯克对玛丽·安托瓦内特的描述过于夸张,他不也有资格获得这一称号吗?[6]

玛丽·安托瓦内特是一个特殊的失败者,她拥有一切,却发现自己被彻底剥夺了一切。伯克从玛丽·安托瓦内特的堕落中看到了古典悲剧的原型,一个因命运而堕落的伟大人物。但在悲剧中,英雄所奢求的不过是知天命而已:时间之轮无法逆转,饱受之苦无法挽回。然而,保守主义者并不满足于了解命运。他们想要恢复,革命和反革命的新生力量为他们提供了机会。他们以受害者自居,成为终极的现代人,成为政治市场上善于竞争的人,在这个市场上,权利及褫权是珍贵的商品。

改革者和激进分子必须让下属和被褫权者相信,他们拥有权利和权力。保守派则不同。他们既有权利又备受伤害——伤害是因为其有权利——并且都坚信自己的事业是正义的,他们的胜利是不可避免的。他们可以扮演受害者和胜利者,其信念和灵巧程度是下层人难以想象的。这使他们成为效忠和爱戴保守派的强大拥护者。无论我们是富人、穷人还是中产者,正如雨果·杨在谈到撒切尔夫人时所说的那样,我们都是保守派的一员。[7]

但保守派是如何让我们相信我们也是他们中的一员的呢?那就是让特权民主化、让民主贵族化。保守派并不捍卫旧政权,而是代表旧制度——家庭、工厂和田间地头、乡野牧场——说话。在那里,普通男人,有时是女人,可以扮演小贵族或小贵妇的角色,监督他们的下属,就好像他们都属于封建庄园一样。早在休伊·朗喊出"人人都是国王"之前,就有一些更模棱两可的民主主义者说过几乎同样的话,尽管效果不同:民主的承诺就是像君主管理臣民那样彻底地管理另一个人。保守主义的任务显而易见:用栅栏和大门围住这些旧制度,保护它们不受国家或社会运动等爱管闲事的入侵者的侵扰,并大谈流动与创新、自由与未来。

让特权变得可亲可近是保守主义的一项长期计划,但每一代人都必须根据时代的特征来调整这项计划。戈德华特的挑战在他的书名中就已写明:要证明保守派是有良知的。这不是一颗赤诚之心——他抨击艾森豪威尔和尼克松试图证明共和党人富有同情心[8]——也不是从约翰·斯图亚特·密尔到莱昂内尔·特里林(Lionel Trilling)的自由派所怀疑的睿智大脑,而是良知。政治运动往往必须让追随者相信他们的胜利是志在必得的,他们的事业是正义合理的,以及他们的领导者是精明强干的,但很少有政治运动必须证明他们是内心迈向光明的。不过戈德华特并不这么认为:为了吸引新的选民并团结忠实的追随者,保守主义必须确立自己的理想主义和诚信操守,绝对独立于财富的召唤、特权和物质主义——独立于现实本身。如果要改变现实,保守派就必须脱离现实,至少在他们的自我认识中是这样的。[9]在这方面,他与伯克不分伯仲,伯克曾警告说,虽然英国的统治阶级有"巨大的利益需要维护",以抵御雅各宾派的威胁,并有"强大的手段来维护它",但他们就像一个"工匠……被他的工具拖累"。伯克总结说,拥有巨大的"资源",在反对革命的斗争中"可能是障碍之一"。[10]

近年来,这已成为一种时尚,即斥责当今的共和党人不再是保守主义真正的信徒,认为他们抛弃了保守主义固有的怀疑精神与温和的调适勇气,背叛了真正的保守主义。根据这种说法,戈德华特刚愎自用且脾气暴躁,他对任何像意识形态一样令人窒息(以及苏联化)的东西都退避三舍;布什(或新保守主义者与茶党人)则冥顽不化且刻板教条,是圣明判决和福音真理的执行者。但保守主义一直是一种信念运动——如果没有其他原因,那就是为了反对左派的信念。"对方(左派)已经有了自己的意识形态,"撒切尔曾宣称,"我们也必须有。"[11]为了对抗左派,右派不得不模仿左派。约翰·卡尔霍恩写道:"废奴主义者虽然是鲜规之兽",但他们"通过自己的行动获得了巨大的影响力"。[12]

戈德华特明白这一点。在镀金时代,保守派反对工会和政府监管,他们援引了工人与雇主签订合同的自由。自由派反驳说,这种自由是虚幻的:工人缺乏按照自己的意愿签订合同的手段;真正的自由需要物质手段。戈德华特对此表示同意,只是他把同样的论点转向了新政:高税收剥夺了工人的工资,使他们失去了自由和自由的能力。他借约翰·杜威之口问道:"如果一个人被剥夺了行使自由的手段,他又如何能够获得真正的自由呢?"[13]富兰克林·德拉诺·罗斯福声称,保守派关心金钱胜过关心人。戈德华特对自由派也是这么说的。他们只关注工资和福利,"只看重人的本性中物质的一面""将所有其他考虑都置于人的物质福祉之下"。相比之下,保守派考虑的是"全面的人",将人的"精神本质"作为政治的"重中之重",并使"物质的东西适得其所"。[14]

约翰·杜威(1859—1952 年)
图片来源:百度百科。

这种对新政经济主义的浪漫嚎叫——与新左派类似——并不是对政治或政府的抗议;戈德华特不是自由主义者。它试图提升政治和政府的地位,将公众讨论引向比管理舒适生活和物质福利更崇高、更光荣的目标。然而,与新左派不同的是,戈德华特并没有拒绝富裕社会。相反,他将获取财富转化为一种自律的行为,通过这种行为,"不平凡"的人可以将自己从"芸芸众生"中区分出来。[15] 积累财富不仅是通过物质手段行使自由,而且是一种凌驾于他人之上的方式。

卡尔·曼海姆(Karl Mannheim)在其关于保守主义思想的文章中指出,保守主义者对自由的观念从来都不感冒。它威胁到下级对上级的服从。然而,由于自由是现代政治的通用语言,保守派"有足够的本能不去攻击它"。相反,他们让自由成为掩饰不平等的代名词,让不平等成为伪饰服从的代名词。他们认为,人生而不平等。自由使他们有发展其不平等天赋的可能性。一个自由的社会必然是一个不平等的社会,由截然不同、等级分明的特殊群体组成。[16]

戈德华特从未拒绝自由;事实上,他赞美自由。但毫无疑问,他认为自由是不平等的代名词,或者说是战争,他称之为"自由的代价"。自由社会保护每个人"与其他人的绝对差异",这种差异代表优劣。正是"不平凡的人"——最与众不同、最优秀的人——的积极进取和雄心壮志成就了一个国家的伟大。一个自由的社会要在人们生命的最初阶段就识别出这样的人,并为他们提供所需的资源,帮助他们崭露头角。针对那些赞同"每个孩子都必须接受同样教育的平等主义观念"的人,戈德华特主张"建立一种教育制度,这种制度将激发我们最优秀学生的才能和雄心……从而确保我们拥有未来所需的领导人"。[17]曼海姆还认为,保守主义者往往支持群体(种族或国家)而非个人。种族和民族具有独特的身份,必须以自由的名义加以维护。它们相当于现代的封建领地。它们具有独特的、不平等的特征和功能;它们享有不同的、不平等的特权。自由就是对这些特权的保护伞,这些特权是群体中内生的独特天才的外在表现。[18]

戈德华特反对种族主义(尽管不是民族主义)。但在讨论自由问题时,他还是无法抵挡封建主义的诱惑。他称州权是自由的"基石",是"我们抵御联邦政府侵犯个人自由的重要堡垒"。在理论上,各州保护的是个人而非群体。但在1960年,这些个人又是谁呢?戈德华特声称,他们是任何人、是每个人,州权与吉姆·克劳毫无关系。然而,就连他自己也不得不承认,种族隔离"现如今是'州权'原则最惹人注意的体现"。[19]州权的言论为白人种族主义设置了一道警戒线。尽管州权肯定是保守派政纲中最令人讨厌的一块——最终被抛弃了——但戈德华特对州权的论证完全符合将自由视为不平等的挡箭牌和大规模封建主义的代用品的传统。

戈德华特在1964年的总统选举中一败涂地,但他的后继者持续大获全胜,他们将不满的范围从南方白人扩大到丈夫和妻子、福音派教徒和白人种族,并继续吸收和改造左派的习惯用语。[20]适应左派并没有让美国的保守主义变得不那么反动——就像梅斯特尔或伯克认识到法国大革命已经永久性地改变了欧洲一样,保守主义在那里得到了锤炼。相反,它使保守主义变得更加温和、更加成功。它适应得越灵活,保守主义就变得越反动。

福音派基督徒是这一事业的理想招募对象,他们巧妙地打出受害者这张主神牌,以此重振白人的力量。一位得克萨斯州的电视布道者在1980年宣称:"现在是上帝的子民出柜的时候了。"但是,让福音派教徒成为同性恋者的并不是宗教,而是宗教与种族主义的结合。基督教右派的主要催化剂之一是为南方的私立学校辩护,这些学校是为了应对取消种族隔离而设立的。到1970年,有40万白人儿童就读于这些"种族隔离学校"。密西西比州等为学生提供学费补助,在尼克松政府推翻这一做法之前,美国国税局为这些学校的捐赠者提供免税待遇。[21]根据新右派和直邮广告先驱理查德·维盖里（Richard Viguerie）的说法，民权活动家和法院对这些公共补贴的攻击"是宗教右派参与现实政治的导火索"。一位历史学家写道，虽然种族隔离学校的兴起"往往与以前全白人公立学校取消种族隔离的时间正好吻合"，但这些学校的倡导者声称，自己是在捍卫宗教少数群体，而不是白人至上主义（这些学校最初不信奉任何宗教，但随着时间的推移，大多数学校变成了福音学校）。他们的事业是自由，而不是不平等——不是像上一代大规模反抗者所宣称的与白人相联系的自由，而是信奉他们危机四伏的宗教的自由。[22] 这是一个精于盘算的换位思考。奴隶主的继承人一下子变成了受迫害的浸礼会教徒的后代，而吉姆·克劳则成了第一修正案要保护的异端邪说。

基督教右派同样受到了妇女运动反弹的激励。反女权主义是保守主义事业的后来者。直到20世纪70年代初，《平权法案》的倡导者还可以把理查德·尼克松、乔治·华莱士和斯特罗姆·瑟蒙德算作支持者；甚至连菲丽丝·施拉弗利（Phyllis Schlafly）也将《平权法案》描述为"介于无伤大雅和略有裨益之间"的东西。历史学家玛格丽特·斯普鲁尔（Margaret Spruill）写道，但是一旦女权主义进入"两性关系这一敏感且极具个人色彩的领域"，法律平等这一抽象的短语就有了更亲密、更具体的含义。正如我们在第二章中所看到的，在施拉弗利和其他妇女的领导下，《平权法案》引发了一场反革命，这场反革命与它所反对的运动一样草根化、多样化。[23] 这场反革命如此成功——不仅使《平权法案》脱轨，还推动共和党上台——似乎证明了女权主义的观点。如果女性能够如此有效地充当政治行动者，为什么她们不能进入国会或白宫呢？

施拉弗莱抓住了其中的讽刺意味。她明白妇女运动挖掘并释放了妇女对权力和自主权的渴望，而这种渴望是无法简单平息的。如果妇女们要被遣送回她们的流放地——家庭，她们就不能把自己的撤退视为失败，而应该看作在争取妇女自由和权力的长期斗争中取得的又一次胜利。正如我们在第二章中所看到的，施拉弗利将自己描述为女权的捍卫者，而不是反对者。她坚持认为，《婚姻与家庭关系法》是"对妇女权利的褫夺"，是丈夫"赡养妻子并抚养未成年子女的权利"。施拉弗利将她的论点集中在"妻子在婚姻中的权利，妻子在家中的权利"上，从而强化了妇女首先是妻子和母亲的观念；她们唯一需要的是丈夫提供的保护。同时，她还用自由主义的语言描述了这种关系。她声称，"妻子有得到配偶支持的权利"，将妇女视为女权主义的要求者，将丈夫视为福利国家。[24]

与18世纪法国的天主教前辈一样，基督教右派不仅盗用了对手的思想，还盗用了对手的礼仪和风俗。比利·格雷厄姆(Billy Graham)发行了一张名为《说唱专场会：比利·格雷厄姆和学生们说唱当今年轻人的问题》的专辑。福音派批评自恋文化——然后将其大量繁殖。关注家庭组织的詹姆斯·多布森(James Dobson)是南加州大学的一名儿童心理学家,与斯波克博士(Dr. Spock)竞相成为育儿畅销书的作者。根据历史学家保罗·博耶(Paul Boyer)的说法,福音派书店"推广疾病治疗和自立自助的书籍,从福音派的角度提供财务、约会、婚姻、防治抑郁和成瘾方面的建议"。最大胆的是哈尔·林赛(Hal Lindsey)的著作《伟大的地球末日》(*The Late Great Planet Earth*)的电影版。这本书普及了基督教关于末日的预言,而电影则是由奥森·威尔斯(Orson Welles)解说的,他是"人民阵线"最初的坏小子。[25]

然而,右派利用左派的最有趣案例来自大企业和尼克松政府。商人阶级将学生运动视为重要的支持者。历史学家贝瑟尼·莫尔顿(Bethany Moreton)写道,企业发言人使用时髦而不拘一格的语言,将"格子西装留在衣柜里",将资本主义作为实现20世纪60年代风格的解放、参与和正统性来兜售。在抗议入侵柬埔寨(以及随后发生的屠杀四名学生的事件)后,肯特州立大学的学生们成立了"国际大学生企业家联盟"(SIFE)分会,这是全国150个分会之一。他们赞助了一场名为"乐队大战"的活动,其中一名参赛者写了以下歌词：

你知道

我永远快快不乐

只因朝九晚五地工作

我宁肯

一辈子穷困潦倒

也不愿

在谎言中蝇生苟活

如果我

能把钱存起来

或者贷来一笔款

我就能

自主经商创业

靠自己

在浮生中大有斩获

在大学校园里小企业研究所纷纷成立,将"商人塑造成受害者,而不是恶霸"。商界也把葛兰西的策略带到了中学。在阿肯色州的"国际大学生企业家联盟"分会成员,在课堂上模仿米尔顿·弗里德曼在公共广播公司的系列节目《自由选择》(Free to Choose),表演了课堂短剧。1971 年,亚利桑那州通过了一项法律,要求高中毕业生选修经济学课程,以便他们在"面对集体主义者或社会主义者的教授"时能"据理力争"。20 个州都纷纷效仿。亚利桑那州的学生如果通过了一项考试,就可以从该课程中退学。其中一道试题的标准答案是,要求将"政府干预自由企业制度"等同于"不利于自由市场"。[26]

尼克松是最善于左右逢源的政治家,他是一位说"左"话、做"右"事的大师。尼克松明白,应对民权运动的最好办法不是保护白人、反对黑人,而是让白人成为白人民族。这个白人民族也背负着自己的受压迫历史,需要开展自己的解放运动。历史学家汤姆·苏格鲁(Tom Sugrue)和社会学家约翰·斯肯特尼(John Skrentny)写道:在南欧和东欧的移民跳进大熔炉变成白人的时候,尼克松和 20 世纪 70 年代的种族复兴主义者"为欧洲裔美国人提供了一个新的工具,在以白人身份向国家提出的要求越来越不合法时,他们可以通过这个工具来维护公民权利"。在尼克松的领导下,共和党变成了民主党城市职员组织的右派版本。波兰人和意大利人被任命到他的政府中担任要职,尼克松在白人社区大力开展竞选活动。他甚至对人群说"他觉得自己有意大利血统"。尼克松的努力偶尔也会超出象征意义——1971 年的一项提案将《平权法案》的适用范围扩大到"某些种族群体的成员,主要是东欧、中欧和南欧血统的成员,如意大利人、希腊人和斯拉夫群体"——但大多数是花言巧语。但这并没有降低它们的效力:白人种族的新词汇帮助右派创造了一段"勤奋工作、纪律严明、性别角色明确、家庭关系牢固的浪漫化的往昔时光",为一个新时代——一个非常古老的制度——提供了一种新的话语。[27]

戈德华特的母亲是罗杰·威廉姆斯的后裔,他皈依圣公会的父亲是波兰犹太人的后裔。1964 年戈德华特参选时,哈里·戈尔登打趣道:"我一直都知道第一个竞选总统的犹太人会是圣公会教徒。"[28] 如果保守主义的历史能够为我们提供指引的话,或许戈德华特应该以犹太人的身份参选。

注释:

[1] George Will, foreword to Barry Goldwater, *The Conscience of a Conservative* (Prince-

ton, N. J. : Princeton University Press, 2007, 1960), xi.

[2] *The Rise of Conservatism in America, 1945—2000: A Brief History with Documents*, ed. Ronald Story and Bruce Laurie (Boston: Bedford/St. Martin's, 2008), 1.

[3] William F. Buckley Jr. , "Publisher's Statement on Founding National Review," *National Review* (November 19, 1955), in *Rise of Conservatism in America*, 51.

[4] Joseph de Maistre, *Considerations on France*, trans. and ed. Richard A. Lebrun (New York: Cambridge University Press, 1974, 1994), 69, 74.

[5] Judith N. Shklar, "Jean-Jacques Rousseau and Equality," in *Political Thought and Political Thinkers*, ed. Stanley Hoffmann (Chicago: University of Chicago Press, 1998), 290.

[6] Edmund Burke, *Reflections on the Revolution in France*, ed. J. C. D. Clark (Stanford, Calif. : Stanford University Press, 2001), 232—233.

[7] Hugo Young, *One of Us: A Biography of Margaret Thatcher* (London: Pan Books, 1989, 1991).

[8] Goldwater, *Conscience of a Conservative*, 1.

[9] Ibid. , xxiii.

[10] Edmund Burke, *Letters on a Regicide Peace* (Indianapolis: Liberty Fund, 1999), 69.

[11] Young, *One of Us*, 406.

[12] "Speech at the Meeting of the Citizens of Charleston," in *Union and Liberty: The Political Philosophy of John C. Calhoun*, ed. Ross M. Lence (Indianapolis: Liberty Fund, 1992), 536.

[13] Goldwater, *Conscience of a Conservative*, 54.

[14] Ibid. , 2.

[15] Ibid. , 3—4.

[16] Karl Mannheim, "Conservative Thought," in *Essays on Sociology and Social Psychology*, ed. Paul Kesckemeti (London: Routledge & Kegan Paul, 1953), 106.

[17] Goldwater, *Conscience of a Conservative*, 3, 78—79, 119.

[18] Mannheim, "Conservative Thought," 107.

[19] Goldwater, *Conscience of a Conservative*, 17—18, 25.

[20] "Introduction," in *Rightward Bound: Making America Conservative in the 1970s*, ed. Bruce J. Schulman and Julian E. Zelizer (Cambridge, Mass. : Harvard University Press, 2008), 4.

[21] Matthew D. Lassiter, "Inventing Family Values," and Joseph Crespino, "Civil Rights and the Religious Right," in *Rightward Bound*, 14, 90—91, 93.

[22] Crespino, "Civil Rights," 91, 92—93, 97, 102—103.

〔23〕Marjorie J. Spruill, "Gender and America's Right Turn," in *Rightward Bound*, 77—79.

〔24〕"Interview with Phyllis Schlafly," *Washington Star* (January 18, 1976), in *The Rise of Conservatism in America*, 104—105.

〔25〕Lassiter, "Inventing Family Values," and Paul Boyer, "The Evangelical Resurgence in 1970s American Protestantism," in *Rightward Bound*, 19—20, 34, 37, 40—41.

〔26〕Bethany E. Moreton, "Make Payroll, Not War," in *Rightward Bound*, 53, 55—57, 65, 69.

〔27〕Thomas J. Sugrue and John D. Skrentny, "The White Ethnic Strategy," in *Rightward Bound*, 174—175, 189, 191.

〔28〕Rick Perlstein, *Before the Storm: Barry Goldwater and the Unmaking of the American Consensus* (New York: Hill & Wang, 2001), 17.

第九章

帝国往昔

2000年,我花了一个夏天的时间采访了威廉·F.巴克利(William F. Buckley)和欧文·克里斯托尔(Irving Kristol)。我对右派知识分子的左倾叛逃产生了浓厚的兴趣,想听听右派知识分子运动的奠基人是如何看待他们的"刚愎自用的儿子"的。然而,在我们的谈话过程中,巴克利和克里斯托尔显然对这些前保守派不那么感兴趣,他们更关心的是保守运动的糟糕状况,以及美国作为一个全球帝国的不确定命运。他们告诉我,苏联的终结和自由市场的胜利喜忧参半。虽然它们是保守派的胜利,但这些发展使美国无法适应后冷战时代。美国人现在拥有了历史上最强大的帝国之一。与此同时,他们也拥有了历史上最反政治的意识形态之一:自由市场。

根据其理想主义者的说法,自由市场是一种和谐秩序,有望建立一个自愿交换的国际公民社会,国家除了偶尔执行法律和合同外,几乎不需要做其他事情。对于巴克利和克里斯托尔来说,这个观念太过苍白无力,不足以建立国家秩序,更不用说全球帝国了。它没有提供美国在国内外行使权力所真正需要的激情、气魄、庄严和权威。它鼓励那些无足轻重且心胸狭隘的政治,将自身利益凌驾于国家利益之上——这绝非建立一个欣欣向荣的帝国最重要的基础。更要命的是,掌控共和党的右派分子似乎并没有意识到这一点。

自然流露出对伯克的崇高理论的赞许之余,巴克利告诉我:"保守主义强调市场问题的麻烦在于,它变得相当乏味。听过一次,你就掌握了这个思想。如果只是因为它是如此翻来覆去的聒噪,就把一生都献给它的想法是可怕的。就像做爱一样。"克里斯托尔还说："保守主义受商业文化和商业思维模式的影响如此之深，以至于它缺乏任何政治想象力，而我不得不说，政治想象力一直是左派的特质。"克里斯托尔承认，他对美利坚帝国有着深深的向往："作为世界上最伟大、最强大的国家，如果不发挥帝国的作用，那又有什么意义呢？这在人类历史上闻所未闻。最强大的国家总是扮演着帝国的角色。"但是，他接着说，以前的帝国并不是"非常重视经济繁荣增长的资本主义民主国家"。因为热衷于自由市场，所以美国缺乏运用帝国权力的毅力和远见。

"这太糟糕了！"克里斯托尔感叹道，"我认为，美国……自然应该在世界事务中发挥更大的主导作用。不是像我们现在这样，而是要指挥和发号施令。人们需要这样。在世界上的许多地方，特别是非洲，一个愿意使用军队的当局可以带来非常好的变化，一种正常合理的变化。"但是，由于公众讨论由一群精于算计的家伙主持，所以克里斯托尔认为美国不太可能取代其作为昔日帝国继承者的应有地位。"共和党正把自己搞得焦头烂额，他们为了什么？给老人开药方吗？谁在乎呢？我认为……世界上最重要国家的总统的政治活动竟然是围绕着给老人开药方，这太令人厌恶了。未来的历史学家将很难相信这一点。这不是雅典，也不是罗马，简直一无是处。"[1]

自"9·11"事件以来，我有很多机会回忆起这些对话。我们在事后被告知，"9·11"事件震撼了美国，使其摆脱了冷战后沾沾自喜的和平与繁荣。它迫使美国人将目光投向国境之外，最终认识到一个世界大国所面临的危险。它提醒我们公民生活的益处和国家的价值，结束了那种通过私利交换的私人行为创造一个公共世界的幻想。它让我们迷茫的公民文化重新找回了深度和严肃感，找回了"比我们自己更重要"的东西。最关键的是，它给了美国一个连贯的国家目标和帝国统治的对焦点。美国似乎曾一度不愿正视其国际责任，但现在它再次准备好为自由不惧重任在肩、不惜一切代价。有人认为，这种态度的转变对世界有利。它迫使美国建立一个稳定和公正的国际秩序。这对美国也大有裨益。它迫使我们思考比和平与繁荣更重要的东西，提醒我们自由是一种战斗信仰，而不是安乐窝。

与任何历史时刻一样，"9·11"事件——不是恐怖袭击或这一天本身，而是它催生的帝国主义新浪潮——具有多维度的影响。这种帝国政治文化重新焕发活力，部分是针对平民的突然袭击的产物，也是美国领导人努力为惶恐不安的民众提供某种程度的安全保障的决心所致；还有一部分原因是石油政治经济的暗中操控，是美国精英希望获得中东和中亚的能源储备，并将石油作为地缘政治的工具。尽管这些因素在决定美国政策方面发挥了作用,但它们并不能完全解释帝国本身在紧要关头的政治和意识形态。要理解这一点,我们必须看一看冷战结束、苏联和东欧垮台,以及自由市场作为国内和国际秩序组织原则的地位上升对美国保守派的影响。因为正是保守派对这一秩序的不满,在一定程度上推动了他们努力创建新秩序。

正如我们所了解到的那样,保守派所设想的帝国并不能如此轻易地解决美国所面临的挑战。许多保守派人士想象中的"9·11"事件会带来文化和政治复兴,但事实证明这只是一个幻影,它是自由市场意识形态的牺牲品,而自由市场意识形态并没有消退的迹象。"9·11"事件并没有——事实上也不可能——履行帝国新保守主义者赋予它的职责。

世贸中心和五角大楼遇袭事件发生后,知识分子、政客和专家学者——不是激进左派,而是主流保守派和自由派——立即如释重负地舒了一口气,似乎他们欢迎这次袭击,认为这是摆脱了巴克利和克里斯托尔一直批评的阴霾。当弗兰克·里奇(Frank Rich)宣布"本周的噩梦——现在很清醒了——已经把我们从一个轻浮的甚至是颓废的十年之梦中唤醒"时,世贸中心仍在熊熊燃烧,被埋在那里的尸体几乎无法找到。那个梦是什么?是繁荣之梦,是用金钱克服生活障碍的梦想。莫林·道德(Maureen Dowd)写道,在20世纪90年代,我们希望"通过节食和锻炼来消除赘肉,通过胶原蛋白和肉毒杆菌来消除皱纹,通过手术来消除皮肤松弛,通过伟哥来消除阳痿,通过抗抑郁药来消除情绪波动,通过激光手术来消除近视,通过人体生长激素来消除衰老,通过干细胞研究和生物工程来消除疾病"。戴维·布鲁克斯(David Brooks)认为,我们"翻修了厨房,翻新了家庭娱乐系统,投资购买了庭院家具、按摩浴缸和燃气烧烤炉"——似乎富足可以让我们摆脱悲剧和困难。[2]这种风气在国内造成了可怕的后果。弗朗西斯·福山认为,它怂恿了"自我放纵的行为"和"对自身琐事的专注"。它还造成了恶劣的国际影响。据刘易斯·"斯库特"·利比(Lewis "Scooter" Libby)称,对和平与繁荣的崇拜在比尔·克林顿软弱无力、心不在焉的外交政策中得到了最纯粹的体现,这使得"像乌萨马·本·拉登这样的人更容易站出来,并信誓旦旦地说:'美国人没有勇气保卫自己,他们不会为了捍卫自己的利益而付出伤亡。他们在道义上是软弱的'"。布鲁克斯认为,即便是对"9·11"事件前的国内局势(包括"基地"组织)最不经意的观察者,"也会得出结论,美国并不是一个完全严肃的国家"。[3]

但在9月的那一天之后,有不少评论家声称,美国国内发生了翻天覆地的变化。安德鲁·沙利文(Andrew Sullivan)写道:"美国现在更有动员能力,更有觉悟,因此也更有活力。"乔治·帕克(George Packer)评论说,"9·11"事件唤醒了"警觉、悲伤、决心,甚至爱"。帕克也坦言,"我现在最害怕的是回到我们本应追求的常态"。对布鲁克斯来说,"9·11"事件后"全国上下弥漫的恐惧感"是"一种清洁剂,洗去了过去十年中的许多自我放纵"。重新唤起的恐惧消除了对繁荣的焦虑,用一种令人振奋的激情取代了一种令人丧失能力的情绪。"我们用富裕的焦虑换来了真正的战争恐惧。"[4]

> 现在,那些曾经为哪个摩恩水龙头与铜制农家厨房水槽相配而苦恼数小时的上流人士,突然开始担心水管里流出来的水是否有毒。曾经在渴望鲁明戴尔百货公司的普拉达手袋的人们,突然对机场无人看管的手袋感到恐惧。美国,这片甜蜜的自由之地,正在上一堂关于恐惧的速成课。[5]

袭击发生后,布鲁克斯总结道:"商业生活似乎不如公共生活重要……当生死搏斗正在进行时,很难让人认为比尔·盖茨或杰克·韦尔奇是特别英勇的人物。"[6]

作家们一再欢迎现在流经政治体的道德力量。他们将其描述为公众决心和公民使命的脉动能量,这将恢复人们对政府的信任——也许,根据一些自由主义者的说法,甚至可以授权改造福利国家——并带来爱国主义和相互联系的文化,凝聚新的两党共识,结束讽刺和文化战争,造就一位更成熟、更高尚的总统。[7]据《今日美国》(USA Today)记者报道,布什总统特别热衷于"9·11"事件的承诺,将自己和他的这一代人作为国内复兴计划的重要实证。"布什已经告诉顾问们,他相信面对敌人是一个机会,让他和'婴儿潮'一代的同胞们重新关注自己的生活,并证明他们拥有父亲在第二次世界大战中所表现出的那种勇气和使命感。"虽然克里斯托弗·希钦斯(Chistopher Hitchen)的欢欣鼓舞可能是自娱自乐,但他自称是幸灾乐祸,但事实并非如此:"我也许应该承认,去年9月11日,当我经历了从愤怒到恶心等所有常见的哺乳动物情绪时,我还发现另一种感觉正在争夺我的情绪控制权。经过甄别,令我感到惊讶和高兴的是,它竟然是兴奋。显而易见,这是最可怕的敌人——神权式野蛮——清晰可辨、一览无余……我意识到,如果这场战斗一直持续到我生命的最后一天,我也不会感到厌倦。"[8]"9·11"事件恐怖和死亡的场面令人震惊,但它为死亡或垂死的文化提供了复活的机会。

在国际上,"9·11"事件迫使美国重新融入世界,在没有一丝尴尬或困惑的情况下承担起帝国的重担。在苏联解体后,老布什和比尔·克林顿在黑暗中摸索,寻找指导美国舞权弄棒的教义,而美国的使命现在很明确:捍卫文明、反对野蛮,保卫自由、反对恐怖。正如康多莉扎·赖斯(Condoleezza Rice)对《纽约人》(New Yorker)杂志所说,"我认为界定角色的困难已经过去。我认为9月11日是那些使人正本清源、豁然开朗的大地震之一。该事件让人松了一口气。"一个被认为迷失在自由市场、个人主义和孤立主义危局中的美国,现在被唤起了对超越国界的世界意识,并受到鼓舞,致力于为了维护美国主导的全球秩序的利益,拯救世界于危难之中。正如克林顿的前国防部副部长所总结的那样,"美国人不太可能再陷入冷战后第一个十年的自满状态"。用布鲁克斯的话来说,他们现在明白了"邪恶是存在的",而"为了维护秩序,好人必须对破坏分子行使权力"。[9]

十五年多过去了,我们很难重拾当时的心态,更不用说揣摩了。不仅仅是因为它消失得太快,而是小布什的第一个任期还没结束,国家就重新陷入了奇怪而酸溜溜的党派纷争。更令人困惑的是,为何如此多的作家和政治家会张开双臂迎接大规模死亡的后果,并借"9·11"事件之机表达他们对真正和平与繁荣的蔑视,这显然是之前酝酿已久的。9月12日,人们可能对经济、文化和政治泡沫的破裂感到悲伤。相反,许多人认为"9·11"事件是对20世纪90年代轻浮和空虚的雷鸣般审判和必要的纠正。我们必须追溯到近一个世纪前的第一次世界大战初期,当时笼罩着另一个自由贸易、全球化的40年代末期的"无聊和空虚的沼气"爆发了,才能找到一个近乎完全相同的现象。[10]

要理解这种如释重负的精神状态,我们必须重温冷战末期的岁月,当时美国精英们第一次看到,美国再也不能用苏联的威胁来界定自己的使命了。随着苏联的崩溃,许多人问,美国应该如何确定自己在世界上的角色?它应该在何时何地介入外国冲突?它应该派遣多大规模的军队?

这些观点的背后是对美国权力的目的与规模的极度不安。美国似乎正饱受权力过剩之苦,这使得精英们难以制定任何连贯的原则来管理权力的运用。1992年2月,时任布什总统第一任国防部长的理查德·切尼(Richard Cheney)承认:"我们的战略纵深已经非常大,以至于现在对我们的安全相对遥远的威胁更难界定。"近十年后,在美国领导人看来,美国仍然是一个举步维艰的巨人。正如康多莉扎·赖斯在2000年总统竞选期间指出的那样:"美国发现,在苏联政权消失的情况下,要界定其国家利益极度困难。"政治精英们对确定国家利益变得如此优柔寡断,以至于克林顿的一位高级国防助手——后来的哈佛大学肯尼迪学院院长——最终举手投降,宣称国家利益就是"公民在经过适当讨论后认为是什么就是什么"——这种自暴自弃在智者¡统治的冷战时期简直是不可思议的。[11]

克林顿上任后,他和他的顾问们对这一前所未有的局面进行了评估——美国拥有如此强大的实力,用克林顿国家安全顾问安东尼·莱克(Anthony Lake)的话说,它没有面临"近期对其生存产生可信的威胁"——并得出结论,美国外交政策的首要关注点不再是军事问题,而是经济问题:克林顿总统在1993年的一次讲话中总结了美国可能面临的各种军事危险,然后宣布,"我们仍然面临着一个巨大的挑战,这个挑战虽然迷离恍惚,但对人类进行商业活动的方式影响深远"。冷战后时代的当务之急是组织全球经济,让世界各国的公民都能进行跨国贸易。莱克说,要实现这一目标,美国必须通过减少赤字(部分是通过削减军费开支)、降低利率、支持高科技产业和促进自由贸易协定等措施,把自己的经济状况搞好——"振兴图强、始于家国"。由于其他国家也必须进行痛苦的经济改革,莱克总结说,美国的首要目标是"扩大世界市场经济民主国家的自由共同体"。[12]

克林顿对美国所面临挑战的评估在某种程度上是出于政治考量。他刚刚在选举中战胜了一位现任总统,而这位总统不仅领导美国取得了冷战的胜利,而且密谋策划了对伊拉克军队的毁灭性打击。克林顿是一位没有外交政策经验的南方州长,他认为,自己战胜布什意味着战争与和平问题不再像早年那样能引起美国选民的共鸣。[13]

但克林顿的愿景也反映了20世纪90年代的一个共同信念,即自由市场的全球化削弱了军事力量的效力和传统帝国的生存能力。武力不再是国家意志的唯一或最有效的工具。现在,权力取决于一个国家的经济活力、经济成就及其文化吸引力。正如克林顿的助理国防部长约瑟夫·奈(Joseph Nye)所认为的那样,"软实力"——使美国在全球备受推崇的文化资本——对于国家霸权的重要性不亚于军事实力。奈写道:"如果我能让你们愿意做我想做的事,那么我就不必强迫你们去做你们不想做的事。"[14]为了保持其在世界上的地位,美国必须超越其他国家的经济,同时确保其自由市场模式和多元化文化的传播。美国面临的最大危险是不进行经济改革,或者滥用其军事优势,挑起国际仇恨。问题不在于美国没有足够的力量,而在于它拥有太多的力量。为了使世界能够安全地实现全球化,美国必须被削弱,或者至少要大大减少其帝国主义的野心。

约瑟夫·奈著作——《美国世纪结束了吗》

　　对于那些渴望社会主义消亡并为之欢呼的保守派来说,克林顿所提倡的轻松平和的繁荣是一种恐怖。富裕造就了一个没有困难和逆境的社会。物质上的满足诱导了社会深度和政治意义的丧失、坚定信念和英雄气概的减弱。戴维·布鲁克斯写道:"在那个和平与繁荣的时代,最受欢迎的情景喜剧是《宋飞正传》(Seinfeld),一档关于虚无的电视节目。"罗伯特·卡普兰(Robert Kaplan)对"资产阶级社会"中"健健康康、衣食无忧"的人们提出了一个又一个尖锐的批评,他们太沉溺于自己的舒适享乐,而不愿伸出援手或拿起枪,来使世界变得更安全。他总结说:"物质财富怂恿顺从。"[15]整个20世纪90年代,不同政治派别的知识分子都抱怨的主要问题是,美国缺乏公民意识或尚武精神,其领导人和公民意乱情迷于繁荣富裕,无暇顾及美国的传统制度、共同关切和全球防务。人们认为对国家的尊重正每况愈下,政治参与和地方志愿服务也是如此。[16]事实上,最能说明冷战大势已去的迹象之一是,20世纪90年代以两起事件的开始和结束——克拉伦斯·托马斯与安妮塔·希尔之争以及最高法院对布什诉戈尔案的判决——对美国最令人尊敬的政治体制产生了令人愤慨的怀疑。

　　对于有影响力的新保守派来说,克林顿的外交政策甚至更加令人厌恶。这并不是因为新保守派是反对克林顿多边主义的单边主义者,也不是因为他们是批评克林顿国际主义和人道主义的孤立主义者或现实主义者。[17]他们认为,克林顿的外交政策过于受自由市场全球化的驱使。这证明了苏联溃败后,颓废风气笼罩着美国,明显的迹象就是道德沦丧、斗志全无。在2000年发表的一份颇具影响力的宣言中,唐纳德·卡根和弗雷德里克·卡根几乎无法抑制他们对"1991年出现的欢天喜地的国际局势"的蔑视,这种局势的特点是"民主、自由贸易与和平的扩展",它"非常适合美国",因为美国喜欢"守着安乐窝"。卡普兰认为,"像我们这样的资产阶级社会"的问题"在于缺乏想象力"。例如,共和党人和民主党人都坚持拥护的足球妈妈(soccer mom),并不关心其狭隘范围之外的世界。卡普兰抱怨说,"和平"是愉悦的,而"愉悦是短暂的满足"。"只有通过某种形式的暴政,无论其形式多么微妙、多么温和,才能获得和平。"和平抹去了令人振奋的冲突记忆,抹去了激烈的分歧,抹去了"根据我们的对手"来界定自己的奢侈享受。[18]

虽然保守派通常被认为倾向于财富与繁荣、法律与秩序、稳定与常规——所有这些资产阶级生活的养尊处优之处——但针对克林顿的保守派批评者因为他对这些美德的追求而憎恨他。克林顿对自由市场的痴迷暴露了他不愿接受权力和暴力冲突、悲剧和破裂的阴暗世界。他的外交政策不仅不切实际,而且不够阴险狡诈。布鲁克斯抱怨说:"20世纪90年代的时代精神的显著特点是推崇和谐。这个时代是由不再存在势如水火的冲突观念所塑造的。"保守主义者的世界充满了神秘的邪恶和深不可测的仇恨,正义总是处于守势,在与腐败和衰落的洪荒时代竞赛中,时间是宝贵的商品。应对这样的世界需要异教徒的勇气和近乎野蛮的美德,而保守主义者崇尚的正是这些品质,而不是和平与繁荣这些更为朴素的东西。[19]

但新保守派对克林顿外交政策的不满还有另一个原因。他们中的许多人认为克林顿的外交政策缺乏远见和连贯性。他们认为,克林顿的外交政策是被动反应和临时起意的,而不是积极主动和刚强有力的。他和他的顾问们不愿意想象一个由美国塑造重大事件而非应对具体事件的世界。保罗·沃尔福威茨(Paul Wolfowitz)、利比(Libby)、卡普兰、佩尔(Perle)、弗兰克·加夫尼(Frank Gaffney)、肯尼斯·阿德尔曼(Kenneth Adelman)以及卡根和克里斯托尔父子等人,再次打破了保守派是非意识形态实用主义者的惯常刻板印象,他们呼吁美国在意识形态上更加协调一致地投射力量,美国权势的"良性霸权"将扩大"民主区域",而不仅仅是扩展自由市场。用罗伯特·卡根后来称赞参议员约瑟夫·利伯曼(Joseph Lieberman)的话来说,他们想要的外交政策是"理想主义的,但不是天真无邪的,要随时准备并愿意使用武力,致力于发展强大的军事力量,也致力于利用美国的力量传播民主,在世界上助人为乐、但行好事"。

早在第一轮布什政府时期,新保守派就坚持认为,用切尼的话说,美国应该"塑造未来，决定历史的结局"；或者用卡根们后来的话说，美国应该"果断干预"世界上"每一个关键地区""无论那里是否存在明显的威胁"。根据罗伯特·卡根的说法，他们批评了那些"在20世纪90年代令人哑口无言的愚蠢十年间"饱受"敌视'国家建设'、厌恶'国际社会工作'，以及'超级大国不提供免费午餐'等狭隘信念"之苦的共和党人。[20]这些保守派所渴望的是一个真正的帝国主义美国，不仅仅是因为他们相信这会让美国更安全或更富有，也不仅仅是因为他们认为这会让世界变得更好，而是因为他们希望看到美国创造世界。

更重要的是，"9·11"事件给了保守派一个机会，让他们可以毫不尴尬地表达他们几十年来一直默默滋养的美利坚帝国的愿景。他们认为，与过去的帝国不同，这个帝国将以一种善意的甚至是有益于世界进步的愿景为指导。由于美国的公平竞争意识和仁爱广施目的——与大英帝国或罗马帝国不同，美国无意占领或夺取不是自己的领土——这个新帝国不会像以往所有帝国那样引起强烈抵制。正如《华尔街日报》的一位作者所说，"我们是一个有吸引力的帝国，一个人人都想加入的帝国"。用赖斯的话说，"从理论上讲，现实主义者会预测，当你拥有一个像美国这样的大国时，不久就会有其他大国崛起来挑战它。而我认为，你们现在看到的是，这一次至少有人倾向于与美国建立富有成效的合作关系，而不是试图制衡美国"。[21]小布什总统在2002年的国情咨文中说：在建立帝国的过程中，美国不必再对直接威胁做出反应，不必再"在危险纠合聚结时等待严重事态的肆意发展"。现在，美国将"塑造环境"、预测威胁，思考的时间跨度不是几个月或几年，而是几十年，甚至几个世纪。切尼根据沃尔福威茨的建议，在20世纪90年代初首次提出了这样的目标：确保没有任何其他国家可以挑战美国，也确保没有任何地区性强国可以在其所在地区取得优势。重点在于预防和预测，从"成为什么"而非"怎么存在"的角度思考问题。正如理查德·佩尔在谈到伊拉克问题时所说的那样："这里最重要的不是看反对萨达姆的力量今天是什么样子，在没有任何外部支持的情况下，它们没有任何铲除这个可怕政权的现实希望，而是看可以创造出什么。"[22]

对于保守主义者来说，"9·11"事件后的两年是一个令人兴奋的时刻，他们对自由市场的信奉和敌意终于可以得到满足。他们不再受制于富裕和繁荣的麻木政治，他们相信可以依靠公众来响应牺牲和命运、对抗和邪恶的召唤。在"危险"和"安全"成为时代标语的情况下，美国国家将被重新神圣化——无须打开经济再分配的闸门。他们希望，"9·11"事件和美利坚帝国将最终解决丹尼尔·贝尔很久以前就注意到的资本主义的文化矛盾，但这些矛盾只是在苏联崩溃之后才真正暴露无遗。

十五年的变化真大——或者说,几年的变化真大。早在美国不得不宣布在伊拉克战无不胜并(算是)班师回朝之前,早在小布什黯然离任之前,早在阿富汗战争被证明远远超出美国人民的承受能力之前,新殖民主义的统治基础显然已经摇摇欲坠。2001年10月底至11月初,在仅仅数周的轰炸未能赶走塔利班之后,批评家们开始喃喃自语,担心阿富汗战争会重蹈越战泥潭的覆辙。[23]伊拉克战争似乎并不像其辩护者宣称的那样一帆风顺,民主党人开始试探性地探索战争可接受批评的边缘。早在2004年的总统竞选中,对战争提出批评就成了民主党候选人的"试金石"。

当然,这些批评者都不会质疑小布什开足马力展开军事行动这一政策的前提——即使在奥巴马和之后的特朗普执政时期,也很少有人会质疑美国做全球教师爷的基本前提——但这些批评者的定期出现,尤其是在遇到困难或失败的时候,表明帝国主义愿景只有在取得成功时才具有政治可行性。这也是必然的:因为帝国主义核心承诺是美国可以控制事态的发展,可以决定历史的结局,所以承诺的成败取决于事态控制的成功与否。只要有任何迹象表明事态超出了帝国的控制范围,帝国的愿景就会变得模糊不清。事实上,正是在2002年3月的一个星期内,当时以色列和被占领土上发生了骇人听闻的流血事件,随之而来的是对"小布什在白宫或得克萨斯玩弄权术,在中东战火中扮演尼禄角色"的指责,这才使得布什计划中的美利坚帝国受到质疑。中东地区的暴力活动刚刚开始升级,就连政府的辩护人也临阵脱逃,暗示任何入侵伊拉克的行动都必须无限期推迟。正如里根的一位高级国家安全助理所说:"最大的讽刺是,世界上有史以来最强大的国家已被证明没有能力处理地区危机。"这位助手补充说,事实上,在中东地区战火纷飞的同时,政府却如此疯狂地"专注于阿富汗或伊拉克"——帝国对抗的两个关键哨所,"这反映了令人震惊的傲慢或无知"。[24]

具有讽刺意味的是,只要布什政府回避那些可能失败的冲突,比如以色列人和巴勒斯坦人之间的冲突,它就不得不放弃其试图宣扬的帝国主义逻辑。新保守主义者的帝国主义愿景以美国控制事态发展的能力为前提,因此无法接受失败。正如前国务卿劳伦斯·伊格尔伯格(Lawrence Eagleburger)在谈到巴以冲突时所说的那样,布什意识到"在没有任何成功可能的情况下将自己卷入这场混乱本身就是危险的,因为这将表明事实上我们现在没有任何能力来控制或影响事态的发展"[25]——这正是新保守主义者所不能承受的。这种"自相矛盾"并不仅仅是逻辑或一致性的问题：它暴露了帝国主义立场本身极其重要的脆弱性。

这种脆弱性也反映了新保守主义者的帝国主义愿景在国内的空洞虚伪。尽管新保守主义者将帝国主义视为自由市场在文化和政治上的对应物，但他们从未勉强接受过这一事实——纵然是在十五年后——即保守派反对政府开支并致力于减税的做法，使美国不可能对帝国主义所需的国家建设进行必要的投资。

在国内，几乎没有证据表明，大多数评论家所想象的政治和文化复兴——国家的振兴、共同牺牲信念的恢复、社区观念的回归和道德意识的深化——曾经发生，即便是在"9·11"事件后最紧张的日子里。在当时人们可以列举的所有事件中，有两件事最为突出。2002年3月，包括19名民主党人在内的62位参议员否决了汽车行业更高的燃油效率标准，而这本可以减少对波斯湾石油的依赖。密苏里州共和党人克里斯托弗·邦德（Christopher Bond）认为，在战时毫不妨碍他有必要向国家机关致敬，以至于他在参议院发言时声称："我不想告诉家乡的母亲，她不应该得到一辆多功能越野车，因为国会认为这是一个糟糕的选择。"更能说明问题的是，提高国家建设投资标准的支持者在这些反国家主义的论点面前是多么不堪一击。例如，约翰·麦凯恩一听到"政府将干涉人们在私人市场上的选择"这一说法，就立刻处于守势。他只能辩解说，"没有任何美国人会被强迫驾驶任何不同的汽车"，似乎在这个战时付出牺牲和需要团结的新时代，这将是一种可怕的强加于人的行为。[26]

几个月前，"9·11"事件遇难者赔偿基金负责人肯·费恩伯格（Ken Feinberg）宣布，遇难者家属将根据每位遇难者死亡时的工资收入获得部分赔偿。在世贸中心和五角大楼遭到袭击后，美国国会采取了史无前例的措施，由国家承担对遇难者家属的赔偿责任。尽管这一决定的初衷是为了避免针对航空业的高昂诉讼费用，但许多观察家认为，这是这片土地上一个崭新心态的信号：面对国家的悲剧，政治领导人终于打破了里根-克林顿时期的市场生存主义。但即使在死亡面前，市场依然是美国领导人唯一懂得如何言说的语言。费恩伯格放弃了共同牺牲的理念，选择用精算表来计算适当的补偿方案。年收入1万美元的65岁单身老奶奶的家庭——也许是一名领取最低工资的厨房工人——将从基金中获得30万美元，而30岁的华尔街交易员的家庭将获得387.064万美元。在2001年9月11日遇难的人并不是民主国家的公民；他们是有收入的人，因此抚恤金也会根据收入进行相应的分配。实际上，没有人——即便是那些以其他理由谴责费恩伯格计算方法的评论家和政客也不例外——批评费恩伯格在这方面的决定。[27]

即使在军队内部和周围，爱国主义和共同命运的道德观也仍然是市场意识形态的次要内容。在《纽约时报》2001年10月发表的一篇鲜为人知的文章中,征兵人员坦言,他们仍然不是以爱国主义或责任感为号召,而是以经济机会的承诺来吸引入伍者。正如一位征兵人员所说:"一切照旧。我们不推崇'帮助我们的国家'这一套说辞。"当偶尔有爱国者冲进征兵办公室说"我想打仗"时,一位征兵人员解释说:"我得让他们冷静下来。我们并不全是为了战斗和轰炸。我们是为了工作,我们是为了教育。"[28]征兵人员承认,他们继续以移民和有色人种为目标,因为他们认为正是这些群体由于缺乏机会才促使他们参军。事实上,五角大楼公开承认的目标是将拉美裔军人的比例从10%提高到22%。招募人员甚至潜入墨西哥,向愿意为美国拿起武器的非美籍的穷人承诺立即给予其公民身份。据圣地亚哥的一名征兵人员说:"一些征兵人员到墨西哥蒂华纳散发传单,或者在某些情况下,他们会找人帮助在墨西哥这边散发信息,这是一种常见的做法。"[29]2002年12月,在美国准备入侵伊拉克之际,纽约民主党议员查尔斯·兰格尔(Charles Rangel)决定直面这一问题,提议恢复征兵。他指出,移民、有色人种和穷人承担的军事负担比例高于他们在人口中所占的比例,他认为美国应该在国内更公平地分摊帝国的成本。兰格尔声称,如果中产阶级白人孩子被迫拿起武器,政府及其支持者在发动战争之前会三思而后行。该法案最终不了了之。

事实上,战争从未像通常的国家十字军东征那样给人民带来牺牲,这引起了政治和文化精英的极大关注。《泰晤士报》(Times)记者R. W. 埃珀(R. W. Apple)曾在去世前写道:"从长期来看,危险在于失去兴趣。由于大部分战争是由突击队员、外交官和情报人员在众目睽睽之下进行的,一个几十年来一直沉浸在舒适安逸且自我陶醉中的国家,还能保持对战争的专注吗?"就在弗兰克·里奇宣布浮华诱惑的时代结束后不久,他发现自己在公开场合痛苦地表示:"你绝对想不到这是一个处于战争中的国家。""9·11"事件之前,"政府说我们可以拥有一切"。自"9·11"事件以来,政府也一直在说同样的话。林登·约翰逊的一位前助手告诉《纽约时报》:"人们必须参与其中。到目前为止,这都是政府在努力,也理应如此,但人们并没有参与进来。"[30]观察家们担心,如果不以鲜血来祭奠这一反恐事业,美国人的承诺就不会得到检验,他们的决心就不会得到强化。

在整场战争中,国家领导人争先恐后地找些事情让人们去做,这可能是最奇怪的一幕——不是因为有很多事情要做,而是因为如果没有事情可做,普通美国人的热情就会冷若冰霜。由于这些任务都是不必要的,强制要求他们去做也违反了市场意识形态的规范,因此总统及其同事们所能想到的最好办法就是公布网站和免费电话,让有进取心的人们可以找到有助于战事的信息。正如小布什在2002年国情咨文演讲后的第二天在北卡罗来纳州宣布的那样:"如果你听了我昨晚的演讲,你就会知道,人们会说:'嗯,天哪!那很好,他号召我行动起来,我该去哪里找相关信息呢?'这里有网站:usafreedomcorps.gov。或者你也可以拨打这个电话:1-877-USA-CORPS——听起来像是我在推销,确实如此。这是为美国所做的正确事情。"政府甚至都不指望其公民为电话付费。[31]

注释:

ⅰ 指在第二次世界大战中及战后一段时期美国外交权势集团中的重要代表人物。在他们的参与下,美国战后外交政策逐步形成。(沃尔特·艾萨克森,埃文·托马斯著:《美国智囊六人传》,世界知识出版社1991年版。)

[1] Corey Robin, "The Ex-Cons: Right-Wing Thinkers Go Left!" *Lingua Franca* (February 2001), 32—33; Irving Kristol, interview with author (Washington, D. C., August 31, 2000).

[2] Frank Rich, "The Day before Tuesday," *New York Times*, September 15, 2001, A23; Maureen Dowd, "From Botox to Botulism," *New York Times*, September 26, 2001, A19; David Brooks, "The Age of Conflict: Politics and Culture after September 11," *Weekly Standard*, November 7, 2001.

[3] Francis Fukuyama, "Francis Fukuyama Says Tuesday's Attack Marks the End of 'America's Exceptionalism,'" *Financial Times*, September 15, 2001, 1; Nicholas Lemann, "The Next World Order," *New Yorker*, April 1, 2002, 48; David Brooks, "Facing Up to Our Fears," *Newsweek*, October 22, 2001.

[4] Andrew Sullivan, "High Impact: The Dumb Idea of September 11," *New York Times Magazine*, December 9, 2001; George Packer, "Recapturing the Flag," *New York Times Magazine*, September 30, 2001, 15—16; Brooks, "Facing Up to Our Fears"; Brooks, "The Age of Conflict."

[5] Brooks, "Facing Up to Our Fears."

[6] Ibid.

[7] On 9/11, 对政府和福利国家的信任, 见 Jacob Weisberg, "Feds Up," *New York Times Magazine*, October 21, 2001, 21—22; Michael Kelly, "The Left's Great Divide," *Washington Post*, November 7, 2001, A29; Robert Putnam, "Bowling Together," *American Prospect* (January 23, 2002); Bernard Weinraub, "The Moods They Are a'Changing in Films," *New York

Times, October 10, 2001, E1; Nina Bernstein, "On Pier 94, a Welfare State that Works, and Possible Models for the Future," *New York Times*, September 6, 2001, B8; Michael Kazin, "The Nation: After the Attacks, Which Side Is the Left On?" *New York Times*, October 7, 2001, section 4, 4; Katrina vanden Heuvel and Joel Rogers, "What's Left? A New Life for Progressivism," *Los Angeles Times*, November 25, 2001, M2; Michael Kelly, "A Renaissance of Liberalism," *Atlantic Monthly* (January 2002), 18—19. On 9/11 and the culture wars, 见 Richard Posner, "Strong Fiber after All," *Atlantic Monthly* (January 2002), 22—23; Rick Lyman, "At Least for the Moment, a Cooling of the Culture Wars," *New York Times*, November 13, 2001, E1; Maureen Dowd, "Hunks and Brutes," *New York Times*, November 28, 2001, A25; Richard Posner, "Reflections on an America Transformed," *New York Times*, September 8, 2002, Week in Review, 15. On 9/11, bipartisanship, and the new presidency, 见 "George Bush, G. O. P. Moderate," *New York Times*, September 29, 2001, A18; Maureen Dowd, "Autumn of Fears," *New York Times*, November 23, 2001, Week in Review, 17; Richard L. Berke, "Bush 'Is My Commander,' Gore Declares in Call for Unity," *New York Times*, September 30, 2001, A29; Frank Bruni, "For President, a Mission and a Role in History," *New York Times*, September 21, 2001, A1; "Politics Is Adjourned," *New York Times*, September 20, 2001, A30; Adam Clymer, "Disaster Forges a Spirit of Cooperation in a Usually Contentious Congress," *New York Times*, September 20, 2001, B3. 关于这些不同主题的一般性陈述，见"In for the Long Haul," *New York Times*, September 16, 2001, Week in Review, 10。

[8]Judy Keen, "Same President, Different Man in Oval Office," *USA Today*, October 29, 2001, 6A; Christopher Hitchens, "Images in a Rearview Mirror," *The Nation* (December 3, 2001), 9.

[9]Lemann, "Next World Order," 44; Joseph S. Nye Jr., *The Paradox of American Power: Why the World's Only Superpower Can't Go It Alone* (New York: Oxford University Press, 2002), 168; Brooks, "The Age of Conflict."

[10]George Steiner, *In Bluebeard's Castle: Some Notes toward the Redefinition of Culture* (New Haven, Conn.: Yale University Press, 1971), 11.

[11]切尼引自 Donald Kagan and Frederick W. Kagan, *While America Sleeps: Self-Delusion, Military Weakness, and the Threat to Peace Today* (New York: St. Martin's Press, 2000), 294; Condoleezza Rice, "Promoting the National Interest," *Foreign Affairs* (June 2000), 45; Nye, *Paradox of American Power*, 139。

[12]*The Clinton Foreign Policy Reader: Presidential Speeches with Commentary*, ed. Alvin Z. Rubinstein, Albina Shayevich, and Boris Zlotnikov (Armonk, N. Y.: M. E. Sharpe,

2000), 9, 20, 22—23. 应该指出的是,经过几年的军费削减,克林顿在第二轮任期内开始稳步增加军事拨款。1998—2000 年,军费开支从 2 590 亿美元增加到 3 000 亿美元。支出的增加恰逢对美国面临的危险的重新考虑。在任期的最后几年,克林顿开始更加强烈地对恐怖主义和流氓国家的威胁发出警报。见 *Clinton Foreign Policy Reader*,36—42;Paul-Marie de la Gorce, "Offensive New Pentagon Defence Doctrine," *Le Monde Diplomatique*, March 2002.

〔13〕David Halberstam, *War in a Time of Peace* (New York: Scribner, 2001), 22—23, 110—113, 152—153, 160—163, 193, 242.

〔14〕Nye, *Paradox of American Power*, 8—11, 110. 有时,克林顿甚至暗示,投入如此多的资金打冷战,如果不是浪费的话,至少是对国家重要资源的不必要的压力。1993 年,他在美利坚大学说:"冷战是一个令人精疲力竭的时期。我们为此投入了数万亿美元,远远超过我们许多更有远见的领导人认为我们应该投入的。"*Clinton Foreign Policy Reader*, 9.

〔15〕Brooks, "The Age of Conflict"; Robert D. Kaplan, *The Coming Anarchy: Shattering the Dreams of the Post Cold War* (New York: Vintage, 2000), 23—24, 89. 也见 Francis Fukuyama, *The End of History and the Last Man* (New York: Harper Collins, 1992, 2002), 304—305, 311—312.

〔16〕见 Robert Putnam, *Bowling Alone: The Collapse and Revival of American Community* (New York: Simon & Schuster, 2000); Dinesh D'Souza, *The Virtue of Prosperity: Finding Values in an Age of Techno-Affluence* (New York: Simon & Schuster, 2000); John B. Judis, *The Paradox of American Democracy: Elites, Special Interests, and the Betrayal of the Public Trust* (New York: Pantheon, 2000); Kagan and Kagan, *While America Sleeps*。

〔17〕事实上,克林顿政府在多边和单边主义问题上的许多声明听起来与乔治·W. 布什政府的声明非常相似。1993 年,克林顿在联合国的一次讲话中表示,"我们将经常与其他国家合作,并通过联合国等多边机构开展工作。这样做符合我们的国家利益。但当我们的核心利益或我们所有人的核心利益受到威胁时,我们必须毫不犹豫地采取行动,成为盟友"。同年,安东尼·莱克(Anthony Lake)宣布:"当这样做能促进我们的利益时,我们应该采取多边行动;当这样做有助于我们的目的时,我们也应该采取单边行动。"1994 年,克林顿申明他寻求美国的"影响力"。1995 年,他宣布:"我们将在可能的时候与其他国家合作,但在必要的时候独自行动。"克林顿的助理国防部长约瑟夫·奈此后宣布,美国应该保持其权力垄断,这是通往和平的最可靠途径,这与经典的权力平衡现实主义者的建议和意见背道而驰。至于现实主义者和人道主义者、国际主义者和孤立主义者之间的争论,事实是,对克林顿政府提出的许多新保守主义批评与克林顿政府一样,致力于人道主义和国际主义干预。*Clinton Foreign Policy Reader*, 6, 16—17, 26, 28; Nye, *Paradox of American Power*, 15; Robert Kagan and William Kristol, "The Present Danger," *National Interest* (Spring 2000); "Paul Wolfowitz, Velociraptor," *The Economist* (February 9,

2002); Lemann, "Next World Order," 42; Robert Kagan, "Fightin' Democrats," *Washington Post*, March 10, 2002.

[18] Kagan and Kagan, *While America Sleeps*, 1—2, 4; Kaplan, *Coming Anarchy*, 157, 172, 176.

[19] Brooks, "Age of Conflict"; Steven Mufson, "The Way Bush Sees the World," *Washington Post*, February 17, 2002, B1.

[20] Lemann, "Next World Order," 43, 47—48; Seymour M. Hersh, "The Iraq Hawks," *New Yorker* (December 24 and 31, 2001), 61; Kagan, "Fightin' Democrats"; Kagan and Kagan, *While America Sleeps*, 293, 295.

[21] Emily Eakin, "All Roads Lead to D. C. ," *New York Times*, March 31, 2002, Week in Review, 4; Lemann, "Next World Order," 44. 也见 Alexander Stille, "What Is America's Place in the World Now?" *New York Times*, January 12, 2002, B7; Michael Ignatieff, "The American Empire (Get Used to It),"*New York Times Magazine*, January 5, 2003, 22ff; Bill Keller, "The I-Can't-Believe-I'm-a-Hawk Club," *New York Times*, February 8, 2003, A17; Lawrence Kaplan, "Regime Change," *New Republic* (March 3, 2003)。

[22] Lemann, "Next World Order," 43—44; Hersh, "The Iraq Hawks," 61; George W. Bush, "State of the Union Address," *New York Times*, January 30, 2002, A22; Mufson, "Way Bush Sees the World," B1.

[23] Eric Schmitt and Steve Lee Myers, "U. S. Steps Up Air Attack, While Defending Results of Campaign," *New York Times*, October 26, 2001, B1; Susan Sachs, "U. S. Appears to Be Losing Public Relations War So Far," *New York Times*, October 28, 2001, B8; Warren Hoge, "Public Apprehension Felt in Europe over the Goals of Afghanistan Bombings," *New York Times*, November 1, 2001, B2; Dana Canedy, "Vietnam-Era G. I. 's Watch New War Warily," *New York Times*, November 12, 2001, B9.

[24] Robin Wright, "Urgent Calls for Peace in Mideast Ring Hollow as Prospects Dwindle," *Los Angeles Times*, March 31, 2002.

[25] Ibid.

[26] David E. Rosenbaum, "Senate Deletes Higher Mileage Standard in Energy Bill," *New York Times*, March 14, 2002, A28.

[27] Diana B. Henriques and David Barstow, "Victim's Fund Likely to Pay Average of $1. 6 Million Each," *New York Times*, December 21, 2001, A1. 更多优秀的评论，见 Eve Weinbaum and Max Page, "Compensate All 9/11 Families Equally," *Christian Science Monitor*, January 4, 2002, 11.

〔28〕Tim Jones, "Military Sees No Rush to Enlist," *Chicago Tribune*, March 24, 2002; David W. Chen, "Armed Forces Stress Careers, Not Current War," *New York Times*, October 20, 2001, B10.

〔29〕Andrew Gumbel, "Pentagon Targets Latinos and Mexicans to Man the Front Lines in War on Terror," *The Independent*, September 10, 2003.

〔30〕R. W. Apple Jr., "Nature of Foe Is Obstacle in Appealing for Sacrifice," *New York Times*, October 15, 2001, B2; Frank Rich, "War Is Heck," *New York Times*, November 10, 2001, A23; Alison Mitchell, "After Asking for Volunteers, Government Tries to Determine What They Will Do," *New York Times*, November 10, 2001, B7. 也见 Michael Lipsky, "The War at Home: Wartime Used to Entail National Unity and Sacrifice," *American Prospect* (January 28, 2002), 15—16.

〔31〕Elisabeth Bumiller, "Bush Asks Volunteers to Join Fight on Terrorism," *New York Times*, January 31, 2002, A20; Mitchell, "After Asking for Volunteers," B7. 也见 David Brooks, "Love the Service Around Here," *New York Times Magazine*, November 25, 2001, 34。

第十章

平权巨婴

在2016年2月13日去世之前,安东宁·斯卡利亚(Antonin Scalia)与克拉伦斯·托马斯(Clarence Thomas)一起,是最高法院中最保守的法官。他也很喜欢看电视剧《24小时》。他对自己的传记作者说:"天啊!早期的那几季,我一直看到凌晨两点,因为你看完了一集,你会说,'不,我得看下一集'。"斯卡利亚尤其喜欢由基弗·萨瑟兰(Kiefer Sutherland)扮演的剧中虚构英雄杰克·鲍尔(Jack Bauer)。鲍尔是洛杉矶反恐部队的一名政府特工,他通过折磨嫌疑人、绑架无辜者和处决同事来挫败大规模谋杀阴谋。他拒绝受法律约束,与恐怖主义和宪法双线作战。每当他曲解规则或折断骨头时,斯卡利亚都会为之倾倒。

> 杰克·鲍尔拯救了洛杉矶……他拯救了数十万人的生命……你们要给杰克·鲍尔定罪吗?说刑法对他不利?你们有权要求陪审团审判吗?陪审团会给杰克·鲍尔定罪吗?我认为不会。因此,问题实际上在于,我们是否真的相信这些绝对真理。我们是否应该相信这些绝对真理?[1]

然而,作为一名律师、教授和法学家,斯卡利亚在其职业生涯的大部分时间里坚持认为宪法是绝对真理,我们必须相信它,即使——尤其是——它告诉我们一些我们不想听到的东西。斯卡利亚的宪法不是一部温柔敦厚、仁至义尽的声明,不容易适应我们不断变化的需求。他的宪法冷若冰霜、死气沉沉,它的禁令和强制令仿佛冻结在时间里、纹丝不动。像"残忍且异乎寻常的惩罚"这样的措辞,在被写入宪法时是什么意思就是什么意思。如果这产生了令人反感的结果——比如处决儿童和智障者——那就太糟糕了。斯卡利亚在尼克松诉密苏里市政联盟案(Nixon v.

Missouri Municipal League)中写道:"我不认为避免不愉快的后果是解释宪法文本的充分依据。"[2]

斯卡利亚特别喜欢不愉快的后果。他对困难津津乐道,不喜欢任何削弱或否认困难的人。在哈姆迪诉拉姆斯菲尔德案(Hamdi v. Rumsfeld)中,联邦法院大多数法官坚持认为,针对战时行政权力问题的立场,斯卡利亚的观点像"软脚虾",完全站不住脚。联邦法院裁定,国会在"9·11"事件后通过的《授权使用军事力量法案》,授权总统将美国公民作为"非法敌方战斗人员"无限期拘留,而无须在法庭上对其进行审判。不过,法院还是裁定,这样的公民仍有权享有正当程序,并且可在某种法庭上对其拘留提出疑问。

斯卡利亚脸色铁青。他在判决异议文件撰写中明确反对联邦法院多数派——也反对布什政府和法院中的保守派同僚——他坚持认为,一个处于战争状态的政府,即便是像反恐战争这样非常规的战争,也有两种,而且只有两种方式来关押公民:在法庭上审判他,或者让国会中止人身保护令。换句话说,要么遵守正当程序规则,要么中止这些规则。必须坚持立场,才能做出选择。

但是,法院放弃了这一选择,使政府和法院自己的活动变得更加轻松。国会和总统可以像中止人身保护令一样行事,而不必中止人身保护令,法院也可以像没有中止人身保护令一样行事,这要归功于军事法庭的虚假正当程序。用斯卡利亚的话说,法院"修修补补的泥瓦匠心态",即"让一切都变得正确的使命",让他感到愤怒。[3]

相比之下,斯卡利亚的使命是让一切都变得错误。借用《纽约人》作家玛格丽特·塔尔博特(Margaret Talbot)的话来说,斯卡利亚的意见"在法理学上相当于在舞台上砸吉他,总是唱反调"。[4]斯卡利亚可能由于曾经宣称法治是规则之法,让一些人误以为他是一个刻板的保守派,但规则和法律对他来说有着令其兴奋的特殊吸引力。在其他人看来,规则和法律是稳稳当当的制衡或安安心心的支持,而斯卡利亚却看到了令人振奋的阻碍和令人眩晕的障碍。在其他人寻求安全的地方,斯卡利亚追求的是崇高。规则和法律让生活更加艰难,而一切都很艰难。"恪守坚韧和传统是一个沉重的十字架,"他对一位记者说,"这乃强制义务,谁都责无旁贷。"[5]

这一点,而不是忠于文本或人们通常理解的保守主义,才是斯卡利亚法理学的核心理念,也是他对杰克·鲍尔这位男性一见钟情的根源。鲍尔从来不会让自己的事情变得简单;事实上,他会不遗余力地让事情变得尽可能困难。当其他人执行自杀任务(而且可能做得更好)时,他主动要求执行自杀任务;他把自己变成瘾君子,作为阻止生物恐怖行动的一个不可能完成的荒诞计划的一部分;他把妻子和女儿置于危险之中,不是一次,而是很多次,然后为此自责不已。他厌恶自己所做的一切,但还是义无反顾地去做。这就是他的高尚品质——有人可能说是受虐狂——也是他让斯卡利亚感到心如暖阳的原因。

安东宁·斯卡利亚(1936—2016年),1986年与美国总统里根在白宫

图片来源:百度百科。

当然,斯卡利亚认为忠实于传统的文本是最大的阻力,而鲍尔则认为背叛这种文本是最大的阻力,这似乎很蹊跷。但并不像人们想象的那样:正如我们从右派传教士和政客的婚姻中所了解到的那样,忠实往往是背叛的另一种说法。

斯卡利亚于1936年3月出生在新泽西州的特伦顿市,但他是前一年夏天在意大利佛罗伦萨被怀上的(他的父亲是哥伦比亚大学罗曼语专业的博士生,曾获得与妻子前往佛罗伦萨旅行的奖学金)。斯卡利亚说:"我讨厌特伦顿市。"他的心属于佛罗伦萨。斯卡利亚是歌剧和狩猎的狂热爱好者,克拉伦斯·托马斯(Clarence Thomas)说:"他喜欢杀死手无寸铁的动物。"他在做出决定时,会不时地引用文学和历史典故。曾几何时,他喜欢告诉观众,他是一个"胆小的"原教旨主义者,不能坚持18世纪所认可的刻耳朵和鞭笞等惩罚形式。现在不会了。他总是不屑一顾地说:"我人是越来越老了,脾气也越来越暴躁了。"[6]

斯卡利亚6岁时,父母搬到皇后区埃尔姆赫斯特街区。他一生的保守主义立场往往归功于在那里接受的严格的意大利天主教教育;在提到伯克时,他称其保守主义只是个"小小分队",没什么大不了。他曾就读于曼哈顿的耶稣会学校泽维尔高中和华盛顿特区的耶稣会大学乔治敦大学。他在乔治敦大学读大一的时候,高年级学生投票选举参议员约瑟夫·麦卡锡为杰出美国人。[7]

但斯卡利亚以我行我素的做派对待自己的种族和宗教,这使他的意识形态带有一种挑衅的意味。他声称自己没能进入普林斯顿大学——这是他的第一志愿——因为"我是一个来自皇后区的意大利男孩,不太适合普林斯顿"。后来,第二次梵蒂冈大公会议放宽了教会的礼仪和惯例,包括他所在华盛顿特区的郊区邻里教堂也是如此,但他坚持开车带着7个孩子到几英里外的地方去听拉丁语的主日弥撒。后来在芝加哥,他故伎重演,只不过这次拖家带口,有9个孩子跟着。在谈到他和妻子如何在20世纪60、70年代培养出保守的孩子时——斯卡利亚家竟然没有牛仔裤——他说:

> 他们是在一种对我们的价值观不太友好的文化中长大的,这当然是事实。但我们是一个大家庭,这对我们很有帮助。我们有自己的文化……你要教给孩子的第一件事,就是我父母经常对我说的,"你不是其他人……我们有自己的标准,而且这些标准并非在所有方面都是世界标准,你越早明白这一点越好。"[8]

事实证明,斯卡利亚的保守主义与其说是一个"小小分队",不如说是一种梭罗式的反文化,是对主流文化的逃避和斥责,这与他曾经试图阻止的嬉皮士公社和集体农庄的理念如出一辙。这不是传统或继承的保守主义:斯卡利亚的父母只有一个孩子,他的岳母经常抱怨不得不耗费数小时驱车数十英里去寻找唯一真正的教堂。她会问斯卡利亚和他的妻子:"为什么你们这些人似乎从来不住在教堂附近?"[9]这是一种有创造力和有选择权的保守主义,其根源正是在整体文化中他所厌恶的——或者说他自认为厌恶的——反叛精神。

20世纪70年代,斯卡利亚在芝加哥大学任教时,喜欢在学期末朗读罗伯特·博尔特(Robert Bolt)关于托马斯·莫尔(Thomas More)的戏剧《四季之人》(*A Man for All Seasons*)。虽然剧中的反独裁主义似乎与斯卡利亚的保守主义相悖,但剧中的主人公,至少是博尔特所描绘的主人公,并非如此。莫尔简直是比教皇还正牌的天主教徒,他是法律的忠实信徒,拒绝为了迎合亨利八世的意愿而对自己的原则进行妥协。他为自己的正直付出了生命的代价。

斯卡利亚的传记作者在介绍这一传记趣闻时,旁敲侧击地指出:"然而,即使斯卡利亚在中年时期对法律形成了更为严谨的看法,但他的理想主义依然踔厉奋发。"[10]然而,这个"然而"用错了地方。斯卡利亚的严谨与他的理想主义并非对立,而就是他的理想主义。他对宪法的极端保守解读既不是愤世嫉俗,也不是墨守成规;对他而言,正统和虔诚是异见和偶像崇拜的本质。1995 年,他在普林斯顿大学进行坦纳演讲(Tanner Lectures)时,有人长篇大论地指责他的哲学"木讷呆板""毫无创意""平淡无奇""枯燥无味""目光短浅"和"束手束脚"。[11]说他是混蛋或刺头,是来自地狱的看门狗或穿着长袍的激进分子。只要别说他是西装革履就行。

斯卡利亚的宪法解释哲学——通常被称为原教旨主义、原初意义或原初公共意义——经常与原初意图相混淆。虽然 20 世纪 70 年代的第一批原教旨论者,确实声称法院应根据制宪者的意图解释宪法,但后来像斯卡利亚这样的原教旨论者在回应批评时,明智地重塑了这一论点。单个作者的意图往往是不可知的,对于许多作者而言,意图实际上是不确定的。那么,谁的意图才是最重要的:是撰写宪法的 55 个人的意图,还是批准宪法的 1 179 个人的意图,抑或是更多投票支持批准宪法的人的意图?在斯卡利亚看来,支配我们的不是意图,而是宪法,是宪法的文本,是通过修订而改写的宪法文本,这才是需要我们解释的正确对象。

但是,人们如何才能恢复文本的意义呢?因为宪法文本可能上一句还是令人惊恐的笼统概述("行政权属于总统"),而到了下一句就是平淡无奇的精确描述(总统任期 4 年)。斯卡利亚说,要看这些词语在通过时的公共含义。看看它们是如何被使用的:查查字典、瞧瞧文本中的其他用法、读读当时有影响力的著作。考虑一下他们说话的背景,以及他们是如何被接受的。从这些资料中,构建一个该文本可能具有的意义的有限经验体系。斯卡利亚承认,词语并不意味着一件事,也不意味着任何事。法官在解读宪法时,既不能照本宣科,也不能随心所欲,而应"通情达理";也就是说,每个词或短语都应被解释为"包含其所有公平合理的含义"。然后,以某种方式将这一含义应用于我们这个迥然不同的时代。[12]

斯卡利亚基于两个理由为自己的原教旨主义辩护,这两个理由都是消极的。在宪政民主中,民选代表的职责是制定法律,法官的职责是解释法律。如果法官不受法律(包括宪法)在颁布时的理解方式的约束——如果他们参考自己的道德观或自己对国家道德观的解释——那么他们就不再是法官,而是立法者,而且往往是非民选的立法者。通过将法官与不会改变的文本绑牢在一起,原教旨主义有助于协调司法审查和民主机制,保护我们免受司法专制的侵害。

如果说斯卡利亚首先关注的是法官的暴政,那么他关注的第二个问题就是法官的无政府状态。他说,一旦我们放弃一成不变的宪法理念,我们就为任何和所有的解释模式敞开了大门。我们该如何理解一部不断发展的宪法？如果宪法一直在变，我们又能对可接受的解释施加什么限制呢？斯卡利亚说，没有！当法律"每天"都"焕然一新"时，它就不再是法律了。[13]

斯卡利亚和其他原教旨论者坚持认为这种暴政与无政府状态的混杂并非空穴来风。在他们看来，在一段短暂而可怕的时间里——从20世纪60年代的沃伦法院到20世纪70年代的伯格法院——这是现实。在"活宪法"的名义下，左派法官按照自己的形象重塑（或试图重塑）国家，迫使国家面临福利、性解放、性别平等、种族融合和道德相对主义等议程。古老的词汇被赋予新的含义和暗示："正当法律程序"突然变成了"隐私权"，这是节育和堕胎（以及后来的同性恋性行为）的暗语；"法律的平等保护"要求一人一票；禁止"不合理的搜查和扣押"意味着警方非法获取的证据不能被法庭采纳；禁止"确立国教"则禁止学校祈祷。法院每推翻一项法律、每发现一项权利，似乎就会发明一种新的诉讼理由。这是一场宪法的狂欢节，异国情调的判决理论在这里放荡不羁。对于原教旨论者来说，这场自上而下的革命最令人愤慨的地方——除了它强加给国家的左派价值观之外——还在于它彻底背离了法院为其推翻法律的判决的传统辩护方式。

斯卡利亚说，在沃伦法院或20世纪20年代之前（永远不清楚腐朽到底始于何时），每个人都是原教旨论者。[14]事实并非如此。对宪法含义的扩张性解释与美国建国本身一样古老而庄严。而被斯卡利亚及其追随者们推上台面的理论自觉则明显是20世纪的现象。事实上，斯卡利亚经常听起来像是1983年左右的文学系学生。他说，这是"可悲的评论"，即"美国法官们对其最经常做且最重要的工作没有清晰易懂的理论支撑"，而"更可悲"的是，法律界"基本上……对我们没有明白易懂的理论支撑这一事实也无动于衷"。[15]

保守派曾经嘲笑这种理论拜物教，认为它是统治阶级既没有统治经验又缺乏统治艺术的征兆；甚至像罗伯特·博克（Robert Bork）这样公开宣称是原教旨论者的人也承认，"自信的法律制度不需要如此夸夸其谈"。但斯卡利亚和博克是在与自由主义法学的斗争中形成自己的思想的，而自由主义法学是自觉的、理论性的，就像他们的许多右派前辈们一样，他们在这场斗争中看起来更像是敌人，而不是朋友。事实上，博克坦率地承认，他不是向约翰·马歇尔（John Marshall）或约瑟夫·斯托里（Joseph Story）这些司法审查的传统伟人寻求指导，而是向亚历山大·比克尔（Alexander Bickel）寻求指导，他可以说是20世纪自由主义理论家中自我意识最强烈的一位，"在这个问题上，他教给我的东西比任何人都多"。[16]

与许多原教旨论者一样,斯卡利亚声称他的法理学与他的保守主义毫无关系。"我竭力避免我的宗教观点、政治观点或哲学观点影响我对法律的解释。"但他也说,他从乔治敦大学的老师那里学到,永远不要"将宗教生活与知识生活分开。它们不会一刀两断的"。就在1986年罗纳德·里根提名他担任最高法院法官的几个月前,他承认自己的法律观点"不可避免地受到道德和神学观念的影响"。[17]

事实上,在他观点的深层语法中蕴含着一种保守主义,如果说这种保守主义与促进共和党的切身利益关系不大,那么它与避免司法暴政和司法无政府状态的威胁关系就更小了。这是一种19世纪末的社会达尔文主义者都会认同的保守主义,是一种前现代与后现代、古老与先进自由混合的保守主义。在一些显而易见的地方,比如斯卡利亚关于堕胎或同性恋权利的观点中,我们找不到这种保守主义的影子,但在高尔夫球场这种最不符合斯卡利亚风格的地方,我们能找到反对意见。

凯西·马丁(Casey Martin)是一名高尔夫球冠军,由于患有退行性疾病,他无法再在高尔夫球场上行走18个洞。美国职业高尔夫球巡回赛拒绝了他在最后一轮资格赛中使用高尔夫球车的请求,联邦法院根据《美国残疾人法》(ADA)发布禁令,允许马丁使用球车。《美国残疾人法》第三章规定:"任何拥有、租赁(或出租给他人)或经营公共场所的人,不得因残疾而在充分和平等享受任何公共场所的商品、服务、特权、优惠或便利方面对任何个人进行歧视。"2001年,最高法院受理此案时,法律问题已归结为以下几个方面:马丁是否有权获得《美国残疾人法》第三章的保护?允许马丁使用推车是否会"从根本上改变"比赛的性质?法院以7∶2的结果判定马丁胜诉,斯卡利亚和托马斯持反对意见。

在回答第一个问题时,法院不得不面对美国职业高尔夫球协会的以下主张:它经营的是"展览或娱乐场所"而不是公共场所;只有该娱乐场所的顾客才有资格获得《美国残疾人法》第三章的保护;马丁不是顾客而是娱乐提供者。法院对前两种说法持怀疑态度。但法院表示,即使这两种说法属实,马丁仍然受到《美国残疾人法》第三章的保护,因为他实际上是美国职业高尔夫球协会的顾客:他和其他参赛者必须支付3 000美元才能参加比赛。有些顾客花钱是为了观看比赛,有些顾客则是为了参加比赛。美国职业高尔夫球协会不能歧视任何一方。

斯卡利亚被激怒了。他表示:"在我看来,这令人难以置信。"大多数人将马丁视为"参与竞争的顾客",而不是竞争对手。美国职业高尔夫球协会出售娱乐项目,公众为此付费,高尔夫球手提供娱乐项目;资格赛是他们的雇佣申请。马丁的顾客身份不亚于参加公开选角的演员。他是一名雇员,或者说是一名潜在的雇员,如果他可以求助的话，他可以求助的不是《美国残疾人法》第三章（涵盖公共场所），而是第一章（涵盖雇佣）。但斯卡利亚承认，马丁没有这种追索权，因为他本质上是一名独立承包商，属于《美国残疾人法》未涵盖的雇员类别。因此，马丁将陷入法律的无人区，得不到任何法律保护。

大多数法官认为马丁是顾客而非竞争对手，斯卡利亚从中看到了比这一错误判决更糟糕的东西。他看到的是对各地运动员地位的威胁，他们的才华和卓越将被法院的温柔怀抱所扼杀，同时是对更普遍的竞争理念的威胁。这就好比古希腊荷马史诗中的对手们，被从他们的男子比赛中揪出来，被迫走在现代精品店的过道上。

对于斯卡利亚来说，比赛具有特殊的意义：比赛是不平等统治的领域。他写道："竞技体育的本质就是对分布不均的卓越表现的衡量。"这种不平等"决定了谁胜谁负"。在正午阳光普照下的竞争过程中，我们无法掩饰自己的优势或劣势、卓越或不足。竞赛运动会让我们不平等的天性大白于天下；它们赞美"上帝赐予的天赋分布不均"。

斯卡利亚在法院将竞争者变为顾客的过程中，看到了民主（实际上是一场"革命"）强行进入竞技场这个古老的保护区。通过"动物农场的决定"——是的，斯卡利亚确实说到了那里——法院毁掉了我们唯一的机会，让我们看到我们实际上是多么不平等，让我们明白上帝选择赐予我们的祝福是多么不公平。斯卡利亚反对意见的最后一句写道："那一年是2001年，'终于人人平等了'。"

与社会达尔文主义者和尼采一样，斯卡利亚也是一名现代主义者，甚至是一名后现代主义者，他不会对抱残守缺的封建社会的土崩瓦解耿耿于怀。现代社会见识了太多的波折变迁，以至于世袭身份的信念已经难以为继。特权和专属权的遗存痕迹不再是肉眼可见的；它们必须通过斗争和竞争一次又一次地识别出来。这就是比赛的魅力所在。体育与法律不同，每天都是新的一天。每一场比赛都是一次新的机会，让我们可以放手竞技、变生不测，把我们既有的等级制度推入无政府主义的深渊，让新的优越感或厌恶感出现。因此，它是封建固化与流变不居、不平等与不稳定的完美结合。

为了回答第二个问题——乘坐高尔夫球车是否"从根本上改变了高尔夫球的性质"——大多数法官对高尔夫球规则进行了详尽的历史研究。然后，他们制定了一个由两部分组成的检验标准，以确定乘坐高尔夫球车是否会改变高尔夫球的性质。多数法官尽职尽责、认真负责的态度令斯卡利亚既感到高兴，又感到恼火。

第十章 | 平权巨婴

> 美国最高法院的庄严职责是……决定什么是高尔夫。我确信,宪法的制定者们知道苏格兰国王詹姆斯二世曾于1457年下令禁止高尔夫,因为它妨碍了射箭的练习,他们完全能够预料到,高尔夫与政府、法律与球场的道路迟早会再次交叉,而这个庄严的法院的法官们总有一天不得不与这个古老的法理问题搏斗,而他们多年的法律学习已经为这个问题做好了充分的准备:在高尔夫球场上驰骋的人真的是高尔夫球手吗?

斯卡利亚在这里显然是自得其乐,但他的笑声有点让人啼笑皆非。《美国残疾人法》将歧视定义为:

> 在政策、常规做法或程序方面未能做出合理的修改,而这些修改是向残疾人提供此类商品、服务、设施、特权、利益或便利所必需的,除非该实体能够证明做出这些修改会从根本上改变该实体所提供的此类商品、服务、设施、特权、利益或便利的性质。

对歧视的任何认定都要求事先确定"合理的修改"是否会"从根本上改变"相关物品的性质。换句话说,法规的语言迫使法院调查并决定什么是"高尔夫"。

但斯卡利亚不同意。他拒绝接受文本的约束,更愿意思考法院开展这种徒劳无益而又愚蠢的调查。在寻求高尔夫本质的过程中,法院正在寻找一种并不存在的东西。他写道:"说某种东西是'本质的',通常是指它是实现某一目标所必需的。"但游戏"除了娱乐之外,没有任何目标"。缺乏目标,何谈本质。因此,不可能说一个规则是不是本质的。他在谈到规则时写道:"所有规则都是任意强加的""没有一条是本质的"。让规则成为规则的,要么是传统约定俗成的,要么是"在不同于传统的现代时期制定的",比如美国职业高尔夫球协会等权威机构颁行的规则。不经意间,斯卡利亚想到了一种可能性,即"在某一点上,众所周知的游戏规则被改变,以至于任何有理智的人都不会称其为同样的游戏"。但他很快就从本质主义的探索中回过神来。他不喜欢柏拉图,他一直支持尼采。[18]

斯卡利亚对高尔夫本质的这种近乎罗蒂风格的敌意,与他早先关于"竞技体育的本质"乃上帝规定的不平等的启示是很难调和的(斯卡利亚对法规语言的漠视与他的文本主义也很难调和,但这是另外一回事)。然而,如果不加以解决,这一矛盾就会暴露斯卡利亚信仰的两极:一极是相信规则是任意强加的权力——除了其平铺直叙的意义之外,什么也不反映(甚至不反映制定者的意愿或立场),但我们必须服从；另一极是对规则的信仰，热衷于严格执行规则，将其作为我们不可改变的不平等命运的占卜权杖。那些能够成功超越这些虚空贫瘠之神的人就是赢家，其他人都是输家。

托克维尔指出，在美国，联邦法官"必须懂得如何理解时代精神"。虽然最高联邦法院法官的身份可能是"纯粹司法性的"，但他的"特权"——以宪法的名义废除法律的权力——"完全是政治性的"。[19]如果他要有效行使这些特权，就必须像最精明的政治家那样，具有灵活的文化和社会适应能力。

那么，如何解释斯卡利亚的影响力呢？斯卡利亚曾骄傲自大地宣称他蔑视"时代精神"；也就是说，他对"时代精神"还不至于无知到令人尴尬的地步（当法院在2003年投票推翻各州禁止同性恋性行为的法律时，斯卡利亚认为这个国家正滑入手淫的深渊）。[20]1996年，他对基督徒听众说，"我们必须祈祷我们有勇气忍受世故世界的嘲讽"，这个世界"无缘任何神迹"。我们必须"做好被视为白痴的准备"。[21]在同年的一份联邦最高法院判决的异议意见中，斯卡利亚宣称："日复一日，（联邦最高法院）围着案件团团转，正忙于为一个我不认知的国家制定宪法。"[22]正如莫林·多德所写的那样："他太老派了，简直就是《旧约》全书。"[23]

然而，2010年被巴拉克·奥巴马任命为最高法院法官的埃琳娜·卡根（Elena Kagon）认为，斯卡利亚"是多年来对我们如何思考和谈论法律产生最重要影响的法官"。约翰·保罗·史蒂文斯（John Paul Stevens）是卡根的继任者，在退休前一直是最高法院中最自由的法官，他说斯卡利亚"带来了巨大的变化，其中有些是建设性的，有些是令人遗憾的"。此外，斯卡利亚的影响力很可能延续到未来。法院的另一位自由派法官露丝·贝德·金斯伯格（Ruth Bader Ginsburg）不久前说："他与当代许多法律专业学生的想法不谋而合。"[24]

斯卡利亚的特定立场在法院中并未占据上风。事实上，他最著名的一些观点——反对堕胎、平权法案和同性恋权利，支持死刑、学校祷告和性别歧视——都是持反对意见。[然而，随着2005年约翰·罗伯茨（John Roberts）和2006年塞缪尔·阿利托（Samuel Alito）的加入，这种情况开始发生变化；2017年尼尔·戈萨奇（Neil Gorsuch）的上任很可能使最高联邦法院的形势更加倾向于朝斯卡利亚的立场发展。]斯卡利亚的影响在他的同事——以及其他法学家、律师和学者——提出论点的方式上更为明显。

多年来，原教旨主义一直受到左派的嘲笑。正如20世纪下半叶法院的自由派泰斗威廉·布伦南（William Brennan）在1985年所宣称的那样："那些将权利主张限制在宪法具体阐明的1789年价值观范围内的人,对社会进步视而不见,不愿意根据社会环境的变化调整总体原则。"布伦南在反对原教旨论者时坚持认为:"宪法的天才之处,不在于它在一个已经消亡的世界中可能具有的任何静态意义,而是在于它的伟大原则能够适应当前的问题和当前的需要。"[25]

然而,仅仅十年后,自由主义者劳伦斯·特赖布(Laurence Tribe)引用自由主义者罗纳德·德沃金(Ronald Dworkin)的话说:"我们现在都是原教旨论者。"[26] 今天的情况更是如此。过去一代的宪法学者从哲学——罗尔斯、哈特,偶尔还有诺齐克、马克思或尼采——来解释宪法,而现今的宪法学者则从历史、从某个词语或段落成为宪法文本的一部分并获得其含义的那一刻来解释宪法。这不仅发生在右派,也发生在左派:布鲁斯·阿克曼(Bruce Ackerman)、阿基尔·阿马尔(Akhil Amar)和杰克·巴尔金(Jack Balkin)只是当今自由派原教旨论者中最著名的三位。

联邦最高法院中的自由派也经历了类似的转变。史蒂文斯在其公民联合组织案的异议意见中,对第一修正案中有关公司言论的"最初理解""最初期望"和"最初的公共含义"进行了冗长的论述。史蒂文斯在论述的开头尽职尽责地感叹道,"让我们从头开始"——斯卡利亚的声音和名字贯穿始终,史蒂文斯认为,斯卡利亚迫使他证明自己的立场符合言论自由的原始含义。[27]

其他学者和法学家也帮助实现了这一转变,但正是斯卡利亚让这把火在法律的最高层持续燃烧。这不是靠策略或外交手段。斯卡利亚经常嘲笑同事的智商,质疑他们的正直。1981—2006年担任联邦最高法院法官的桑德拉·戴·奥康纳(Sandra Day O'Connor)经常成为他嘲笑和蔑视的对象。斯卡利亚将她的一个论点描述为"空洞无物"。他写道,她的另一个论点也可"置之不理"。每当有人问及他在布什诉戈尔案(Bush v. Gore, 2000)中所扮演的角色时,他都会嗤之以鼻:"别再提了!"[28] 布什诉戈尔案是通过一种可疑的推理模式将小布什送入白宫的。与他的追随者们相反,斯卡利亚也没有凭借自己的聪明才智主宰法院。("他别提有多聪明了!"一位具有代表性的仰慕者如是说。[29])在这个法庭上,每个人都毕业于哈佛、耶鲁或普林斯顿,常春藤联盟的教授们坐在法官席的两侧,因此有很多聪明人。

斯卡利亚之所以能在法院占据主导地位,还有其他一些因素。首先,斯卡利亚拥有直截了当的理念和巧妙的方法。用耶鲁大学法学教授罗伯特·波斯特(Robert Post)和瑞娃·西格尔(Reva Siegel)的话说,当他和他的追随者在档案馆里翻阅有关持枪权、商业条款和其他许多问题的文件时,左派法官和法律人士仍然"困惑不解、摇摆不定""无法提出任何强有力的宪法解释理论"。[30] 在左派缺乏确定性和意志力的时代,斯卡利亚的自信是一种强大而又令人陶醉的力量。

其次,"强制义务"的原教旨主义与斯卡利亚的游戏理念之间存在一种选择性的亲和力,甚至是紧密的契合。这就是斯卡利亚对美好生活的憧憬:每天都要进行艰苦卓绝的斗争,在这种斗争中,如果我们对事情不闻不问,唯一可以确定的是,强者必胜、弱者必败。事实证明,斯卡利亚并不像他想象的那样是一个偶像破坏者。他并没有像自己声称的那样,告诉"人们他们不喜欢听的东西",他告诉权贵们的正是他们想听的:他们是高人一等的,因为他们胜人一筹,所以他们才有一席之地。[31]看来,托克维尔终究是对的。至少在一定程度上,斯卡利亚大法官的影响力并不在于他的疏离,而是在于他的贴切,在于他直接反映而非折射时代精神的方式。

不过,斯卡利亚在我们的宪法舞台上大放异彩,可能还有一个原因,尽管是微不足道的个人原因。这就是他的自由派同事对他表现出的耐心和宽容,以及普遍的正派和礼貌。当他咆哮怒骂、狂砸场子、猛烈攻击对手时,他们往往以宽容的耸耸肩来回应,就像奥康纳常说的那样,"这就是尼禄"。[32]

这一事实可能是微小的、个人的,但其讽刺意义是巨大的、政治性的。因为斯卡利亚正是利用了他声称憎恶的自由主义文化并从中获利:对反对意见的宽容、对他人过失的慷慨容许,以及他在高尔夫球场判决异议中嘲笑的"仁慈的同情"。事实上,正如联邦最高法院的两位近距离观察者所指出的那样[如在一篇题为《别惹斯卡利亚》(Don't Poke Scalia)的文章中]。[33]因备受一套不同规则的溺爱,他容易耍脾气:这才是平权的巨婴。

自20世纪60年代以来,我们的政治文化就一直认为,自由主义讲究礼节依赖于保守主义的不讲礼节。上西区[i]的晚宴需要不懂米兰达原则的警察,第一修正案需要不懂《日内瓦公约》的军队。这当然是《24小时》[更不用说《好人不多》(*A Few Good Men*)等其他许多好莱坞电影]别出心裁的比喻了。但这种表述可能恰恰要倒过来了:如果没有他那些更自由的同事们对他的纵容和保护,斯卡利亚就会像杰克·鲍尔一样,度过一段更加艰难的时期。强制义务的保守主义取决于贵族义务的自由主义,而不是相反。这就是斯卡利亚大法官的真正含义。

注释:

i 上西区位于美国纽约曼哈顿。坐落在美国最著名的华尔街畔,是纽约人引以为傲的艺术圣地。

第十章 | 平权巨婴

[1]Joan Biskupic, *American Original：The Life and Constitution of Supreme Court Justice Antonin Scalia* (New York：Farrar, Straus and Giroux, 2009), 340.

[2]Nixon v. Missouri Municipal League, 541 U. S. 125, 141—142 (2004) (Scalia, concurring).

[3]Hamdi v. Rumsfeld, 542 U. S. 507, 576 (2004) (Scalia, dissenting).

[4]Biskupic, *American Original*, 282.

[5]引自 Mark Tushnet, *A Court Divided* (New York：Norton, 2005), 149。

[6]Biskupic, *American Original*, 7, 11, 14, 346.

[7]Ibid. , 17, 19, 21, 25.

[8]Ibid. , 23, 40—41, 73.

[9]Ibid. , 41.

[10]Ibid. , 66—67.

[11]Antonin Scalia, *A Matter of Interpretation：Federal Courts and the Law* (Princeton, N. J. ：Princeton University Press, 1997), 23, 145.

[12]Ibid. , 23.

[13]Ibid. , 46.

[14]Remarks at Catholic University (October 18, 1996), http://www. joink. com/homes/users/ninoville/cua10-18-9. asp,访问日期：April 8, 2011; Scalia, A Matter of Interpretation, 47, 149。

[15]Scalia, *A Matter of Interpretation*, 14.

[16]Robert H. Bork, *The Tempting of America* (New York：Simon and Schuster, 1990), 133, 188.

[17]Biskupic, *American Original*, 25, 209, 211.

[18]PGA TOUR, Inc. v. Casey Martin, 532 U. S. 661 (2001) (Scalia, dissenting).

[19]Alexis de Tocqueville, *Democracy in America* (New York：Harper, 1969), 150.

[20]Lawrence v. Texas, 539 U. S. 568, 590 (2003) (Scalia, dissenting).

[21]Biskupic, *American Original*, 189.

[22]Board of County Commissioners, Wabaunsee County, Kansas v. Umbehr, 518 U. S. 668, 711 (1996) (Scalia, dissenting).

[23]Maureen Dowd, "Nino's Opéra Bouffe," http://www. nytimes. com/2003/06/29/opinion/29DOWD. html,访问日期：April 8, 2011。

[24]Biskupic, *American Original*, 362.

［25］William J. Brennan, "Speech to the Text and Teaching Symposium," in *Originalism: A Quarter-Century of Debate*, ed. Steven Calabresi (Washington, D. C.: Regnery, 2007), 59, 61.

［26］Scalia, *A Matter of Interpretation*, 67.

［27］Citizens United v. Federal Election Commission, 558 U. S. 201, 209, 212 (2010) (Stevens, dissenting).

［28］Biskupic, *American Original*, 9, 134, 196.

［29］*Scalia Dissents: Writings of the Supreme Court's Wittiest, Most Outspoken Justice*, ed. Kevin A. Ring (Washington, D. C.: Regnery, 2004), 9.

［30］http://www.law.yale.edu/news/5658.htm,访问日期：April 8, 2011。

［31］Biskupic, *American Original*, 8.

［32］Jeffrey Toobin, *The Nine: Inside the Secret World of the Supreme Court* (New York: Random House, 2008), 65.

［33］Tara Trask and Ryan Malphurs, "'Don't Poke Scalia!' Lessons for Trial Lawyers from the Nation's Highest Court," *Jury Expert* 21 (November 2009), 46.

第十一章

太虚幻境

> 但在沙漠中,你们将所向披靡,实现目标。
>
> ——阿诺德·勋伯格(Arnold Schoenberg),《摩西与阿隆》(*Moses und Aron*)

在《交易的艺术》(*The Art of the Deal*)一书中,唐纳德·特朗普两次告诉我们他不吃晚餐。在前 100 页结束时,他已经出去吃了三次午餐。后来,特朗普声称并没有把建筑评论家当回事。就在下一页,他承认:"我不骗你:得到好评也是件好事。"随后是对各种评论的热情赞扬或详细反对。在其他地方,特朗普说宾夕法尼亚大学沃顿商学院是成为伟大企业家的"不二之选"。在下一段中,他说沃顿商学院的学位"并不能证明什么"。[1]

长期以来,自相矛盾一直是特朗普的风格。[2] 但是,当特朗普的批评者把这种自相矛盾当作他独特缺陷的证据,也是他不同于右派中可敬的前辈先贤的又一例证时,公开宣称对矛盾的欣然承认是保守派传统自始至终的特点。最初,这种宣示采取了一种更时髦的表达:作为对本该激发左派活力且头脑简单的理性主义的反击。[3] 保守派不相信政治和社会可以简化为严谨的逻辑规范和理性规则,并要恪守不渝,他们追求的是沃尔特·白芝浩所说的另一种方式,即"真理是一连串永恒的震荡,就像一个交替排列的负号和正号,在其中你几乎不断地否定或肯定同一个命题"。[4] 能在正反命题的两极之间游刃有余,而不是试图调和或克服它们,有助于人们欣赏与保护社会的微妙和谐结构。一个复杂的社会秩序,数百年来形成的服从和统治的等级制度,会被左派的平庸理性摧毁殆尽——变得更微不足道、更任人摆布、更萎靡不振。约瑟夫·德·梅斯特尔在翻阅托马斯·潘恩关于改造世界的各种计划时，不以为然地说道："他声称，除非他能把宪法放进口袋，否则宪法是不存在的。"这些计划都是那么清晰透明、那么无足轻重。在人们还没有听说过潘恩的时候，伯克就已经掌握了它们的尺度："一个简单清晰的想法就是胸无大志的另一个名字。"[5]

托马斯·潘恩（1737—1809 年）雕塑

图片来源：百度百科。

特朗普对这一传统既不了解，也不赞同。然而，当他在一个又一个矛盾中徘徊时，我们难免会怀疑，他对一致性的漠视，他拒绝在翻转之神面前低头，是他在右派的吸引力之一。这展现了他不做作、不装腔作势的形象，这与他之前的许多保守派一样，是长期培养起来的。[6]他在《交易的艺术》中说："大多数人对我的工作方式感到惊讶。""我的工作方式非常松散、不受约束……如果你的工作结构过于严谨，你就无法发挥想象力或创业精神。我更喜欢每天来上班，然后看看会发生什么。"[7]特朗普不需要把事情做得整齐划一。他不怕有点混乱或无序，他也不怕冒犯他人。他愿意蔑视政治正确的准则，就像他愿意蔑视理性规则一样；这些准则是对自由的限制，就像任何传统计划经济设计一样具有约束性。[8]小布什因受牛仔情结激发而被冠以"叛军总司令"这一脍炙人口的头衔。如出一辙，特朗普扮演的是一个快乐的海盗角色，永远不讲政治，对拘泥谨慎的原则教授嗤之以鼻——这种角色唤起了右派对政治算术和道德规矩的古老敌意。[9]"有时候，"正如特朗普所说，"狂一点、野一点有好处。"[10]

虽然特朗普的种族主义、不守规矩和民粹主义,以及他和他的随从们自带气场的暴力氛围,经常被当作右派新疾病的症状,但正如我们在本书中所看到的,这些都是历代保守主义的蛛丝马迹。特朗普右派的种族主义比其最近的前辈们更加恶劣——尽管肯定不会比20世纪60、70年代在法庭、立法机构和街头进行的反对民权运动的斗争更恶劣或更暴力。除了针对非裔美国人,它也更加关注穆斯林群体和墨西哥人。但是,正如从20世纪20年代到茶党时期的美国保守主义研究报告所显示的那样,特朗普将种族主义和本土排外主义武器化是对右派既定传统的强化,本书前面的章节也论证了这一点。[11]同样地,特朗普执政白宫时的反复无常、对规范和规则信马由缰的漠视,反映了保守派长期以来对习惯和传统的敌意;甚至在安东宁·斯卡利亚那里,还反映了对合法性和宪法的敌意,正如特朗普对建制派的嘲讽一样。虽然特朗普的民粹主义诉求有重要创新,但民粹主义从一开始就是右派的关键要素。

然而,特朗普并非只是其前任的翻版。至少在两个方面,他修改了右派的剧本。首先,特朗普反映了右派两种愿景之间的紧张关系:我们可以称之为政治愿景和经济愿景。一种观点崇尚英雄主义、荣誉和精英行动,与战场、高级政治和艰难的国家事务相关联;另一种观点则崇尚市场和贸易、财富的积累和商品的交换,并与不受约束的资本主义联系在一起。斗士与商人之间的冲突由来已久,早在右派和资本主义兴起之前就已经存在。[12]但自18世纪以来,这种冲突在右派中产生了对资本主义的强烈矛盾心理。右派中的一方支持战争和高级政治领域,将其视为对资本主义致命影响的解毒剂或逃避。在这里,资本主义与其说是被消灭了,不如说是被降级了,它在社会中的地位被削弱了,以便为尼采所说的"伟大政治"腾出空间。另一种观点在伯克那里有迹可循,在熊彼特和哈耶克那里有更清晰的图景,不是诋毁资本主义,而是重塑资本主义。资本主义不再是安逸的资产阶级商人的天下,根据这一观点,资本主义看起来就像争强好胜的政治世界,它的早期捍卫者和批评者认为资本主义可能取而代之。商人不再是斗士或贵族的解毒剂,而是他们的升华。

冷战允许——或者说迫使——右派对斗士和商人之间的紧张关系加以控制。在国外反对左派意识形态、国内反对福利国家自由主义的背景下,商人成了斗士,斗士成了商人。[13]随着冷战的结束,这种角色的混合或混淆变得难以为继。在右派的一个活动领域,市场又原形毕露,成为扼杀一切伟大的活动,无论是对国家还是对精英而言都是如此。在右派的另一个活动领域，市场活动被一个经济阶层重新估价为英雄主义行为，该阶层将自己视为天然的统治集团，将其工作视为天然的统治领域。唐纳德·特朗普是来自第二个领域的右派，但他的观点有所变化：他认为第二个领域右派的自我认识已经功败垂成。

特朗普的第二次创新颠覆了右派精英与大众、特权与民粹主义之间始终微妙的关系。保守主义是一场精英主义的群众运动，它努力创造一种新的旧制度，以这样或那样的方式让特权深入人心。有时，保守主义会使特权阶层成倍增加，在较贫困者和最贫困者之间制造出越来越多的等级。这里的典范就是美国公司，它有许多层级的中层和基层管理人员。[14]有时，保守主义将这些等级简化为两个：白人种族和白人至上主义者想象中的黑人种族。有时，保守主义将社会的不平等输出海外，在帝国主义国家的人民身上看到了统一的上层等级，"不同民族中的贵族种族"，他们征服海外文明程度较低的民族。[15]有时，它还把精英变成了受害者，刺激群众看到他们的悲惨遭遇映射到那些高高在上者的更深重的苦难中。无论采取何种手段，保守主义总能找到一种方法，将下层民众征召到自己贵族式的统治体制中来。

特朗普的上台表明，下层民众已不再满足于民权运动为他们提供的种族和帝国特权。右派已经逆转了民权运动的许多成果：今天，南部非洲裔美国人就读的学校比理查德·尼克松时期的学校更加种族隔离；自1984年以来，种族贫富差距扩大了两倍；在一些州，非洲裔美国人的投票权受到攻击。[16]然而，工资水平停滞不前、个人和家庭债务不断增加、不稳定性日益加剧，再加上黑人总统的象征意义令人备感煎熬，黑人和棕色面孔在文化产业中的能见度越来越高，这些因素使得传统保守派提供的支持对白人选民而言显得软弱无力。美国作为一个少数族裔占多数的国家的未来加剧了这种焦虑。种族问题的狗哨声¹已经不够用了，需要一种更加厚颜无耻的声音。[17]

特朗普就是这种声音。不仅仅是他的言论和政策中公开的种族主义和排外主义，还有他言论中的经济民粹主义（他的经济政策，正如他的一些幻想破灭的支持者开始发现的那样，是另外一回事）。[18]特朗普的批评者经常将其经济言论中的反精英主义视为偶然，甚至无关紧要。然而，特朗普对财阀的批判、对应享权利的捍卫以及对市场伤痛的清晰认识，是他竞选活动中更值得注意的修辞创新之一——至少相对于近期选举右派的胜利者而言是如此〔人们可以从考夫林神父（Father Coughlin）、乔治·华莱士（George Wallace）和帕特·布坎南（Pat Buchanan）等不太成功的竞选活动中，找到特朗普将种族和经济民粹主义混为一谈的先例]。[19] 如果不出意外的话，这些修辞上的创新表明，里根经济学的太阳——它认为不受约束的市场是解决 20 世纪 70 年代政治、经济和文化滞胀的答案——不再能温暖右派的下层民众。[20] 特朗普在最近的一本竞选书中引用里根在 1984 年的名言宣称，现在不是"美国蒸蒸日上的时候"；我们现在是"正为美国哀悼"。[21]

这两项创新告诉我们，长期以来支撑右派的紧张关系——政治与经济、精英与大众的对立压力——不再像以前那样紧绷了。这些压力不再支持右派运动，不再给它带来曾经的活力。原因是右派的传统对立面——左派的自由运动——消失了，从法国大革命到民权运动和妇女解放运动，这些底层的行动者及其意志主张通过集体解放寻求个人解放，右派则与之相反。英国右派哲学家罗杰·斯克鲁顿（Roger Scruton）曾写道："在危机时刻，保守主义表现得出类拔萃。"对于右派来说，危机是一个充满活力和生机的左派，是对革命或改革运动的挑战，这迫使右派更努力、更好地思考，采取更明智、更自律和更有意识的行动；这并不是出于米利昂想在争论中占据上风的愿望，而是出于可怕的需要，即在一场寻求消除权力和特权的运动面前捍卫权力和特权的需要。当左派占据上风并真正具有威胁时，右派就会在思想上和政治上变得强硬；当左派处于停滞状态时，右派就会变得固执己见、骄傲自满、死板僵化和慵懒散漫。哈耶克认为，右派对自由市场的捍卫"在其影响最大的时候变得静止不动"，当且仅当右派"处于守势时"才会"采取行动"。虽然左派出现了一些动荡——占领运动、黑人的命也是命事件（Black Lives Matter）、女同性恋、男同性恋、双性恋和变性者运动，以及桑德斯的竞选活动——但这些运动都还没有达到足够的速度冲击力或制度牵引力，以唤醒和约束一个新的右派，使其能够像前辈们那样有所作为。20 世纪中期右派行动的主要知识分子之一弗兰克·迈耶（Frank Meyer）认为，右派最大的"创造力能量爆发"与"自由主义在实际政治领域的影响力持续扩散"是齐头并进的。[22] 左派没有了强大的敌人，右派就没有了约束和指导右派的对手，保守主义运动长期存在的裂痕则持续加深和扩大。

这种缺失的教导在特朗普身上得到了最明显的体现，他的奇思妙想就像他的头脑一样缺乏教育训练。然而，如果把特朗普的缺陷理解为他一个人的缺陷，那就大错特错了。特朗普是保守派整体瓦解的一个窗口，这个整体正在解体，因为它取得了巨大的胜利，这个整体有可能使自己崩溃，因为它已经取得了巨大的成就。20 世纪下半叶，美国右派在争夺霸权的过程中，绝不会选择特朗普——不是因为它更聪明或更有道德，也不是因为它不那么种族主义或暴力，而是因为它被摧毁左派的任务所约束。在完成了这项任务之后，它现在可以负担得起，可以允许自己肆意不负责任了。或者它是这么认为的，正如我们在特朗普就任总统的最初几个月所看到的那样，保守派政权——尽管控制着国家政府的三个民选部门和大多数州政府——由于一些自戕伤害而异常不稳定，甚至虚弱。然而，这种虚弱并不是其失败的症状，而是其成功的症状。

唐纳德·特朗普1987年的畅销回忆录《交易的艺术》并不是他写的，而是由撰稿人托尼·施瓦茨（Tony Schwartz）写的。但这并不妨碍特朗普在宣布竞选总统时宣称："我们需要一个写过《交易的艺术》的领袖。"这本书问世后，在《纽约时报》畅销书排行榜上占据了48周的位置，使特朗普从外围街区的声名狼藉之徒一跃成为国际知名人士，并最终成功入主白宫。施瓦茨在2016年夏天告诉《纽约人》杂志，令他感到非常遗憾的是，"我算是给猪涂上了口红"。"我感到深深的悔恨，因为我促成了以一种让特朗普受到更广泛关注的方式来展示他，让他变得比他本人更有吸引力。"[23]施瓦茨的否认宣示令人费解。《交易的艺术》并不是对特朗普的谄媚，甚至也不是对他的大肆渲染。它不仅是对特朗普这个人，也是对他现在领导的运动、政党和国家的一种毁灭性的——即便是无意的——贬损。

《交易的艺术》的奇特之处——也是特朗普的竞选之所以具有如此令人费解的吸引力（一个财阀谴责一群财阀，一个财富大亨抨击个人财富效应，一个市场人诋毁市场的美德）——在于它如何同时推进右派对市场相互矛盾的看法。一方面，它赞美经济是伟人的领域，在这里强者统治弱者；另一方面，它对资本主义的价值提出了持续的、近乎尖锐的疑问，认为经济追求即便不是毫无意义，也是轻浮的，一个社会应该有比赚钱更重要的东西。用特朗普的高级顾问史蒂夫·班农（Steve Bannon）的话说："一个国家不仅仅是一个经济体，我们还是一个公民社会。"[24]第二次世界大战后的美国保守派大多拒绝在国家与经济、政治家斗士与资产阶级商人之间划分出等级——他们更倾向于从对市场的赞美到对上帝和国家的表白之间来回切换——而这正是该运动当前困难的一个标志，它转向了一个人，这个人如此鲜明地阐述了这两种愿景，既没有抬高自己，也没有贬低对方，而是允许两者并存，各自质疑对方。[25]

《交易的艺术》一书的大部分内容是对第一种愿景的证明：资本家是斗士王子。就像战场或宫殿曾经是伟人向世界和彼此展示自我的竞技舞台一样，经济现在也是人们证明自己勇气的领域。这里有强者，也有弱者。有大处着想之人，也有小处着想之辈。但这些人如何展现自己？我们如何才能了解他们？看他们愿意在市场

第十一章 太虚幻境

上花多少钱,看他们愿意在经济上为自己的愿景付出多少。"美元,"特朗普写道,"最终总是在谈判。"金钱是实事求是的。它显示了我们在追求梦想的过程中需要付出多少,以及需要放弃多少。如果钱不多,梦想一定不强烈;假装想要一些他不愿意付出代价的东西,这个人肯定是在演戏。如果是一大笔钱,这个梦想就很强烈。这个人不仅仅是一个梦想家,他还是一个实干家。特朗普说:"我一生都相信:要得到最好的就得花钱。"[26]

特朗普的一个伟大梦想是建造一个梦幻般的大厦中庭。他不惜工本,斥资数百万美元在特朗普大厦建造了一个巨大的庭院。他的竞争对手们看得如痴如醉。他们也想拥有它。然后,他们看了看账单。

> 他们发现,青铜扶梯要多花一百万美元,瀑布要花两百万美元,大理石要多花几百万美元。他们看到所有这些加起来要花费数百万美元,于是这些雄心勃勃的人突然决定,好吧,奢华的中庭就算了吧。[27]

大厦中庭的维护费用也很高。共同拥有特朗普大厦的公平房地产集团那些西装革履的家伙对此并不满意:

> 有一天,这个家伙打电话给我,说:"特朗普先生,我刚刚看了一下账目,我想请你解释一下,为什么我们在特朗普大厦的维护上花了这么多钱。"事实上,我们每年要花费近600万美元,这几乎是闻所未闻的。但解释起来非常简单:当你设定了尽可能高的标准时,维护费用就会很高。举个简单的例子,我的原则是大厦中庭的所有铜器每月抛光两次。这位同事问,为什么我们不能每隔几个月抛光一次,以节省一些钱呢?[28]

这就是公平房地产集团得到的公平结局。

> 特朗普在《交易的艺术》的第一句话中就明确指出,金钱不是商业的目标或目的:"我做生意不是为了钱。"他在第二句话中解释说,金钱也不是达到目的的手段:"我有足够的钱,比我需要的多得多。"特朗普从不满足于"挣钱过上好日子"。金钱是一种媒介,一种宣示自我的方式。花钱是一种表达,是一种说话的方式。而这并不便宜。"我想发表声明。我想做一件有纪念意义的事,一件值得付出巨大努力的伟大事业。"[29]

然而,说到对建筑物的看法,特朗普并不关心它们的大小和规模,而只关心它们的表面。另一位热衷于建筑的保守派人士安·兰德关心的是建筑的工程和设计、材料和工艺,而特朗普几乎只字不提设计、工程甚至建筑。这是一个无法长时间专注于任何一件事的人:在《交易的艺术》的第一章中,他用 43 页的篇幅讲述了自己一周的工作情况,从匆匆忙忙地开会到接连不断地打电话——他告诉我们,他一天往往要打几百个电话——从一个房间赶到另一个房间,从一桩交易转到另一桩交易。他气呼呼地说:"这从未间断过,我也别无选择。"但只要向他展示窗饰,提及一块石板或一扇抛光玻璃,他就会全神贯注。突然间,他就成了最善于观察的日记作者,记录下一个又一个他所看到的美丽细节,以及这些细节对他的影响:

> 德尔、伊凡娜和我看了几百块大理石样品。最后,我们发现了一种产自"意大利贝西亚普尼契"的大理石,这是一种罕见的大理石,颜色是我们从未见过的——玫瑰色、桃红色和粉红色的精致混合,简直让我们屏住了呼吸……这是一种非常不规则的大理石。当我们去采石场时,发现大部分大理石有大面积的白斑和白色纹路。这让我觉得很刺眼,也破坏了大理石的美感。因此,我们最终带着黑色胶带前往采石场,在石板上标出了最美的部分……
>
> 我们使用了大量的大理石,将它们用在地板上和整整六层楼高的墙壁。这给人一种非常奢华和激动人心的感觉。人们总是评论说,大厦中庭——尤其是大理石的颜色——既亲切又讨人喜欢,而且充满活力和生机——所有这些都是你希望人们在购物时感受到的……[30]

面对零售业所面临的财务挑战,以及这些挑战在郊区购物中心与特朗普大厦之间逐渐产生冲击力,特朗普对此一边进行了令人费解的复杂解释,一边却不禁注意到,他的大厦中庭的一个租户销售的皮裤"柔软而有弹性"。[31]

对外部细节和事物表面的关注并不局限于特朗普的商业生涯,这也影响了他的政治判断。特朗普对奥巴马最发自内心的批评之一是,他没有在豪华的宴会厅为外国政要举办庆祝活动,而是在白宫草坪上的"一个看起来破烂不堪的陈旧帐篷里",为他们提供晚餐。"这不是美国与世界各国领导人和政要举行重要会议和晚宴的方式。我们应该用适当的设施和宴会厅来展示我们国家的力量和美丽。"特朗普被这种失败的权力美学激怒了,他打电话给白宫,并与奥巴马的高级战略家戴维·阿克塞尔罗德(David Axelrod)取得联系,提出免费在那里建造一个舞厅:"如果有一样东西我知道怎么建,那就是金碧辉煌的大舞厅。"阿克塞尔罗德再也没有回复他的提议——痛苦的特朗普写道,这是"这个国家出了问题"的又一个征兆。[32]

如今登上总统宝座之后,特朗普就已经拨乱反正。根据《纽约时报》的早先报道:

> 参观椭圆形办公室的人说,特朗普先生对办公室的装饰非常着迷……他会流连于新挂上的金色窗帘的奢华,他告诉最近的一位来访者,这些窗帘曾经是富兰克林·罗斯福使用的,但实际上是为比尔·克林顿设计的。对于一个有时难以集中精力处理政策备忘录的人来说,特朗普先生很乐意翻阅一本为他提供17种窗帘选择的书。[33]

事实证明,特朗普的感性与其说是装饰性的,不如说是纪念性的。这种感性不仅仅是个人或心理上的。它是一种洛可可式的美学,在20世纪80年代——当时《交易的艺术》一书已经问世——的纽约时尚界和博物馆文化中占据主导地位。文化历史学家德博拉·西尔弗曼(Debora Silverman)在《销售文化:布鲁明戴尔百货公司、戴安娜·弗里兰和里根美国的新贵族品位》(*Selling Culture: Bloomingdale's, Diana Vreeland, and the New Aristocracy of Taste in Reagan's America*)一书中指出,这种美学是里根政府真正的文化阵线(南希·里根与布鲁明戴尔百货公司和弗里兰私交甚笃)。[34]这种假贵族气质体现在礼服、展品、珠宝和服饰上,这些都是向它所不了解的、与之毫无关系的古代制度隔空点头致意、装腔作势。它华丽而浮夸、喧嚣而奢华、恶毒而庸俗。这是一个为唐纳德·特朗普量身打造的世界,也是一个造就了唐纳德·特朗普的世界。

特朗普并非不知道自己美学的政治渊源:"在20世纪,我所做的一切已经接近凡尔赛宫的品质。"[35]但他把这些洞察力藏在了一段家庭浪漫中。特朗普的父亲不喜欢儿子柔和的、黄油金色的品位。对于勤奋的弗雷德·特朗普来说,这一切都是在浪费金钱。

> 我还记得有一次,父亲去特朗普大厦工地视察,当时正值施工中期。我们的外墙是玻璃幕墙,这可比砖墙贵多了。此外,我们还使用了能买到的最昂贵的玻璃——青铜太阳能玻璃。父亲看了一眼,对我说:"你为什么不忘了那该死的玻璃呢?反正也没人会看。"

特朗普说,这就是他的父亲:总是"想方设法省几个钱"。但他的母亲摒弃了她资产阶级丈夫的抠门方式。她对帝王般的奢华充满激情。

> 现在回想起来,我意识到我的一些表演天赋是来自我的母亲。她总是喜欢戏剧性的盛大场面。她是一个非常传统的家庭主妇,但她对外面的世界也有一种感知。我还记得,我的母亲是苏格兰人,她坐在电视机前观看伊丽莎白女王的加冕典礼,整整一天都目不转睛。她只是陶醉于盛况,陶醉于整个王室和魅力的理念。我还记得父亲那天不耐烦地踱来踱去。"看在上帝的分上,玛丽,"他说,"够了,关掉它。他们都是一群骗子!"但我母亲连头都没抬。从这个意义上说,他们是完全相反的两个人。我母亲喜欢华丽和壮观,而我父亲则非常朴实,只对能力和效率感到兴奋。[36]

特朗普是他母亲的儿子。但玛丽·特朗普(Mary Trump)只能对英国王室的生活方式朝思暮想、郁郁寡欢,而特朗普则像他的父亲一样明白,要想成为贵族,以王公贵族的方式表现自己,就得花钱。与父亲不同的是,他愿意为此付出代价。

无论他们对中世纪或君主制多么依恋,保守派都拒绝封建主义世界观的古板和静态的传统主义。他们的权力观念更具活力,他们的霸权观念更具对抗性。他们相信统治,但这是一种充满斗争的统治:要么是平等者之间的斗争,就像尼采在《荷马的竞赛》中所阐述的那样,要么是上级与下级之间的斗争。[37]保守派希望有一个统治精英,但这个精英必须是经过考验的,是通过个人的坚韧不拔赢得一席之地的。这种坚韧不拔的精神使这些统治精英成为有身份、有价值的人,而不是像伯克在《致一位尊贵勋爵的信》中所说的那样,统治阶级的子弟、劳德代尔家族和贝德福德家族中经常出现的那些纨绔子弟和游手好闲的人。[38]

特朗普的言辞中充满了这种观念,即经济生活是最优秀的人对权力和地位的争夺。没有什么比家庭或公司中的计时服务员更能激起他的愤怒了。康拉德·希尔顿(Conrad Hilton)是特朗普非常钦佩的人之一,他靠自己的力量建立了一个酒店帝国。希尔顿认为,"继承的财富会摧毁道德品质和动力"。特朗普也同意这一观点(理论上是这样的;他从幼年起就有一笔信托基金,并在竞选中反对遗产税)。这就是为什么他对希尔顿的儿子如此不屑一顾的原因,尽管康拉德对继承权提出了警告,但希尔顿的儿子还是在他父亲的行业中占据了一席之地。"这与功绩无关,"特朗普说,"这叫与生俱来的权利。"希尔顿的儿子是"我称之为幸运精子俱乐部"的成员。同许多封建庄园出生的人一样,他"好逸恶劳"。顺便提一下,希尔顿儿子的名字叫巴伦。[39]

第十一章 太虚幻境

在生意场上，特朗普喜欢与"世界上最狡猾、最强硬、最凶狠的人打交道。我碰巧喜欢与这些人打交道，我喜欢打败他们"。这就是金钱所揭示的另一面：你比你的竞争对手强多少。"金钱从来都不是我的主要动力，除了作为一种记分方式。"就像古希腊或中世纪欧洲的血腥战斗一样，经济战斗中的高光时刻属于更优秀、更卓越的人。这种"更好"并不是指功勋卓著的成就——制度的价值衡量标准只能奖励出名的人；也不是指经济贡献——新产品、更多工作岗位、更高的股东价值；而是指在战场上击败他人。这些高光时刻揭示了自我的"本能"。这些本能可能包含"某种智慧"，但更重要的是，它们反映了一种克服、压倒、获胜的强烈意志。有些人天赋异禀，却"永远不会发现自己本可以有那么伟大"。相反，他们会满足于坐在电视机前观看明星的表演。这些人"害怕成功、害怕做决定、害怕获胜"。而伟人却没有这样的顾虑；他有一种获胜的动力，将伟大意志付诸实践，并炫耀于世。特朗普说，这不是一个人可以学习或培养出来的，而是"与生俱来的能力"，是真正属于原始和本源自我的东西。[40]

特朗普以斯卡利亚看待游戏的方式来看待商人之间的这些经济竞争：将其视为自然不平等的占卜神杖，一种区分单调平庸与伟大崇高的分拣机制。[41]这些竞争不是区别富人和穷人，而是区分大人物和小人物。

> 我喜欢从大处着想。我一直如此。对我来说，这很简单：如果你无论如何都要思考，那就不妨想得大一点。大多数人从小处着想，因为大多数人害怕成功、害怕做决定、害怕赢。这就给了像我这样的人很大的优势。[42]

与斯卡利亚一样，他认为这些竞赛的结果永远无法事先知晓。这正是比赛的精彩之处。

> 生命是非常脆弱的，成功并不能改变这一点。如果有所改变的话，那就是成功会让它变得更加脆弱。任何事情都可能发生变化，毫无征兆的变化……真正令人兴奋的是玩游戏。[43]

要想成功有意义，失败就必须永远存在。（二十年后，特朗普在科罗拉多州的一次励志演讲中对听众说："我喜欢失败者，因为他们让我自我感觉良好。"[44]）这就是为什么特朗普对交易的艺术如此着迷。他为什么这么做？"我做交易就是为了做交易。交易是我的艺术形式。别人在画布上画出美丽的画，或写出美妙的诗歌。

我喜欢做交易，最好是大交易。"[45]建筑物只是装饰品。交易才是不朽的。

然而，在特朗普庆祝经济战斗的最后，他却意外地发出了一声空虚甚至无聊的叹息："如果你问我，我将要描述的这些交易最终会带来什么结果，我不确定我能给出一个很好的答案。"事实上，他根本没有答案。他满怀希望地说："我在做成交易的过程中度过了一段非常愉快的时光。"他还踌躇满志地想："如果这样还没有乐趣，那还有什么意义呢？"[46]但他所能提供的只有追求乐趣——马克斯·韦伯一个多世纪前就预见到了这种令人沮丧的狭隘性，他写道："在美国，对财富的追求褪去了宗教和道德的意义，往往与纯粹的世俗激情联系在一起，这实际上往往赋予它运动的特征。"[47]罗纳德·里根可能会感叹："你知道，当市场自由运作时，它真的有一种魔力。就像歌里唱的那样，'这可能是开天辟地的大事'。"[48]但特朗普的市场并没有什么魔力。一切——除了那条黄油金色皮裤——都令人生厌。[49]

这种公开承认交易的乐趣给了特朗普相当大的自由，让他可以对市场的道德空虚说三道四，并在他的总统任期内将这种道德空虚付诸实践，而这是右派（或大多数情况下是左派）可接受的椭圆形办公室竞选者不会这么说的。特朗普在驳斥反对开设赌场的人时说，赌博与社会可接受的、助长资本主义的投资之间只有一个区别："纽约证券交易所的那些玩家"，"只是穿着蓝色细条纹西装，提着皮质公文包的赌徒而已"。赌博是一种赚钱的方式，赌场只是另一个市场。这种将利润归结为暴利的说法，在统治阶级中曾经是禁忌：它们太具有爆炸性了。凯恩斯警告说："如果一个人认为他的上司是通过幸运的赌博获得了财富，那么任何一个有勇气的人都不会同意继续贫穷下去。""只有当商人的收益与他的活动——即在某种意义上对社会所做的贡献——大致有某种联系时，他才是可以容忍的。"任何与此相反的暗示，任何报酬取决于赌博的暗示，都会"打击资本主义"，破坏"不平等报酬有可能长期存在的心理平衡"。[50]特朗普的天才之处在于，他认识到了凯恩斯箴言的真谛，但并没有因为害怕革命的报复而逃避，而是肯定了这一点，因为他清楚地知道革命不会到来。更有可能的后果是，人们会想知道特朗普的秘密；或者人们选他当总统。

具有讽刺意味的是，特朗普的言论之所以如此令人不安，作为一种政治愿景之所以如此贴切大众并引起共鸣，不在于其是谎言，而在于其是残酷的诚实。

> 我的宣传方式的最后一个关键是夸夸其谈。我满足人们的幻想。人们自己并不总是胸怀大志，但他们仍然会为那些胸怀大志的人而激动不

已。这就是为什么夸张一点总不会有错。人们愿意相信那些最大、最棒、最壮观的重要事物。

我称之为真实的夸张。[51]

这种装模作样、玩弄幻想和虚张声势的行为，对于经济、现实生产或诚实交换来说，并不是次要的活动。这就是经济。特朗普说："大量的关注才能创造价值。"[52]大量的关注——而不是劳动生产率、工程师的设计、企业家的远见、投资者的冒险或广告商的天才——才能创造价值。他对经济战斗和奋斗的赞美，其核心是一种朦胧的意识，即经济战斗和奋斗的唯一理由就是其本身。游戏就是游戏。甚至连这种对意义的拼命追求也受到了影响。正如特朗普所说："如果说我对富人有什么了解的话，那就是他们对最轻微的不适感的承受能力都非常低。"[53]

这就是特朗普的经济哲学的独特之处，也是其与时俱进之处，其实也就是这么一回事儿。老一代经济达尔文主义者——从威廉·格雷厄姆·萨姆纳到安·兰德——毫无保留地相信市场的启示。辉煌的不仅仅是比赛，还有比赛的结果。这种信念像圣火一样在他们心中燃烧。相比之下，特朗普对这一愿景既信又不信。市场有片刻的真理，也有永恒的谎言。市场揭示真相，但也隐藏事实；市场是所有一切，但也一无所有；市场会包罗万象，但也会万物皆空。兰德将她的资本主义愿景建立在"A 就是 A"的基础上；特朗普则将他的愿景建立在"A 不是 A"的基础上。

政治理论家威廉·罗伯茨（William Roberts）在其最近对马克思《资本论》的研究中认为，马克思是以但丁的《地狱篇》为蓝本创作其巨著的。但丁笔下的朝圣者在通往救赎的道路上穿越了层层地狱，同样地，马克思也带领他的读者——现代工人——穿越了资本主义这个社会地狱。罗伯茨说，从市场到工作场所，再到原始积累的阴曹地府，这是无产者的进步。这是一个向下的旅程，穿越黑暗，因为只有穿越黑暗，工人才能到达光明。[54]

《交易的艺术》是对这一历程的模仿。书中承诺，如果您陪伴特朗普度过一周的生活，并顺便回顾一下他的过去，那么他成功的秘诀就会——揭晓。前提是，快乐斗士特朗普的生活值得羡慕，他的工作值得研究。特朗普是指路人，也是导游。一路上，一站接一站的精彩交易、一个接一个的"重要人物"——特朗普喜欢重要人物。旅行者看到的是特朗普失败的会展中心项目、耗时收购的准将酒店（Commodore Hotel）、与邦威特·特勒（Bonwit Teller）的谈判、在辛辛那提翻建的住宅区、在中央公园沃尔曼溜冰场使用盐水而非氟利昂的决定。这与在《宋飞正传》有一集

《特朗普自传：从商人到参选总统》（英文版名为《交易的艺术》）

中 J. 彼得曼打算写的回忆录一样有趣，这本回忆录完全是基于他从克莱默那里买来的故事而写。

特朗普的秘密就是没有秘密。《交易的艺术》揭示了资本主义的真相：没有真相。这是一部关于虚无的演出。

特朗普绝不是第一个对资本主义得出这种结论的右派人士（尽管他可能是至少自泰迪·罗斯福以来的第一位右派总统）。正如我们在第七章中所看到的，许多新保守主义者在冷战结束后发现自己被困在了同一个海滩上。正如之前的许多保守主义者一样，这些保守主义者总能在国家中找到可取之处。不是福利国家或保姆国家，而是高级政治、国家伟业、帝国领导力和战争的国家。鉴于特朗普言辞中的威胁、对常规的不耐烦、对浮华的迷恋和对宏伟的热爱，这个国家似乎也是他预想的自然终点。正如班农所说："一个国家不仅仅是一个经济体，也是一个公民社会。"然而，仔细观察，特朗普想象中的国家看起来不像"国家"，而更像是他不确定是否有多少成果的交易。

特朗普在 2011 年发表的原版竞选声明《是时候强硬起来了》（*Time to Get Tough*）——为 2016 年竞选重新包装，新的副标题是《让美国再次伟大！》®（*Make America Great Again!*）——将这一轨迹描绘得淋漓尽致。它以受伤的民族主义开篇，而这正是特朗普的拿手好戏——

第十一章 太虚幻境

> 每天在生意场上，我都看到美国被宰割和践踏。我们成了笑柄，成了世界鞭挞的对象，我们做什么事情都动辄得咎、劳而无功、毫无尊严。[55]

——而且从未间断。在将近 200 页的篇幅中，它讲述了一个由巴拉克·奥巴马等颓废领导人和他的一群"奶油泡芙外交官"[麦卡锡主义者谈论迪安·艾奇逊（Dean Acheson）时的阴影]主政的国家屈辱时代。特朗普咆哮道："我们正在像石头一样往下沉沦"，我们向世界其他国家"屈膝跪拜"。奥巴马"奉行'讨好'外交"，他的言谈举止"软弱无力"，奥巴马是叛徒，我们必须强硬起来，让我们使美国再次伟大！[56] 特朗普如此坚持"美国优先"，以至于在承认没有一个美国人愿意在自家后院钻探石油之后，就像乔治·C.斯科特在《奇爱博士》中饰演的"巴克"·特吉森将军一样——"总统先生，我们决不允许……矿坑出现缺口！"——特朗普抱怨说，"无论如何，这些洞都会钻进地球"，所以"我们应该在自己的土地上钻探"。[57] 特朗普唱响我们的集体痛苦和磨难的咏叹调，似乎至少包含了"激情民族主义"的某些元素——历史学家罗伯特·帕克斯顿将其描述为法西斯主义精髓：蒙受奇耻大辱；失去全球影响力；遭到世界各地精英的背后一刀（奥巴马是"世界经济学家"，犯下了"经济叛国罪"）；渴望国家重新焕发活力；盼望民族复兴并称霸全球。[58]

尽管特朗普的言辞明显带有暴力和国家主义色彩，但他的政治愿景非常经济主义，尤其是在他最贴近国家的硬汉形象时。在历史上，反市场的保守派曾投向国家的怀抱（在两种意义上），认为国家是市场的终结者，而特朗普则常常认为国家事务只是市场中的交易而已。金钱是国家权力的工具。赚钱是国家权力的目的。任何有志于掌握国家权力的人都应该是赚钱的行家里手：商界的成败是对一个人政治手腕的最好考验。即使特朗普说起话来竭力使用强权的词句语言——暴力、胁迫、统治——他也难以避免又滑回到他所熟悉的市场行话习语中。

美国在伊拉克打了一场灾难性的战争。对特朗普来说，这场战争的主要灾难不在于战争的虚假借口，不在于未能实现基本的战争目标或制订重建计划，也不在于它是一场长期的战略灾难，而是在于"我们本应在发动战争之前……与伊拉克人敲定偿还计划"。换句话说，伊拉克战争是一笔糟糕的交易。伊拉克人应该用石油"偿还我们"。如果他们不还，美国至少应该"与伊拉克谈好成本分担安排"。特朗普对"拿走石油"这一威胁性叫嚣很感兴趣。这是他竞选时经常挂在嘴边的一句话，也是《是时候强硬起来了》第二章的标题。但请注意他是如何提议夺取石油的。

> 为什么我们给[伊拉克]买单却得不到任何回报？

我来告诉你答案。这是因为我们在华盛顿的所谓"领导人"完全不懂谈判和交易。听着,我一直在做交易——大交易。我认识高风险的全球金融领域所有最难缠的操作者,并与他们共事。这些人都是勤奋、凶狠、残忍的金融杀手,是那种为了获得最大利益而在董事会会议室里血溅四壁并恶战到底的人。你猜怎么着?这些人正是美国所需要的谈判者……

在这一两个国际大国之间史诗般的冲突时刻,特朗普最接近暴力的表达方式就是用市场交易大厅来比喻。[59]

特朗普身边当然不乏将军和军官,但这是否会使他的外交政策比以往的美国政策更倾向于军国主义,还有待观察。[60] 也许只是因为特朗普对高级军官闪亮的奖章就像对光滑的桃红色大理石一样着迷。特朗普也会不时地对军事力量点头示好,但往往是在强调其他势力竞争模式过程中夹带提及:"聪明的谈判者会利用我们的美元、法律和武装力量的杠杆作用,从欧佩克(OPEC)那里获得更好的交易。"但他刚一提到硬实力,就又飞快地回到了谈判桌的另一边,几乎就好像他被所有的军事话题吓到了,而对那边正在进行的关于经济的对话则感到自在多了:

　　凭实力行事。这意味着我们必须保持迄今为止世界上最强大的军事力量。我们必须展示出我们的意志力,利用我们的经济实力奖赏那些与我们合作的国家,惩罚那些不合作的国家。这意味着要打击那些为我们的敌人洗钱的银行和金融机构……

特朗普心目中最具威慑力的手段是历史悠久的强硬谈判方法:从谈判桌上站起来。特朗普说,美国谈判者的问题在于"我们不会威胁要离开",而不是用炸弹雨甚至制裁来威胁对手。更重要的是,我们不会真的一走了之。[61]

特朗普最喜欢的另一种国家权力工具是他在房地产行业中完善的交易工具——诉讼。他问道,美国应该如何"打击石油暴徒?""我们可以从起诉欧佩克违反反垄断法开始"。特朗普引用一位前白宫顾问的话问道:"打官司不是比发动战争更好吗?"[62] 在他的商业生涯中,特朗普已成为4 000多起诉讼的原告或被告。他喜欢吹嘘自己愿意与敌人对簿公堂,但事实上,他经常和解,而且更擅长以诉讼相威胁(以及转嫁损失),而不是赢得诉讼。在他打得最艰苦、最昂贵的一场官司中,联邦法院只判他赔偿1美元。[63] 特朗普入主白宫后,对诉讼强硬言论的嗜好也随之而来。当一名联邦法官暂缓执行他的旅行禁令时,特朗普能做出的最有力回应就是一条平淡的推特(twitter):"法庭上见。"事实上,尽管人们担心特朗普会对司法独立或法治构成威胁,但他反对法院裁决的主要方式和他的每一位椭圆形办公室前任一样,都是对这些裁决提出上诉。现在,他和他的顾问们似乎已经决定,至少在旅行禁令问题上,与其抨击司法机构,不如静静地等待最高法院的判决。[64] 无论胜败,无论涉及的是国内政治还是国际事务,特朗普的主要权力概念仍然是打官司。

从政治到经济,从暴力到法律,这种滑坡的部分原因根源于历史。早在19世纪,资本主义就披上了军国主义的外衣,出现了工业领袖、工业巨头等说法。商人经常被描绘成将军。因此,如果有机会扮演一位真正的总司令,商人自然会继续使用其原有的语言。事实上,"总交易员"是特朗普对总统的首选称谓。[65] 但特朗普的滑坡还有另一个原因,那就是资产阶级政权越来越多地披上了经济学的外衣。正如温迪·布朗(Wendy Brown)所言,新自由主义是经济理性对政治争论的征服。[66] 公共政策的主导理论不是来自政治哲学的语言,而是来自经济学文献中关于选择、效率、竞争和交换等概念。[在自由主义者中,奥巴马医疗保健计划最受欢迎的一点是,试图创造一种"公共选择"(这本身就是政治和经济隐喻的融合)来与私人保险市场相竞争,但失败了。]1975年,吉米·卡特在竞选时声称:"我管理着佐治亚州政府,就像运作这个国家几乎所有的公司组织一样。"[67] 由此帮助启动了美国政治的新自由主义转向。四十年后的今天,管理公司不再是领导力的标准,它是领导力的实质内容。

鉴于这种经济主义的政治观、一贯回避的强硬国策,特朗普一成为共和党提名的有力竞争者,人们就开始将其与希特勒相提并论,这不啻一个小小的讽刺。[68] 自特朗普当选以来,这种比较一直存在着。尽管一些法西斯主义历史学家对这种比较提出了警告,但其他人认为这很有启发性。[69] 进行这种比较的原因显而易见:恃强凌弱的言辞、对少数种族和少数民族的仇恨、仇外心理、特朗普在全国各地的集会及其自由支持者的暴力行为、对不同政见者的敌意,以及有一段时间,美国工人因全球资本主义的运作而受到羞辱和摧残,但全球资本主义并没有把他们的利益放在心上。然而,如果说法西斯主义的成就在于动员国家或种族的群众基础、巩固国家机器、通过自上而下的恐怖和自下而上的暴力来清除政治领域的反对派和异见,从而以最大的影响力和权威来推行其政策,那么很明显,特朗普并没有实现这一理想——如果说这曾经是他的雄心壮志的话(正如帕克斯顿最近正确指出的那样,特朗普愿景中的经济主义会对这一理想造成严重制约)。[70] 特朗普计划和目标的几乎每一步——从一开始的旅行禁令，到试图废除奥巴马医改、努力修建隔离墙，再到2017财政年度剩余时间的预算提案和全面修订税法的计划——都受到来自街头、法院、民主党的反对，以及共和党党内的不确定性和分裂的阻挠。[71]上任不到五个月，他的选民基础——白人、男性、没有大学学历的白人男性和女性——已经开始受到侵蚀。[72]除了逐渐削弱前任总统实施的监管制度并推行惩罚性移民政策这一重要例外——后者是所有总统都拥有独立权力的领域，而前两任民主党人在白宫行使这一权力时受到的限制越来越少[73]——迄今为止，特朗普的计划大多受阻。尽管特朗普在就职演说中重复了他的竞选承诺，即作为新型保守派执政，将捍卫劳动人民的利益，但他的做法绝大多数与主流的亲商界共和主义一致。[74]

虽然美国制度的分裂属性有助于阻止特朗普，但重要的是，这些制度往往也为暴政的代理人服务——从奴隶制的捍卫者和吉姆·克劳的种族隔离主义到麦卡锡主义和美国联邦调查局的反间谍计划。[75]虽然特朗普的统治遭到了很多人反对，但其他总统也曾遇到类似的甚至更强大的阻力，不过他们还是设法将这些阻力转化为对自己有利的力量。富兰克林·罗斯福最初的复兴计划有很多被法院驳回了，这也成为罗斯福对美国国家既有体制发起更猛烈攻击的契机和理由。[76]比尔·克林顿利用共和党在1995—1996年的停摆提高了支持率并成功连任，而尼克松则几乎无法控制他对暴乱分子、嬉皮士以及和平主义者的咆哮，因为这些反对派是他统治合法化的强大源泉。[77]此外，后两位总统在国会中都没有多数席位。[78]至少到目前为止，特朗普无法实现其在政治领域的全面甚或部分的统治，一定还有其他需要解释的原因：四年任期的开头几个月历来是总统发挥巨大——即使不是最大——影响力的时刻，特朗普日渐衰退的命运总能得到改善。

1933年希特勒上台执政时，他还是一个政府新人，但已是一个经验丰富的政治活动家。他不仅从最不利的地方帮助建立了一台有效的政治机器，并且为这台机器提供了意识形态的润滑油和汽油，而且确保了党的核心成员和准军事人员直接向他宣誓效忠。[79]相比之下，特朗普是在保守运动和共和党建立很久之后才加入其中的。他既没有政府经验，也没有政治经验。在党内初选中，他遭到了大多数选民的反对——这是自吉米·卡特以来第一位带着这种沉重负担进入椭圆形办公室的总统，而他之所以能够获得提名，完全是因为党内出现了真空，而且党内领导层无法团结支持一个替代人选。党内真空和领导层的无能表明，共和党/保守主义运动已经实现了自20世纪30年代以来的大部分目标。[80]

在长达十年的右派掌权并成功反击左派的巅峰时刻，希特勒夺取了政权。相比之下，特朗普则是在右派势力面临困难的时刻担任保守运动、共和党和美国政府的领导人。事实上，共和党那时控制着联邦政府的所有民选部门、25个州政府的所有民选部门以及其他7个州的立法机构。[81]然而，我们应该记住，在罗纳德·里根当选和共和党重组前不到两年的时间里，民主党对州政府的控制也达到了顶峰：在联邦政府的所有民选部门，27个州的所有民选政府部门和另外9个州的立法机构中，民主党都处于领先地位，而且在众议院和参议院中的领先优势远远超过今天的共和党。[82]更重要的是，1968—1988年间，共和党赢得了六次总统选举中的五次。自1992年以来，在七次总统选举中，共和党只赢得了三次——两次普选票都没有获得多数。在后两次选举中，是选举团而不是大多数选民将共和党候选人推上了总统宝座，这是自19世纪以来美国从未发生过的事情。其中一次还需要联邦最高法院的干预。理查德·尼克松凭借保守主义运动的强硬右派种族民粹主义首次入主白宫，并以61％的民众选票再次当选。罗纳德·里根在巅峰时期获得了59％的民众选票。小布什在其权力巅峰时期也获得了51％的民众选票。而特朗普上任时的得票率为46％，他上任头几个月的支持率是现代总统中最差的。[83]

无论这对美国共和党的选举前景意味着什么，很显然，在过去的25年里，保守主义发生了一些变化。虽然保守主义的目标是成为大众的精英主义运动，但近年来，其统治中的大众因素已被削弱。尼克松、里根和布什通过动员大多数选民，在某种程度上结合了温和的种族主义、军国主义和/或基督教民族主义以及市场民粹主义[84]，实现了权利和特权的向上再分配。面对依然存在的新政和民权运动，民粹主义很好地为反革命服务：跨越社会经济鸿沟，白人男性和女性都可以加入右派的复兴大军。

近年来，精英主义与民粹主义的融合越来越脆弱。社会运动的精英们发现，选举中的大多数人不再对他们的民粹主义呼声做出如此广泛或随时的回应。就像许多为保住权力而挣扎的社会运动一样，保守派活动家和领导人为了弥补在民众中支持率的下降，更加卖力地推行他们的计划，发出更加强烈的种族主义呼声，要求回归白人、基督徒和自由市场国家。共和党的部分民选官员也赞同这一纲领，排除一切让步或妥协，正如我们在2017年3月废除奥巴马医改的惨败期间看到的那样。共和党的基础派别——以及该党基础派别之外的"另类右派"党外派别——将白人特权问题掌握在自己手中，在针对有色人种、宗教少数派和左派示威者的暴力掠夺行为中找到了真正的民粹主义。[85]共和党其他部分的选民开始怀疑他们的投票是否得到了回报。民粹主义依然存在，只是被阉割得支离破碎了；它是否还能像以前那样为精英服务,这已经成为一个令人头疼的问题。这就是保守主义今天所面临的难题。随着这些右派不满情绪的激增,分化成越来越多的流派,保守主义运动的领导层发现自己需要更稳定、更持续的权力和更巩固的动力之源。由于无法像以前那样依靠群众来资助其计划,右派保守分子越来越依赖于国家中最反民主的因素:不仅是选举团和最高法院,还有对投票权的限制。与全盛时期通过反对民众的方式来克服民众的缺陷不同,如今的保守主义运动试图通过不受欢迎的方式来克服民众的缺陷,这让人不禁想起19世纪初改革前英国的保守主义运动,当时的保守主义运动依靠的是腐败透顶的行政权力以及惑众陈词滥调的苟合之势。[86]

这就是把特朗普送上总统权力宝座的运动。他在执政期间将如何领导这场运动——更准确地说,他能否领导这场运动——这是一个悬而未决的问题。到目前为止,答案似乎是:情况不妙,甚至是根本不行!不过,情况也可能发生变化。不过,从他自己的言论来看,特朗普的两个意识形态选择——对企业家的赞美和对战争国家的崇拜——似乎已经大打折扣。种族主义和本土主义可以激励他的基础选民,但尼克松以来的选举历史和特朗普前几个月的表现表明,特朗普的基础选民整体上正在萎缩。更重要的是,特朗普的两个标志性竞选议题——限制移民和贸易保护主义——本应预示着新的右派种族化经济民粹主义的到来,但民意调查显示,自特朗普当选以来,这些立场不仅没有凝聚起新的选举多数票,反而越来越不受欢迎。[87]

这就给特朗普留下了在其整个职业生涯中都被证明是其最能倚仗的一种资源:他反复无常的性格。自从伯克认为右派要对抗左派需要"唐·吉诃德式的慷慨狂野"以来,变幻莫测的疯狂就一直是右派的难兄难弟。面对革命的挑战,"智者的疯狂"总是"比愚者的清醒要好"。尼克松也赞同这种反动的权力信条:"若非故意,绝不发疯。"[88]但是,过去的保守派有策略地高效利用愤怒情绪时,他们了解愤怒作为一种动员手段对被动员起来的左派的反击作用,而特朗普的愤怒是放荡不羁的,完全是他自己的愤怒,针对任何不是特朗普的人。这就是为什么他的愤怒显得如此个人化和自恋(尽管自恋的指控几乎笼罩着每一位现代总统),而不是集体性的,也不是有力量的。[89]面对来自左派的剥夺,特权阶级曾经发现他们的疯狂在下层民众的合唱中得到了回应。但当特朗普咆哮时,他并没有与下层民众达成共识。相反,他宣称自己的受害者身份是绝无仅有的:"这是美国历史上对政治家的唯一的最严重的迫害!"他在推特上回应"通俄门"风波时说:"没有哪个政治家……受到过比这更糟糕或更不公平的待遇。"[90]在特朗普式的自我剥夺的广袤沙漠中,似乎没

第十一章 | 太虚幻境

有其他人的容身之地。特朗普的愤怒，就像斯卡利亚的愤怒一样，帮助他一举掌权，使他有了战胜右派胆小的同志们的筹码。但正如斯卡利亚在法庭上的表现一样，特朗普的疯狂现在有可能使他和他的运动边缘化。没有真正左派解放运动的反对，特朗普的愤怒似乎只不过是一个老人的咆哮和呓语。

从 2016 年 8 月他的妻子梅拉尼娅（Melania）在共和党全国代表大会上的讲话开始，特朗普的团队就被一个接一个的抄袭丑闻所困扰：莫妮卡·克劳利（Monica Crowley）、尼尔·戈萨奇（Neil Gorsuch）以及后来的戴维·克拉克警长（Sheriff David Clarke）。[91] 正如我们所看到的那样，保守主义总是从左派敌人那里借鉴经验。但是，这种借鉴曾经代表着一种对当下的灵活和精明的认知与意识，一种为了朋友而调整对敌策略的能力，而特朗普主义的偷词盗句、模仿手势和忸怩作态表明，保守主义已经精疲力竭、自相矛盾而深陷困境，且无力自拔。

特朗普说，大多数政客说的话听起来就像是在照本宣科，剧本就是《我能有多无聊》。[92] 就像在他之前的许多右派人士一样，特朗普的承诺是他不会让你感到无聊。但特朗普无法承受的指控是，他沉闷、照本宣科。唉！历史可能对他不利。无论他最初在言辞上有什么创新，特朗普都缺乏将这些创新付诸实践的保证。恢复共和党现状可能仍然是他唯一的选择。[93] 除非直到有真正的新左派与之对抗、有真正的下层解放和上层剥夺之间的竞相斗争，否则特朗普和他的弟兄们就只能照本宣科了。

注释：

ⅰ 狗哨（dog-whistle）是澳大利亚牧羊人呼唤牧羊犬时使用的一种高频口哨，其声音人听不到，只有牧羊犬能够听到。1997 年前后，狗哨政治开始在澳大利亚政界流行，比喻政客们表面说一套，背后的真实含义只有少数目标人群才能领会。澳大利亚竞选战略家林顿·克罗斯比后来将这个词引入英国。

[1] Donald Trump with Tony Schwartz, *The Art of the Deal* (New York: Ballantine, 1987), 2, 7, 8, 21—22, 34, 52—53, 77, 91, 171—172, 187.

[2] Michael Kruse and Noah Weiland, "Donald Trump's Greatest Self-Contradictions," *Politico* (May 5, 2016), http://www.politico.com/magazine/story/2016/05/donald-trump-2016-contradictions-213869; Inae Oh, "Watch Donald Trump Contradict Himself on Every Major Campaign Issue," *Mother Jones* (August 9, 2016), http://www.motherjones.com/politics/2016/

08/ donald-trump-contradicting-himself-hypocrisy-video; David Bier, "Four Ways Trump Contradicts Himself with His New Travel Ban," *Newsweek* (March 9, 2017), http://www.newsweek.com/four-ways-trump-contradicts-himself-his-new-travel-ban-564902.

〔3〕关于右派这一立场的最重要声明仍然是 Michael Oakeshott, *Rationalism and Politics and Other Essays* (Indianapolis: Liberty Fund, 1991)。我在第一章讨论了奥克肖特的论点。关于奥克肖特对矛盾的反思，见 Dale Hall and Tariq Modood, "Oakeshott and the impossibility of Philosophical Politics," *Political Studies* 30 (June 1982), 157—176。

〔4〕Walter Bagehot, "Intellectual Conservatism," in The *Works and Life of Walter Bagehot*, Vol. 9 (London: Longmans, Green, and Co., 1915), 254.

〔5〕Joseph de Maistre, *Considerations on France*, ed. Richard Lebrun (New York: Cambridge, 1974), 50; Edmund Burke, *A Philosophical Enquiry into the Origin of Our Ideas of the Sublime and the Beautiful*, ed. David Womersley (New York: Penguin, 1998, 2004), 106. 也见 Edmund Burke, *Reflections on the Revolution in France* (Stanford: Stanford University Press, 2001), 209, 238, 345—347。

〔6〕Kevin Mattson, *Rebels All! A Short History of the Conservative Mind in Postwar America* (New Brunswick: Rutgers University Press, 2008).

〔7〕Trump, *Art of the Deal*, 1.

〔8〕Andrew Prokop, "Trump backers hate 'political correctness.' That's why gaffes don't hurt him," *Vox* (February 29, 2016), http://www.vox.com/2016/2/29/11133796/donald-trump-political-correctness; Lauren Berlant, "Trump, or Political Emotions," *The New Inquiry* (August 5, 2016), https://thenewin-quiry.com/features/trump-or-political-emotions.

〔9〕Fred Barnes, *Rebel in Chief: Inside the Bold and Controversial Presidency of George W. Bush* (New York: Crown, 2006). 关于这本书，以及布什试图在其保守派基础中培养的普遍声誉，历史学家凯文·马特森写道："巴恩斯并不认为布什是一位政治家（或庄重的政治家）；相反，他理想化的总统看起来得像1953年标志性的电影《荒野一号》(*The Wild One*)中的马里恩·白兰度骑上摩托车，闹了个天翻地覆。对巴恩斯来说，布什蔑视媒体、蔑视传统智慧，热衷于扭转或至少实质性地改革长期政策。总统'急躁''直言不讳'；他领导着一支'反叛军'。"Mattson, 2.

〔10〕Trump, *Art of the Deal*, 5.

〔11〕Allan J. Lichtman, *White Protestant Nation: The Rise of the American Conservative Movement* (New York: Grove Press, 2008); Theda Skocpol and Vanessa Williamson, *The Tea Party and the Remaking of Republican Conservatism* (New York: Oxford University Press, 2013), 4, 11, 56—57, 68, 71—72, 76, 79, 81, 193—196.

〔12〕Albert O. Hirschman, *The Passions and the Interests: Political Arguments for Capi-*

talism before Its Triumph（Princeton：Princeton University，1977）.

〔13〕Kim Phillips-Fein，*Invisible Hands：The Businessman's Crusade Against the New Deal*（New York：Norton，2009）.

〔14〕David Gordon，*Fat and Mean：The Corporate Squeeze of Working Americans and the Myth of Managerial Downsizing*（New York：Free Press，1996）.

〔15〕Hannah Arendt，*The Origins of Totalitarianism*（New York：Schocken，1951），232.

〔16〕Gary Orfield and Erica Frankenberg，with Jongyeon Ee and John Kuscera，"Brown at 60：Great Progress，a Long Retreat and an Uncertain Future"（The Civil Rights Project/Proyecto Derechos Civiles，May 15，2014），10—11；Thomas Shapiro，Tatjana Meschede，and Sam Osoro，"The Roots of the Widening Racial Wealth Gap：Explaining the Black-White Economic Divide"（Institute on Assets and Social Policy，February 2013）.

〔17〕谁是典型的特朗普选民的问题是有争议的,而且经常被错误地与白人工人阶级的问题混为一谈。在许多关于特朗普胜利的讨论中,人们似乎认为特朗普选民的原型是白人工人阶级,但事实并非如此。最典型的特朗普选民是共和党人,其收入水平高于平均家庭收入水平。这并不意味着是那些选民让特朗普入主白宫;这些选民只是忠诚的共和党基础选民,他们绝大多数是白人,投票给罗姆尼和麦凯恩。在所有的选区中,选举对特朗普有利的是,首先,那些在"铁锈地带"萧条地区的白人工人阶级摇摆选民的许多人曾两次投票给奥巴马;其次,更重要的是,来自该地区的白人和有色人种工人阶级选民,他们在 2016 年投票给奥巴马,但只能在家待着。这些人并不是典型的特朗普选民。正如马特·伊格莱西亚斯（Matt Yglesias）在选举后正确指出的那样,特朗普的选民有三类:第一类是他在共和党内部的核心支持者,他们在共和党早期就支持他;第二类是共和党的绝大多数人,他们投票给特朗普是因为他们投票给共和党人;第三类是铁锈地带各州的一小群摇摆选民。对共和党内部特朗普选民的一项最好的研究发现,特朗普在共和党最早的支持者往往生活在比其他共和党选民在经济上更绝望的地区,在这些地区,收入和福祉的分配不像其他共和党倾向的县那么均匀。特朗普后来在共和党党内的支持者生活在更富裕的地区,当他在基本盘中产生的能量似乎可能让共和党入主白宫时,他们就转而支持特朗普。另一份令人大开眼界的报告着眼于"铁锈地带"各州的摇摆选民,他们投票支持奥巴马,然后又支持特朗普。这份基于人种学研究的报告将这些选民描述为"精疲力竭"。Matthew Yglesias，"The 3 different things we talk about when we talk about 'Trump voter,'" *Vox*（December 7，2016），https://www.vox.com/policy-and-politics/2016/12/7/13854512/who-are-trump-supporters；Benjy Sarlin，"United States of Trump," *NBC News*（June 20，2016），http://www.nbcnews.com/specials/donald-trump-republican-party；Justin Gest，"The Two Kinds of Trump Voters," *Politico*（February 8，2017），http://www.politico.com/magazine/story/2017/02/trump-voters-white-working-class-214754；Nate Cohn，"A 2016 Review：Turnout Wasn't the Driver of Clinton's

Defeat," *New York Times* (March 28, 2017), https://mobile.nytimes.com/2017/03/28/upshot/a-2016-review-turnout-wasnt-the-driver-of-clintons-defeat.html; Nicholas Carnes and Noam Lupu, "It's Time to Bust the Myth: Most Trump Voters Were Not Working Class," *Washington Post* (June 5, 2017), https://www.washingtonpost.com/news/monkey-cage/wp/2017/06/05/its-time-to-bust-the-myth-most-trump-voters-were-not-working-class.

[18] Nate Silver, "Donald Trump's Base Is Shrinking," *FiveThirtyEight* (May 24, 2017), https://fivethirtyeight.com/features/donald-trumps-base-is-shrinking; Tim Marcin, "Donald Trump's Approval Rating in Swing Counties and Election Strongholds Show How Unpopular He Is," *Newsweek* (May 18, 2017), http://www.newsweek.com/donald-trumps-approval-rating-swing-counties-election-strongholds-show-611873; Tim Marcin, "How Popular Is Trump? Latest Approval Rating Plummets as White Supporters Flee," *Newsweek* (May 11, 2017), http://www.newsweek.com/how-popular-trump-latest-approval-rating-white-supporters-flee-president-607478; Greg Sargent, "This Brutal New Poll Shows that Fewer and Fewer People Believe Trump's Lies," *Washington Post* (April 17, 2017), https://www.washingtonpost.com/blogs/plum-line/wp/2017/04/17/this-brutal-new-poll-shows-that-fewer-and-fewer-people-believe-trumps-lies/?utm_term=.fee2fa1b9733; "Majority in US No Longer Thinks Trump Keeps His Promises," *Gallup* (April 17, 2017), http://www.gallup.com/poll/208640/majority-no-longer-thinks-trump-keeps-promises.aspx; Philip Bump, "Trump's Approval Hits a New Low of 36 percent—but That's Not the Bad News," *Washington Post* (March 27, 2017), https://www.washingtonpost.com/news/politics/wp/2017/03/27/trumps-approval-hits-a-new-low-of-36-percent-but-thats-not-the-bad-news; Vegas Tenold, "The Alt-Right and Donald Trump Get a Divorce," *The New Republic* (April 26, 2017), https://newrepublic.com/article/142276/alt-right-donald-trump-get-divorce.

[19] Alan Brinkley, *Voices of Protest: Huey Long, Father Coughlin, and the Great Depression* (New York: Knopf, 1982), 143—168, 287—288; Michael Kazin, *The Populist Persuasion: An American History* (New York: Basic, 1995), 109—133, 221—242; Dan T. Carter, *The Politics of Rage: George Wallace, the Origins of the New Conservatism, and the Transformation of American Politics* (New York: Simon and Schuster, 1995), 352, 281—283; Joseph E. Lowndes, *From the New Deal to the New Right* (New Haven: Yale University Press, 2008), 85, 101—104; Peter Kolozi, *Conservatives Against Capitalism: From the Industrial Revolution to Globalization* (New York: Columbia University Press, 2017), 167—189.

[20] 除注释[17]中的引用外，见 Jonathan Chait, "What's Less Popular Than Donald Trump? Pretty Much Everything Paul Ryan and Mitch McConnell Are Doing," *New York er*

Magazine（May 29，2017），http：//nymag.com/daily/intelligencer/2017/05/whats-less-popular-than-donald-trump-paul-ryan-and-mitch-mcconnell.html；Jeff Stein，"Paul Ryan's Agenda has been a much bigger liability for the GOP than Trump's Scandals," *Vox*（May 23，2017），https：//www.vox.com/policy-and-politics/2017/5/23/15674450/paul-ryan-special-election；Eric Levitz，"'Small Government' Conservatism Is Killing Republican Voters," *New Yorker Magazine*（March 26，2017），http：//nymag.com/daily/intelligencer/2017/03/small-government-conservatism-is-killing-republican-voters.html。

〔21〕Donald Trump，*Time to Get Tough：Make America Great Again*!®（Washington，DC：Regnery，2011，2015），4.

〔22〕Roger Scruton，*The Meaning of Conservatism*（London：Macmillan，1980，1984），11；Friedrich A. Hayek，*The Constitution of Liberty*（Chicago：University of Chicago Press，1960），7；Frank Meyer，"Freedom，Tradition，Conservatism," in *In Defense of Freedom and Related Essays*（Indianapolis：Liberty Fund，1996），15.

〔23〕Jane Mayer，"Donald Trump's Ghostwriter Tells All," *The New Yorker*（July 25，2016）.

〔24〕Andrew Prokop，"Steve Bannon's longtime suspicion of successful immi-grants is the key to this weekend's chaos," *Vox*（January 29，2017），http：//www.vox.com/2017/1/29/14429984/trump-immigration-order-steve-bannon。关于班农在特朗普政府中的不确定命运，见Greg Sargent，"Is Stephen Bannon Getting Pushed Out? The Latest Signs Point to Yes." *Washington Post*（April 12，2017），https：//www.washingtonpost.com/blogs/plum-line/wp/2017/04/12/is-stephen-bannon-getting-pushed-out-the-latest-signs-point-to-yes；Domenico Montanaro，"Trump Signals Steve Bannon Could Be On His Way Out," *NPR*（April 12，2017），http：//www.npr.org/2017/04/12/523569897/trump-signals-steve-bannon-could-be-on-his-way-out；Ryan Lizza，"How Climate Change Saved Steve Bannon's Job," *The New Yorker*（June 2，2017），http：//www.newyorker.com/news/ryan-lizza/how-climate-change-saved-steve-bannons-job。

〔25〕我们在班农于2015年11月2日对特朗普进行的一次采访中反复看到了这一点。班农一直在为特朗普的本土主义移民政策辩护，特朗普对班农的回应是，至少应该允许外国出生的经济精英留在美国："我们必须把我们的人才留在这个国家。"这就是促使班农回答的原因，"一个国家不仅仅是一个经济体。我们是一个公民社会"。两人之间的交流抓住了特朗普思想的两面：在某一时刻，经济优先于政治；接下来，政治优先于经济。Prokop，"Steve Bannon's longtime suspicion of successful immigrants is the key to this weekend's chaos."

〔26〕Trump，*Art of the Deal*，61，273.

〔27〕Ibid.，60—61.

〔28〕Ibid., 192—193.

〔29〕Ibid., 1, 47.

〔30〕Ibid., 176—177. 也见 37—38。

〔31〕Ibid., 189.

〔32〕Trump, *Time to Get Tough*, 72—73.

〔33〕Glenn Thrush and Maggie Haberman, "Trump and Staff Rethink Tactics After Stumbles," *New York Times* (February 6, 2017), A1.

〔34〕Debora Silverman, *Selling Culture: Bloomingdale's, Diana Vreeland, and the New Aristocracy of Taste in Reagan's America* (New York: Pantheon, 1986).

〔35〕Trump, *Art of the Deal*, 41.

〔36〕Ibid., 79—80.

〔37〕Friedrich Nietzsche, "Homer's Contest," in *The Nietzsche Reader*, ed. Keith Ansell Pearson and Duncan Large (Oxford: Blackwell, 2006), 95—100.

〔38〕Burke, *Letter to a Noble Lord*, in *On Empire, Liberty, and Reform: Speeches and Letters of Edmund Burke*, ed. David Bromwich (New Haven: Yale University Press, 2000), 473, 484—485.

〔39〕Trump, *Art of the Deal*, 226, 234, 237; Trump, *Time to Get Tough*, 60—62; David Cay Johnston, *The Making of Donald Trump* (Brooklyn: Melville House, 2016), 15.

〔40〕Trump, *Art of the Deal*, 45—48, 63.

〔41〕尽管特朗普在言辞上反对共和党建制派，但他的愿景与经济达尔文主义相似，这种达尔文主义激励了斯卡利亚、保罗·瑞安和保守派超级捐助者，以及亿万富翁对冲基金经理罗伯特·默瑟(Robert Mercer)等人物。特朗普认为，"除了赚多少钱，人类没有固有价值"。Jane Mayer, "The Reclusive Hedge-Fund Tycoon Behind the Trump Presidency," *The New Yorker* (March 27, 2017), http://www.newyorker.com/magazine/2017/03/27/the-reclusive-hedge-fund-tycoon-behind-the-trump-presidency.

〔42〕Trump, *Art of the Deal*, 46—47.

〔43〕Ibid., 63.

〔44〕Johnston, *Making of Donald Trump*, 22.

〔45〕Trump, *Art of the Deal*, 1.

〔46〕Ibid., 2, 63.

〔47〕Max Weber, *The Protestant Ethic and the Spirit of Capitalism* (New York: Routledge, 1992), 124.

〔48〕Ronald Reagan, Radio Address to the Nation on Taxes, the Tuition Tax Credit, and Interest Rates（April 24，1982），http：//www. presidency. ucsb. edu/ws/index. php? pid＝42445＃axzz1SZbhcOIv.

〔49〕我们发现，里根的经济愿景和特朗普的经济愿景之间的对比——以及他们对国家和总统角色的相应愿景——在两位总统的第一次就职演说之间的比较中得到了更明显的重复。Corey Robin,"Trump's Inaugural Address ver- sus Reagan'sInaugural Address"（January 20, 2017），http://coreyrobin. com/ 2017/01/20/trumps-inaugural-address-versus-reagans-inaugural-address.

〔50〕John Maynard Keynes,"Social Consequences of Changes in the Value of Money," in *Essays in Persuasion*（New York：Norton，1963），94－95.

〔51〕Trump, *Art of the Deal*, 58. 也见 181："We were selling fantasy"。

〔52〕Ibid.，57.

〔53〕Ibid.，197，261.

〔54〕William Clare Roberts, *Marx's Inferno：The Political Theory of Capital*（Princeton：Princeton University Press，2016），1，20－28.

〔55〕Trump, *Time to Get Tough*, 2.

〔56〕Ibid.，8，24，27，29，33，36，41，48；David K. Johnson, *The Cold War Persecution of Gays and Lesbians in the Federal Government*（Chicago：University of Chicago Press，2006），70.

〔57〕Trump, *Time to Get Tough*, 26.

〔58〕Ibid.，33，36；Robert O. Paxton, *The Anatomy of Fascism*（New York：Knopf，2004），41.

〔59〕Ibid.，2，38；Donald Trump, *Great Again：How to fix Our Crippled America*（New York：Simon & Schuster，2015），32.

〔60〕Trump, *Time to Get Tough*, 9－13，154.

〔61〕Missy Ryan and Greg Jaffe,"Military's Clout at White House Could Shift U. S. Foreign Policy," *Washington Post*（May 28，2017），https://www. washingtonpost. com/world/national-security/military-officers-seed-the-ranks-across-trumps-national-security-council/2017/05/28/5f10c8ca-421d-11e7-8c25-44d09ff5a4a8_story. html .

〔62〕Trump, *Great Again*, 1，32.

〔63〕Trump, *Time to Get Tough*, 19，21，23.

〔64〕Johnston, xvii，23，38，48，55－56.

〔65〕Dara Lind,"Even the Trump administration doesn't seem to care about the travel ban anymore," *Vox*（May 31，2017），https://www. vox. com/policy‐and‐politics/2017/5/31/

15712294/trump-muslim-ban; Corey Robin, "Think Trump is an authoritarian? Look at his actions, not his words," *The Guardian* (May 2, 2017), https://www.theguardian.com/commentisfree/2017/may/02/donald-trump-authoritarian-look-actions-not-words.

〔66〕Trump, *Time to Get Tough*, 4.

〔67〕Wendy Brown, *Undoing the Demos: Neoliberalism's Stealth Revolution* (Brooklyn: Zone Books, 2015).

〔68〕引自 Stephen Skowronek, *The Politics Presidents Make: Leadership from John Adams to Bill Clinton* (Cambridge: Harvard University Press, 1993, 1997), 379。

〔69〕Isaac Chotiner, "Is Donald Trump a Fascist? Yes and no." *Slate* (February 10, 2016), http://www.slate.com/articles/news_and_politics/interrogation/2016/02/is_donald_trump_a_fascist_an_expert_on_fascism_weighs_in.html.

〔70〕Victoria de Grazia, "Many call Trump a fascist. 100 days in, is he just a reactionary Republican?" *The Guardian* (April 30, 2017), https://www.theguardian.com/commentisfree/2017/apr/30/donald-trump-fascist-republican-100-days; Robert O. Paxton, "Is Donald Trump a fascist or a plutocrat?" *Harper's* (May 2017), 38—39; Timothy Snyder, *On Tyranny: Twenty Lessons from the Twentieth Century* (New York: Tim Duggan Books, 2017).

〔71〕Paxton, "Is Donald Trump a fascist or a plutocrat?"

〔72〕除序言注释〔1〕中列出的来源外，见 Ashley Parker, Phillip Rucker, and Sean Sullivan, "Trump Scrambles to Show Progress as the 100-day Mark Approaches," *Washington Post* (April 25, 2017), https://www.washingtonpost.com/politics/trump-scrambles-to-show-progress-as-the-100-day-mark-approaches/2017/04/25/9fc6803c-29d4-11e7-b605-33413c691853_story.html; David Lewis, "So Far Trump Is Struggling as a Chief Executive," *Washington Post* (April 27, 2017), https://www.washingtonpost.com/news/monkey-cage/wp/2017/04/27/so-far-trump-gets-a-failing-grade-at-managing-the-executive-branch; Billy House, Erik Wasson, and Laura Litvan, "Trump Says He'll Sign Congress Spending Deal That Jettisons His Goals," *Bloomberg Politics* (April 30, 2017), https://www.bloomberg.com/politics/articles/2017-05-01/congress-strikes-tentative-deal-on-1-1-trillion-spending-bill; Aaron Blake, "President Trump Just Had His Bluff Called—Again," *Washington Post* (April 25, 2017), https://www.washingtonpost.com/news/the-fix/wp/2017/04/25/president-trump-just-had-his-bluff-called-again; James Hohmann, "Trump Is Caving on Border Wall Funding after Showing His Base that He Tried," *Washington Post* (April 25, 2017), https://www.washingtonpost.com/news/powerpost/paloma/daily-202/2017/04/25/daily-202-trump-is-caving-on-border-wall-funding-after-showing-his-base-that-he-tried/58fea413e9b69b3a72331ec4; Amber Phillips, "Trump Is About to Be 0-4 on His Legislative

Promises for His First 100 Days," *Washington Post* (April 27, 2017), https://www.washingtonpost.com/news/the-fix/wp/2017/04/27/trump-is-about-to-be-0-4-on-his-legislative-promises-for-his-first-100-days; Patrick Jenkins and Barney Jopson, "Wall Street's hopes for deregulation switch from laws to watchdogs," *Financial Times* (May 7, 2017), https://www.ft.com/content/8d46739c-31ac-11e7-9555-23ef563ecf9a; Ben White and Annie Karni, "America's CEOs fall out of love with Trump," *Politico* (June 3, 2017), http://www.politico.com/story/2017/06/03/donald-trump-ceos-corporate-relationship-239080.

〔73〕见注释〔17〕中的引文。

〔74〕Leighton Akio Woodhouse, "Obama's Deportation Policy Was Even Worse Than We Thought," *The Intercept* (May 15, 2017), https://theinter-cept.com/2017/05/15/obamas-deportation-policy-was-even-worse-than-we-thought; Aviva Chomsky, "Making Sense of the Deportation Debate," TomDispatch.com (April 25, 2017), http://www.tomdispatch.com/blog/176271; Alan Aja and Alejandra Marchevsky, "How Immigrants Became Criminals," *Boston Review* (March 17, 2017), http://bostonreview.net/poli-tics/alan-j-aja-alejandra-marchevsky-how-immigrants-became-criminals.

〔75〕Robin, "Trump's Inaugural Address versus Reagan's Inaugural Address."

〔76〕Corey Robin, *Fear: The History of a Political Idea* (New York: Oxford University Press, 2004), 199—205; Corey Robin, "American institutions won't keep us safe from Donald Trump's excesses," *The Guardian* (February 2, 2017), https://www.theguardian.com/commentisfree/2017/feb/02/american-institutions-wont-keep-you-safe-trumps-excesses.

〔77〕Skowronek, 310—313.

〔78〕"Presidential Approval Ratings—Bill Clinton," http://www.gallup.com/poll/116584/presidential-approval-ratings-bill-clinton.aspx; Rick Perlstein, *Nixonland* (New York: Scribner, 2008), 202—203, 237—241, 363—365.

〔79〕在白宫八年任期的前两年，比尔·克林顿在国会中享有民主党多数席位。然而，在1994年之后，他面临着巨大的挑战，共和党在参众两院占多数席位。

〔80〕Richard J. Evans, *The Coming of the Third Reich* (New York: Penguin, 2003), 206, 274.

〔81〕关于特朗普与卡特之间的相似之处，见Corey Robin, "The Politics Trump Makes," n+1 (January 11, 2017), https://nplusonemag.com/online-only/online-only/the-politics-trump-makes。

〔82〕Corey Robin, "The G.O.P.'s Existential Dilemma," *New York Times* (March 24, 2017), SR1, https://www.nytimes.com/2017/03/24/opinion/sunday/the-gops-existential-crisis. html.

[83] 菲尔·克林克纳(Phil Klinkner)和赛斯·阿克曼(Seth Ackerman)提供给我的数据。

[84] Gary Langer, "President Trump at 100 Days" (April 23, 2017), http://abc-news. go. com/Politics/president-trump-100-days-honeymoon-regrets-poll/story? id=46943338; "How Popular/Unpopular Is Donald Trump," https://projects. fivethirtyeight. com/trump-approval-ratings/#historical, 访问日期:特朗普总统任期第 130 天(2017 年 5 月 29 日)。

[85] 见 Thomas Frank, *One Market Under God: Extreme Capitalism, Market Populism, and the End of Economic Democracy* (New York: Random House, 2000); Bethany Moreton, "Make Payroll, Not War," in *Rightward Bound: Making America Conservative in the 1970s*, ed. Bruce J. Schulman and Julian E. Zelizer (Cambridge: Harvard University Press, 2008), 52—70。

[86] Alan Feuer and Jeremy W. Peters, "First Rule of Far-Right Clubs: Be White and Proud," *New York Times* (June 2, 2017), https://www. nytimes. com/2017/06/02/us/politics/white-nationalists-alt-knights-protests-colleges. html; Jamelle Bouie, "What We Have Unleashed," *Slate* (June 1, 2017), http:// www. slate. com/articles/news_and_politics/politics/2017/06/this_year_s_string_of_brutal_hate_crimes_is_intrinsically_connected_to_the. html; Evan Malgrem, "Don't Feed the Trolls," *Dissent* (Spring 2017), https://www. dissentmagazine. org/article/dont-feed-the-trolls-alt-right-culture-4chan.

[87] Marc Mulholland, *Bourgeois Liberty and the Politics of Fear: From Absolutism to Neo-Conservatism* (Oxford: Oxford University Press, 2012), 44—46; John Ramsden, *An Appetite for Power: A History of the Conservative Party Since 1830* (New York: Harper Collins, 1998), 42—46.

[88] Rebecca Ballhaus, "Americans Back Immigration and Trade at Record Levels," *Wall Street Journal* (April 25, 2017), https://www. wsj. com/articles/ americans-back-immigration-and-trade-at-record-levels-1493092861.

[89] Edmund Burke, *Letters on a Regicide Peace* (Indianapolis: Liberty Fund, 1999), 142, 167; 尼克松引自 David Remnick, "Is the Comey Memo the Beginning of the End for Trump?" *The New Yorker* (May 17, 2017), http://www. newyorker. com/news/daily-comment/is-the-comey-memo-the-beginning-of-the-end-for-trump? intcid=mod-latest; 也见 Perlstein, 419。

[90] Ashley L. Watts et al., "The Double-Edged Sword of Grandiose Narcissism," *Psychological Science* 24 (2013), 2379—2389; Scott O. Lilienfeld and Ashley L. Watts, "The Narcissist in Chief," *New York Times* (September 6, 2015), SR10.

[91] Donald J. Trump, tweet (May 18, 2017), https://twitter. com/realDonaldTrump/

status/865173176854204416; Dan Merica, "Trump to gradu-ates: 'No politician in history… has been treated worse,'" *CNN* (May 18, 2017), http://www.cnn.com/2017/05/17/politics/trump-coast-guard-speech/index.html.

[92]David Graham, "Melania Trump's Secret Speechwriter: Michelle Obama?" *The Atlantic* (July 19, 2016), https://www.theatlantic.com/politics/archive/2016/07/melania-trump-plagiarism/491918; Alex Caton and Grace Watkins, "Trump Pick Monica Crowley Plagiarized Parts of Her Ph. D. Dissertation," *Politico* (January 9, 2017), http://www.politico.com/magazine/story/2017/01/monica-crowley-plagiarism-phd-dissertation-columbia-214612; Josh Bresnahan and Burgess Everett, "Gorsuch's writings borrow from other authors," *Politico* (April 4, 2017), http://www.politico.com/story/2017/04/gorsuch-writings-supreme-court-236891; Andrew Kaczynski, Christopher Massie and Nathan McDermott, "Sheriff David Clarke plagiarized portions of his master's thesis on homeland security," *CNN* (May 21, 2017), http://www.cnn.com/interac-tive/2017/05/politics/sheriff-clarke-plagiarism.

[93]*Great Again*, 8.

[94]Jeremy Diamond, "Trump: I could 'shoot somebody and I wouldn't lose voters,'" *CNN* (January 24, 2016), http://www.cnn.com/2016/01/23/politics/donald-trump-shoot-somebody-support.

[95]Steven Mufson, "Trump's Budget Owes a Huge Debt to This Right-Wing Washington Think Tank," *Washington Post* (March 27, 2017), https://www.washingtonpost.com/news/wonk/wp/2017/03/27/trumps-budget-owes-a-huge-debt-to-this-right-wing-washington-think-tank; Abby Phillip and John Wagner, "Trump as 'Conventional Republican'? That's What Some in GOP Establishment Say They See," *Washington Post* (April 13, 2017), https://www.washingtonpost.com/politics/gop-establishment-sees-trumps-flip-flops-as-move-toward-a-conventional-republican/2017/04/13/f9ce03f6-205c-11e7-be2a-3a1fb24d4671_story.html; Julie Hirschfeld Davis and Kate Kelley, "Trump Plans to Shift Infrastructure Funding to Cities, States and Business," *New York Times* (June 4, 2017), A18.

致　谢

这本书的大部分内容来源于文学期刊和杂志。如果不是编辑亚历克斯·斯塔(Alex Star)、保罗·莱蒂(Paul Laity)、玛丽·凯·威尔默斯(Mary Kay Wilmers)、保罗·迈耶斯考夫(Paul Meyerscough)、亚当·夏茨(Adam Shatz)、约翰·帕拉泰拉(John Palattella)和杰克逊·李尔斯(Jackson Lears),我永远也不会写出关于右派的文章。人们通常认为,在非学术领域发表文章的学者是在将自己的学术研究成果简单化,供大众阅读,而这些复杂的想法最初都是在学术研究室中形成的。对我来说,本书的写作过程恰恰相反:通过我的非学术性写作,保守主义成为我的学术兴趣,而我关于右派的大部分观点是在与这些编辑,尤其是与亚历克斯和约翰的讨论交流以及我自己的写作过程中逐渐形成的。

在思想上,本书的灵感要归功于阿诺·迈尔和卡伦·奥伦。没有哪位学者比阿诺和卡伦更能促进我对欧洲和美国"旧制度的持续存在"的理解。左派和右派的传统观点认为,中世纪主义已被现代性冲刷殆尽,与之相反,卡伦和阿诺让我看到了我们后封建社会的"迟到的封建主义"。毫无疑问,他们不同意我对保守主义的解释,但如果没有他们的巨大贡献,我不可能得出这样的结论。

在撰写和修改这些文章的过程中,我得到了广大读者们的支持:历史学家和政治学家、诗人和散文家、理论家和哲学家、文学评论家和社会学家、记者和编辑。感谢他们对其中一篇或多篇论文的贡献。我要感谢杰德·阿布拉哈米安(Jed Abrahamian)、布鲁克·阿克曼(Bruce Ackerman)、乔尔·艾伦(Joel Allen)、加斯顿·阿隆索(Gaston Alonso)、乔伊斯·阿普尔比(Joyce Appleby)、穆斯塔法·巴尤米(Moustafa Bayoumi)、塞拉·本哈比(Seyla Benhabib)、马歇尔·伯曼(Marshall Berman)、萨拉·贝施特尔(Sara Bershtel)、阿克尔·比尔格拉米(Akeel Bilgrami)、诺曼·伯恩鲍姆(Norman Birnbaum)、史蒂夫·布朗纳(Steve Bronner)、丹·布鲁克(Dan Brook)、塞巴斯蒂安·布登(Sebastian Budgen)、乔希·科恩(Josh Cohen)、彼得·科尔(Peter Cole)、佩斯利·库拉(Paisley Currah)、丽兹·多纳休(Lizzie

Donahue)、杰伊·德里斯科尔(Jay Driskell)，汤姆·杜姆(Tom Dumm)、约翰·邓恩(John Dunn)、萨姆·法伯(Sam Farber)、莉莎·费瑟斯通(Liza Featherstone)、杰森·弗兰克(Jason Frank)、史蒂夫·弗雷泽(Steve Fraser)、乔什·弗里曼(Josh Freeman)、保罗·弗莱默(Paul Frymer)、萨姆·戈德曼(Sam Goldman)、马努·戈斯瓦米(Manu Goswami)、亚历克斯·古雷维奇(Alex Gourevitch)、皮特·霍尔沃德(Pete Hallward)、哈里·哈鲁图尼安(Harry Harootunian)、克里斯·海斯(Chris Hayes)、道格·亨伍德(Doug Henwood)、迪克·霍华德(Dick Howard)、戴维·休斯(David Hughes)、朱迪·休斯(Judy Hughes)、艾伦·亨特(Allen Hunter)、迪·佩顿(Di Paton)、里克·珀尔斯坦(Rick Perlstein)、罗斯·佩切斯基(Ros Petchesky)、金·菲利普斯-费恩(Kim Phillips-Fein)、卡塔·波利特(Katha Pollitt)、阿齐兹·拉纳(Aziz Rana)、安迪·里奇(Andy Rich)、安德鲁·罗斯(Andrew Ross)、克里斯汀·罗斯(Kristin Ross)、萨斯基娅·萨森(Saskia Sassen)、艾伦·施雷克(Ellen Schrecker)、乔治·西阿拉巴(George Scialabba)、理查德·西摩(Richard Seymour)、尼基尔·辛格(Nikhil Singh)、昆汀·斯金纳(Quentin Skinner)、吉姆·斯里珀(Jim Sleeper)、罗杰斯·史密斯(Rogers Smith)、卡特里娜·范登·赫维尔(Katrina vanden Heuvel)、约翰·沃拉赫(John Wallach)、伊芙·温鲍姆(Eve Weinbaum)、基思·惠廷顿(Keith Whittington)、丹尼尔·威尔金森(Daniel Wilkinson)、韦斯利·杨(Wesley Yang)、布莱恩·杨(Brian Young)和玛丽莲·杨(Marilyn Young)。

其中大部分文章已在全国各大学的研讨会和讲座中发表。我非常感谢我在这些场合收到的以下意见和建议,主要来自:阿拉什·阿比扎德(Arash Abizadeh)、安东尼·阿皮亚(Anthony Appiah)、巴努·巴古(Banu Bargu)、赛拉·本哈比(Seyla Benhabib)、阿克尔·比尔格拉米(Akeel Bilgrami)、伊丽莎白·科恩(Elizabeth Cohen)、乔希·科恩(Josh Cohen)、朱莉·库珀(Julie Cooper)、已故的杰克·迪金斯(Jack Diggins)、马特·埃文斯(Matt Evans)、南希·弗雷泽(Nancy Fraser)、马克·格拉伯(Mark Graber)、南·基欧汉(Nan Keohane)、史蒂夫·马塞多(Steve Macedo)、卡鲁娜·曼特纳(Karuna Mantena)、安德鲁·马奇(Andrew March)、汤姆·梅德维茨(Tom Medvetz)、安德鲁·墨菲(Andrew Murphy)、安德鲁·诺里斯(Andrew Norris)、安妮·诺顿(Anne Norton)、约书亚·奥伯(Joshua Ober)、菲利普·佩蒂特(Philip Pettit)、安迪·波尔斯基(Andy Polsky)、罗伯特·赖克(Robert Reich)、奥斯汀·萨拉特(Austin Sarat)、彼得·辛格(Peter Singer)、罗杰斯·史密

斯（Rogers Smith）、米兰达·斯皮勒（Miranda Spieler）、佐菲亚·斯滕普罗夫斯卡（Zofia Stemplowska）、纳迪亚·乌尔比纳蒂（Nadia Urbinati）和利奥·扎贝尔特（Leo Zaibert）。

我还要感谢以下机构为我的教学工作提供了亟须的脱产时间：美国学术团体理事会、普林斯顿大学人类价值中心、布鲁克林学院教务长办公室和纽约市立大学专业人员代表大会。

我要特别感谢我私人顾问团的第一批读者：格雷格·格兰丁（Greg Grandin）、阿迪娜·霍夫曼（Adina Hoffman）、罗伯特·珀金森（Robert Perkinson）和斯科特·索尔（Scott Saul）；马可·罗斯（Marco Roth），他想出了本书的书名；查尔斯·彼得森（Charles Petersen），他是本书的特级文字编辑；我在布鲁克林学院和纽约市立大学研究生中心的学生们，他们与我一起完成了本书的文字和内容；感谢牛津大学出版社的亚历山德拉·道勒（Alexandra Dauler）和马克·施耐德（Marc Schneider）；感谢我在牛津大学出版社的编辑戴维·麦克布赖德（David McBride），他从一开始就对这个项目充满信心，并以智慧、耐心和优雅将其完成。

我最要感谢的是劳拉·布拉姆（Laura Brahm），她在这些想法还是半吊子的时候就听了进去，在它们还不成熟的时候就读了出来。她对这些文章有着敏锐的洞察力和独到的品位。她永远是我唯一想取悦的读者。

第二版致谢

我首先要感谢我的编辑戴维·麦克布赖德,他在2016年11月大选之后立即意识到本书需要一个新版本;也要感谢牛津大学美国分校校长尼科·普芬德(Niko Pfund),他从一开始就支持本书及其第二版的出版。此外,还要感谢塞斯·阿克曼(Seth Ackerman)和阿迪娜·霍夫曼(Adina Hoffman),他们在书名方面提供了亟须的帮助;感谢安德鲁·西尔(Andrew Seal),他在最后一刻对本书进行了校订并编制了索引;感谢艾伦·特伦珀(Ellen Tremper),她与我探讨了本书重新构思过程中的一些棘手问题,并对特朗普章节和序言提出了精辟的批评;感谢杰德·珀迪(Jed Purdy)、蒂姆·巴克(Tim Barker)和罗布·米基(Rob Mickey),他们对特朗普章节进行了初步解读并提出了宝贵意见。亚历克斯·古雷维奇(Alex Gourevitch)一直在鞭策和激励我,促使我更努力、更好地思考特朗普和当前的政治形势,以及第五章和第六章中的经济论点;也是亚历克斯提出了第二版的新结构。约翰·帕拉泰拉(John Palattella)不仅是本书四个章节的最初编辑,还不畏艰难地对修订版的全部手稿进行了精读。约翰比任何人都更赋予这本书最终的意义和形式;我欠他的难以估量。这本书的生命力是我始料未及的;它之所以能以这样的形式问世,在很大程度上要归功于劳拉·布拉姆。她把一本散文集变成了一场盛会,从逆境中的每一个瞬间都看到了宣传这本书的机会。她总是毫不犹豫地告诉我,无论多小的一篇文章都有不尽如人意之处。她要求每一句话都阐述得清清楚楚、明明白白:在写作和生活中。我们共享的这种生活看来是一个奇迹。

1.《论反革命》(On Counterrevolution)最早以《保守主义与反革命》(Conservatism and Counterrevolution)一文发表于《拉里坦》(*Raritan*)(2010年夏季号),第1—17页。

2.《暴力之魂》(The Soul of Violence)作为论文《坚强并不难:暴力与保守主义》(Easy To Be Hard: Violence and Conservatism)首次出现在《暴力的表演》(*Performances of Violence*)一书中,由奥斯汀·萨拉特、卡琳·巴斯勒和托马斯·

L.杜姆主编(阿默斯特:马萨诸塞大学出版社,2011),第18—42页。

3.《反革命发端》(The First Counterrevolutionary)首次出现于《国家》(*The Nation*)(2009年10月19日),第25—32页。

4.《市场价值论》(Burke's Market Value)以《埃德蒙·伯克与价值问题》(Edmund Burke and the Problem of Value)为题首发于《拉里坦》(2016年夏季号),第82—106页。

5.《边际尼采》》(In Nietzsche's Margins)首次题为《尼采边缘的孩子们》(Nietzsche's Marginal Children),载于《国家》(2013年5月27日),第27—36页。

6.《炫酷玄学》(Metaphysics and Chewing Gum)初次题为《垃圾与尊严》(Garbage and Gravitas),载于《国家》(2010年6月7日),第21—27页。

7.《贱民王子》(The Prince As Pariah)作为《格格不入》(Out of Place)一文首次出现在《国家》(2008年6月23日),第25—33页。

8.《平权巨婴》(Affirmative Action Baby)首次以《克服它!》(Get Over It!)为标题发表于《伦敦书评》(*London Review of Books*)(2010年6月10日),第29—31页。

《保守思想》嘉评

我认为，保守主义理论叙述最好的典范，是科里·罗宾的理解，即保守主义是关于以等级制维护统治集团的信念。

——保罗·克鲁格曼（2008年诺贝尔经济学奖得主）

《保守思想》已经成为最近十年极具影响力的政治著作……科里·罗宾是一位思想集大成者，也是一位才华横溢却又冷酷无情的占卜大师。他慧眼独具，洞悉了纷繁政治的隐秘源泉。

——《华盛顿月刊》

当《保守思想》在2011年首次出版时，它遭到了大量的批评质疑……六年之后，罗宾被证明是有道理的。

——《图书论坛》

我承认自己总想将保守分子归宗划派，而不是将其视为一个整体。罗宾有力地证明了我是错的。他的研究分析让我怦然心动。罗宾是一位引人入胜的作家，也是那种涉猎甚广的公共知识分子，这种人在经院派政治科学中通常是闻所未闻、见所未见的。罗宾的论点值得广泛关注。

——《新共和国》

《保守思想》无疑强烈反对这样的普遍观点，即以莎拉·佩林为典型的、极端民粹主义的保守主义与18世纪英国政治家埃德蒙·伯克所开创的谨慎、合理、温和、务实的保守主义截然相反……罗宾认为，这种反革命精神激励着每一位保守主义者，从南方奴隶主到安·兰德，再到安东宁·斯卡利亚，这只是他在分析中时常猛烈抨击的几个人物。

——《纽约时报》

这是一部"开创性著作"。

——《滚石》杂志

左派的普遍观点是,保守派是一群极具攻击性的白痴,他们用躁动的春情弥补他们所缺乏的理性之光。令人欣慰的是,罗宾的书对这种过于简单化的观点进行了纠正,并将辩论回归本源:保守思想的力量和内涵。

——《异见者》

《保守思想》这本书需要保守派认真对待,而且它写得气韵潇洒。罗宾对传统智慧的一系列学识渊博的批判,着实令人振奋。

——《日报》

这可以说是一本思想深邃、心平气和的书。那种主导美国自由主义论战的婆婆妈妈、吹毛求疵的特质——尖声尖气、神经兮兮、大惊小怪,这些都源自乔·诺塞拉、莫琳·多德或基思·奥尔伯曼这类人——在这本书中完全不存在。

——《美国保守主义》

这本书将持续引发热议,但这并非阅读它的唯一理由。该书是对保守主义——我们这个时代最重要的运动之一的描述:诙谐、博学且见地深刻。

——《泰晤士高等教育》

罗宾是一位常驻纽约的政治学家,也是《国家》和《伦敦书评》等出版物的定期撰稿人,他写了一本原创著作,里面有很多论文,揭示了美国及其他地区右派政治的因果关系。

——《国家报》

罗宾的这本书源于他与已故的威廉·F.巴克利的一次谈话。该书对右派是如何成为现在的样子提供了清晰明确、有据可查的见解。

——《华盛顿时报》

科里·罗宾非凡的作品集,总是新颖、犀利、清晰、雄辩。它是关于精英保守主义的充满哲思、条理清楚的描述,也是这方面我读过的、唯一令我满意的著作。阅读该书还有一个意外收获:他对"国家安全"是美国当代滥用民主的根源这一观念进行了非常深入的侧面调查。这一切都很棒,是践行人道主义准则的典范。

——里克·佩尔斯坦,《尼克松之地》的作者

这本书对保守思想进行了引人入胜的探讨。科里·罗宾通过一系列案例研究,带领我们穿越了过去几个世纪——从霍布斯到安·兰德,从伯克到莎拉·佩林,借由阐明保守派的信念和荒谬来展示这一思想的力量。

——凯姆·安东尼·阿皮亚,普林斯顿大学哲学教授

这些文笔优美的文章,加深了我们对这一问题的理解,即保守主义为什么仍然是美国政治中一股强大的力量。

——乔伊斯·阿普尔比,历史学名誉教授,加州大学洛杉矶分校前任校长

《保守思想》是一本非常好的读物。它对千变万化的保守主义进行了知识史的考察,同时阐释了与之相关的最新事件的重要意义。该书追溯久远(如霍布斯),它不仅让读者看清了隐忍克制而又多愁善感的传统捍卫者(如伯克),也看明白了比霍氏更暴力、更具原始法西斯主义倾向的当代传人(如约瑟夫·德·迈斯特)。有些读者会喜欢科里·罗宾解构近期与众不同的思想家——如巴里·戈德华特、安东宁·斯卡利亚、欧文·克里斯托;其他人会喜欢他撕毁了安·兰德的知识分子的精英伪装;还有些人会尴尬不安,因为这些人发现他们的朋友中有些人过于轻率地支持国家暴力,纵使它是官方认可的酷刑。这正是为什么这本书如此优秀的奇妙之处。

——艾伦·瑞安,牛津大学政治理论教授